本书系2019年度国家社会科学基金教育学一般课题『组织伦理视域下中小学教师的师德失范与专业伦理建构研究』（项目编号：BEA190114）成果

师德失范行为的组织伦理归因与治理

杨炎轩 著

WUHAN UNIVERSITY PRESS
武汉大学出版社

图书在版编目(CIP)数据

师德失范行为的组织伦理归因与治理 / 杨炎轩著 . -- 武汉 : 武汉大学出版社, 2025.3. -- ISBN 978-7-307-24772-7

Ⅰ. G451.6

中国国家版本馆 CIP 数据核字第 2024VM7606 号

责任编辑:程 佩　　　责任校对:汪欣怡　　　版式设计:马 佳

出版发行:**武汉大学出版社** 　（430072　武昌　珞珈山）

（电子邮箱: cbs22@ whu.edu.cn　网址: www.wdp. com.cn）

印刷:湖北云景数字印刷有限公司

开本:720×1000 　1/16　印张:14　字数:226 千字　插页:1

版次:2025 年 3 月第 1 版　　2025 年 3 月第 1 次印刷

ISBN 978-7-307-24772-7 　　定价:68.00 元

前　　言

师德师风建设是教师队伍建设的灵魂，也是立德树人的根本。我国中小学教师的师德失范问题是师德师风建设的焦点与难点，对其进行归因与治理具有重要的理论价值和实践意义。本书旨在立足于对当前国内外与师德失范主题相关研究的梳理与反思，如组织伦理研究、教师专业伦理研究、道德失范研究等，揭示出本书所关注的师德失范研究问题并没有得到国内外学术同仁的充分重视，还有深入和系统研究的必要及可以持续拓展的研究视域，这需要学术界同仁积极利用各种学术资源，整体推进师德失范问题研究的深入。

为了将师德失范问题的研究有序推进，本书设定了如下三个层面的研究思路：师德认知、师德情感和师德意志，即教师师德心理的基本构成。如果师德行为表现出师德失范，那么最直接的推论肯定是教师的师德认知、师德情感和师德意志出现了反常或不正常。既有的研究，正是基于这一基本的判断，主要研究了教师的师德认知(研究中往往将师德认知放大为专业认知，甚至整个专业能力)与师德失范行为的关系。事实上，师德情感、师德意志也会直接影响师德失范行为，这些思考构成了本书研究的第一个层面。

如果说第一个层面的研究是建立在最抽象的环境与学校的影响的基础上来进行的，那么，第二个层面的研究则是将环境与学校的影响具体化为师生关系、上下级关系、同事关系以及各种关系构成的综合性关系的影响，这些关系因素显然可能会影响教师的师德认知、师德情感和师德意志，进而会影响师德行为。

第三个层面的研究是将环境与学校的影响具体化为学校组织结构、学校组织文化和学校组织管理或领导的影响，这些学校组织因素当然会影响教师的师德认知、师德情感和师德意志，进而会影响师德行为。

为了将以上三个层面的研究探讨得更深入，需要对师德失范行为本身的内涵与外延进行更全面的研究；为了将以上三个层面的研究探讨得更系统，需要对组织伦理的理论基础进行更结构化的研究。

沿着以上研究思路，本书在探讨了师德失范行为的内涵和外延，建构了组织伦理的理论基础以后，从组织伦理的观测视角对师德失范行为进行了三个层面的归因，并提出了针对性的治理策略。

第一个主体部分是师德失范行为的个体层面组织伦理归因与治理，即对影响师德失范行为的个体心理因素进行组织伦理反思。教师个体的师德行为(师德失范行为是一种不道德的师德行为)，是教师个体知识、技能、能力与个体情绪、态度、价值观的产物。这里的知识、技能、能力与情绪、态度、价值观，可以直接理解为道德知识、技能、能力与道德情绪、态度、价值观，但是，因为教师个体的道德知识、技能、能力与专业知识、技能、能力是有紧密联系的，教师个体的道德情绪、态度、价值观与一般的情绪、态度、价值观密不可分，所以，应该整体来理解。就当前的理论研究而言，学术界对教师个体知识、技能、能力与师德行为关系的研究多一些，对个体情绪、态度、价值观与师德行为关系的研究少一些。本书探讨了如下主题：负性情绪(情绪消极状态)视域下师德失范行为的归因与治理、压力(情绪紧张状态)视域下师德失范行为的归因与治理、态度(情绪后的行为选择状态)视域下师德失范行为的归因与治理。

第二个主体部分是师德失范行为的群体层面组织伦理归因与治理，即对影响师德失范行为的群体关系因素进行组织伦理反思。教师个体的师德行为(师德失范行为是一种不道德的师德行为)，是教师个体知识、技能、能力与个体情绪、态度、价值观的产物，也是教师所处群体环境的产物。这里所指的教师所处群体环境，包括教师所处的班级环境、教师的人际关系、教师所在群体的群体规范、教师所在群体的师德师风(教师所处的班级环境、教师的人际关系、教师所在群体的群体规范等的综合表现)等。就当前的理论研究而言，学术界对群体条件与学生道德行为关系的研究多一些，对群体条件与师德行为关系的研究少一些。本书探讨了如下主题：班级环境视域下(本质上是在师生关系视角下)师德失范行为的归因与治理、亲学校不道德行为视域下(本质上是在上下级关系视角下)师德失范行为的归因与治理、教师专业伦理视域下(本质上是在教师同事关系视角下)师德失范行为的归因与治理、师德师风视域下(本质上是在教师所处的多种关系的综合表现视角下)师德失范行为的归因与治理。

　　第三个主体部分是师德失范行为的组织层面组织伦理归因与治理，即对影响师德失范行为的组织结构、文化、管理或领导因素进行组织伦理反思。教师个体的师德行为(师德失范行为是一种不道德的师德行为)，是教师个体知识、技能、能力与个体情绪、态度、价值观的产物，也是教师所处群体环境的产物，更是教师所在组织环境的产物。这里所指的教师所在组织环境，包括学校组织结构、学校组织文化、学校组织领导与管理。就当前的理论研究而言，学术界对师德管理与师德行为关系的研究多一些，对学校组织与师德行为关系的研究少一些。本书探讨了如下主题：学校组织结构视域下师德失范行为的归因与治理、学校组织文化视域下师德失范行为的归因与治理、师德教育视域下师德失范行为的归因与治理(本质上属于学校组织管理与领导起点视域下师德失范行为的归因与治理)、师德问责视域下师德失范行为的归因与治理(本质上属于学校组织管理与领导过程视域下师德失范行为的归因与治理)、师德惩处视域下师德失范行为的归因与治理(本质上属于学校组织管理与领导反馈视域下师德失范行为的归因与治理)、学校道德氛围视域下师德失范行为的归因与治理(本质上属于学校组织管理与领导状态视域下师德失范行为的归因与治理)。

目　　录

第一章 核心概念与理论基础

第一节 核心概念

一、师德行为

(一)师德行为的内涵

在社会生活中,人类的行为是多种多样的。伦理学从人类的行为总体中划分出了道德行为与非道德行为。20 世纪 80 年代,有研究者认为,"道德行为或伦理行为,就其动机和效果来看,可以分为两种基本类型,即道德的行为或不道德的行为。所谓道德的行为,就是有利于他人和社会的道德行为;而所谓不道德的行为,就是不利于或危害他人和社会的道德行为"[1]。很明显,是否有利于他人和社会,是评价道德或不道德行为的主要标准。近些年,由于经济社会发展的转型,人类行为变得更加复杂,因此,在评价道德或不道德行为的主要标准中,增加了群体的标准。有研究者认为,"所谓伦理行为,是指行为主体在一定的伦理意识支配下,自觉选择实行与他人利益、群体利益、社会利益密切相关并可以进行善恶判断和评价的行为。伦理行为包括道德的行为(亦即善的行为)和非道德的行为(亦即恶的行为)","所谓非伦理行为,是指没有一定的伦理意识支配,也不同他人、群体、社会发生联系,不能进行善恶判断和评价的行为"[2]。

---

① 罗国杰,马博宣,余进. 伦理学教程[M]. 北京:中国人民大学出版社,1985:352.
② 王敬华. 新编伦理学简明教程[M]. 南京:东南大学出版社,2012:238.

综上所述，师德行为是伦理行为，不是非伦理行为，它可以指道德行为，即师德规范或示范行为，也可以指不道德行为，即师德失范行为。其中，教育教学活动是师德行为的实践载体。具体来说，师德行为，是指教师在一定的伦理意识支配下，自觉选择实行与他人利益、群体利益、社会利益密切相关并可以进行善恶判断和评价的教育教学活动。

(二)师德行为的分类

从师德修养水平高低的角度，师德行为可以分为三个层次：职业生存层次、专业发展层次和事业追求层次。一般来说，教师的师德修养境界越高，其师德水平就越高，其工作动机、责任心、进取心和奉献精神就越强，其师德行为就越好。[①] 职业生存层次的师德行为，是指教师主观上没有较强的成就动机，客观上只要能够基本完成教育教学任务且不出问题即可的态度和行为风格；专业发展层次的师德行为，是指教师主观上有较强的责任心、进取心和奉献精神，客观上要求达到高效教学和高质量教育的态度和行为风格；事业追求层次的师德行为，是指教师主观上拥有强烈的教育信仰和热爱教育的心，客观上沉浸于立德树人、一切为了学生发展的事业追求之中的态度和行为风格。纵向看是分层，横向看则可以看作是分类，也就是说，师德行为按照师德修养水平的高低，可以分为三种类型，包括职业生存行为、专业发展行为和事业追求行为。

从师德是否符合师德规范的角度，师德行为可以分为三种类型，包括师德示范行为、师德规范行为和师德失范行为。所谓师德示范行为，就是部分优秀或模范教师在教育教学活动中所表现出的以自身为载体、以师表人格为隐性工具开展的全方位影响学生身心发展的师德态度和行为风格。[②] 所谓师德规范行为，就是大部分教师在教育教学活动中所表现出的按照《中小学教师职业道德规范(2008年修订)》来影响学生身心发展的态度和行为风格。所谓师德失范行为，就是极小部分教师在教育教学活动中所表现出的违反师德观念、原则和具体规范致使学生

---

① 王毓珣.师德分层：师德建设中一个值得重视的问题[J].中国教育学刊，2004(12)：12-15.

② 周宏.师德示范特征与教师性道德修养检讨[J].江苏高教，2019(7)：69-73.

身心受到伤害的态度和行为风格，师德失范行为包括教师专业失当行为(即不符合师德规范的要求且错误性质较轻的行为)、教师失职行为(即不符合师德规范的要求，因缺乏责任心而造成学生身心受损的行为)和教师渎职行为(即不符合师德规范的要求，利用职权之便谋取私利的行为)。①

二、师德失范行为

(一)师德失范行为是师德行为反向演化的结果

师德修养是师德规范的内化，师德规范是师德修养的外在准则，所以，师德行为的两种分类也密切相关。一般来说，师德示范行为，往往与事业追求行为相当；师德规范行为与职业生存行为和专业发展行为相当。在一定的内部条件下，师德示范行为可以升华为职责外示范行为作风，即教师组织公民行为。教师组织公民行为，是指"教师以超越学校正式规定的绩效标准，自发地表现出有利于学校、同事与学生的美德行为，包括组织公益行为、人际利他行为及教学公益行为三部分"②。在一定的外部条件下，职业生存行为很容易滑落为师德失范行为。它既可以表现为显性的师德失范行为，即失当行为、失职行为和渎职行为，也可以表现为隐性的师德失范行为，即"不出错"行为、教师平庸之恶行为和亲学校不道德行为。所谓"不出错"行为，就是部分教师在教育教学活动中所表现出的简单的"在场"(侧重完成教书育人任务的显性可查层面)和有意的"缺场"(理性确立较少产生教育事务的观念或情境)导致学生身心发展受到限制的行为。③ 所谓教师平庸之恶行为，是指教师因各种内在或外在诱惑屈从于一定的学校制度或只按制度规定来进行教育教学而推卸自身责任或无视学生身心发展的行为。④ 所谓亲学

---

① 程红艳，陈银河. 超越纵容默许与重拳出击：师德失范行为治理的对策研究[J]. 中国教育学刊，2019(2)：64-69.

② 郭维哲，方聪安. 学校组织公平对教师组织公民行为影响之研究：以信任及承诺为中介变项[J]. 教育经营与管理研究集刊，2006(2)：145-174.

③ 孔祥渊. "不出错"的师德观：表现、原因及其破解[J]. 教育科学研究，2019(4)：66-72.

④ 闫兵. 学校竞争情境中教师"平庸之恶"的催生及其超越——基于"零件理论"的审视[J]. 教育发展研究，2020(18)：70-74.

校不道德行为，是指教师为了维护学校组织的利益而实施的不道德行为。亲学校不道德行为具有三个特征：动机的混合性，即行为主体所发出行为的直接动机是使组织获益，但间接动机是使行为主体自身获益，在这个意义上，这种行为也没有完全脱离利己型不道德行为，只不过更加隐蔽；亲组织性，即行为主体所发出的这种行为是有意识的，目的是促进组织或其成员的有效性；不道德性，即行为主体所发出的行为违背了社会核心价值观、职业道德规范或法律标准。①

（二）师德失范行为是道德失范的行为表现

师德，即教师职业道德，是一般社会道德规范的角色化和行业化。② 师德失范，是道德失范的一种表现形式。"'道德失范'指在社会生活中，作为存在意义、生活规范的道德价值及其规范要求或缺失，或缺少有效性，不能对社会生活发挥正常的调节作用，从而表现为社会行为的混乱。"③依道德失范的含义来推论，师德失范既可能缘于教师内在意义系统的缺失，即精神层面的失范，进而表现为行为层面的失范；也可能缘于"存有良知但意志力薄弱（面对内外困难，无法将所认同的师德规范转化为师德行为）"，并直接表现为行为层面的失范。由于所有的师德失范最终都会表现为行为（虽然有的显性，有的隐性），因此，可直接将师德失范称为师德失范行为，只不过，当我们解释或解决师德失范行为问题时，要注意它究竟是缘于意义层面，还是直接缘于意志层面。

（三）师德失范行为的五种典型类型

如上所述，师德失范行为，就是极小部分教师在教育教学活动中所表现出的违反师德观念、原则和具体规范致使学生身心受到伤害的态度和行为风格。从内涵来说，它是师德失范的外在行为表现；从外延来说，它是师德行为之间互动的

---

① 杨炎轩，袁雪婷. 亲学校不道德行为的评判与预防[J]. 教学与管理，2020（11）：1-5.

② 傅维利，于颖. 教师职业道德的独特品性及其价值实现[J]. 教育研究，2019（11）：151-159.

③ 高兆明. 简论"道德失范"范畴[J]. 道德与文明，1999（6）：8-10.

结果。师德失范行为，从显性与隐性的角度来划分，可以分为显性的师德失范行为，如师德失范之失当行为、师德失范之失职行为等，隐性的师德失范行为，如师德失范之不出错行为、师德失范之平庸之恶行为、师德失范之亲学校不道德行为等。本书选取了五种典型的师德失范行为进行详细介绍。

1. 师德失范之失当行为

师德失范之失当行为，是指教师不符合师德规范的要求且错误性质较轻的行为，诸如出于维护良好纪律或教育学生的初衷但又造成轻微错误的行为、用类似增加作业的方式警示犯错学生的行为等。师德失范之失当行为，可能蕴含于教师的日常教育教学活动之中，教师通过反思或调适便可修正。如下案例充分体现了这一点。

毕业后一直在 XB 中学担任班主任的 XQ 老师一向被认为管理班级有办法，是受到家长和学校领导一致好评的优秀青年教师，但她最近被一件班级里的事搞得焦头烂额。事情的起因是这样的……

开学以来，班级里出现了好几起物品丢失事件，刚开始丢失的东西只是一些学习用品，到后来还有同学弄丢了一个名牌保温杯。XQ 老师用心在班里进行了排查，和部分班干部也进行了谈话，却始终没有找到丢失的物品。为此 XQ 老师只好在班会课上再次强调《中学生日常行为规范》，并提醒各位同学保管好自己的财物，尽量不要把贵重的物品留在教室。开完班会后，班里的物品失踪事件暂时告一段落。

但就在上周，一件让 XQ 老师始料未及的大事发生了。周一上午学校团委发起了一个捐款活动，让同学们为山区儿童献爱心，每人捐款的数额不能超过五元钱。因为数额不大，XQ 老师就把收款登记的任务交给了班长李同学。周二早上，正在值日的李同学遇到了 XQ 老师，她笑着说："咱们班的捐款都收齐了，一会儿课间操结束后我给您送过去。"但让 XQ 老师万万没想到的是，课间操结束后，出现在她办公室的李同学哭得像个泪人，原因是放在桌子里的 200 多元的捐款不翼而飞了。

XQ 老师意识到了事情的严重性，她一边安抚班长，一边召集班委召开紧急会议，让班委向同学们征集线索，试图找出那个拿走公款的同学。接下来，XQ 老师不断收到同学们的汇报，一切疑点似乎都指向了同一个人，那就是班长的同桌——黑黑瘦瘦的小男生高同学。而"证据"似乎也很充分，有人看到他翻动过班长的抽屉；有人证实他家庭条件不好，还经常去网吧打游戏；连李同学本人也回忆说自己把钱收起来塞进抽屉的时候，高同学还问过她在塞什么。XQ 老师的眉头皱了起来，高同学平时沉默寡言，看着挺老实，如果真是他拿的，XQ 老师一时也想不到如何让他把钱交出来。刚好下一节是自习课，XQ 老师走进教室对全班同学说道："大家都知道我们班的捐款在课间操时不见了，虽然没有摄像头，但我相信班里一定有同学发现了什么，接下来请大家拿出一张小纸条，匿名写上你怀疑的人的名字，交上来给我。"很快，全班 52 张纸条都交到了 XQ 老师的手里。不出所料，大多数同学都写上了高同学的名字。XQ 老师走到高同学的课桌旁，仔细地打量他，炽热的目光落在正在写作业的高同学身上，高同学不由得抬起头问道："X 老师，有什么事吗？""你到我办公室来一趟。"

办公室里略显慌乱的高同学似乎明白了什么，而 XQ 老师也开始了她语重心长的说服教育："老师知道，你应该有自己的难处，你只需要把钱拿出来交给老师，我是不会告诉其他同学是你拿的。丢了这笔钱，李同学非常着急，这可是咱们班同学给山区儿童的捐款啊！""老师，不是我拿的，我真没有拿。"高同学辩解道，小脸涨得通红。"可不是你还能是谁呢？全班 52 张纸条有 40 张都写了你的名字，而且好几位同学都给我汇报了你的反常行为。做错事不可怕，可怕的是做错了事还不敢承认……"高同学眼里含着委屈的泪水，继续否认道："我也不知道为什么那么多人怀疑我，但我真没有拿，不信你可以搜我课桌。"XQ 老师没想到他会这么说，看他底气十足的样子，心想他会不会已经把钱转移到别的地方了，于是沉下脸用略带威胁的口气说道："老师不会去搜你的课桌，因为钱有可能被你转移了。但如果你还不承认，我就只好把你交给德育处了，到时候如果被处分，老师也帮不了你。"话音刚落，高同学便嚎啕大哭，并头也不回地冲出了办公室。XQ 老师赶紧追出去，可哪里还有他的身影，高同学早已不知躲到哪个角落去了。

高同学的反应让 XQ 老师有点忐忑不安，而更大的波澜还在前方等着她。中午放学后，XQ 老师刚吃完午饭便接到了年级主任的电话，让她赶紧去德育处一趟。等她赶到时，发现对面坐着她的学生——一直低头抽泣的高同学，还有他愤怒的爸爸，而德育处主任在旁边连连赔不是。高同学的爸爸一见XQ老师便毫不客气地说："你凭什么冤枉我儿子是小偷？他中午回来饭也不吃，话也不说，一直哭，我问了半天才知道是你干的好事！刚才你们的主任已经跟我道歉了，但是我不需要他的道歉，我需要你的道歉！"此时的XQ老师尴尬得恨不得找个地缝钻进去。她的确没有证据证明高同学就是那个"小偷"，但她在批评他的时候，却早已理所当然地把他当成了那个"小偷"。她意识到自己工作的失误已经给眼前这对父子造成了不可弥补的伤害。调整好情绪后，她诚恳地说道："对不起，高同学，是老师先入为主对你产生了偏见，老师向你道歉。请你给老师一点时间，把这件事情处理好，你愿意相信老师吗？"默默流泪的高同学轻轻地点了点头。

送走高同学父子后，德育处主任安慰XQ老师道："我知道你也是一时着急，年轻班主任毕竟缺乏经验，有时候容易凭直觉行事，过于武断，忽略了孩子的感受。我相信以你的聪明才智，能够处理好这件事的。"收拾好心情，XQ老师回到了办公室，写下了《给全班同学的一封信》。下午放学前，XQ老师走上讲台，当着全班同学的面读了这封信，在信中她表达了对高同学的歉意，对管理好班级的期待，对全班同学的爱，以及帮助班上部分同学改正不良行为习惯的决心。最后XQ老师动情地说道："每个班集体都好像一个大家庭，我们身在其中应该彼此信任，互相坦诚。小偷小摸的坏习惯也许能带来一时的快感，但会让人与人之间失去信任，互相猜疑，这种不良的行为习惯会成为我们成长道路上的绊脚石。这件事老师不会再追究下去，但希望从今往后我们班不再有类似的事情发生，谢谢大家。"

让XQ老师感到欣慰的是，那笔钱在星期三早上神奇地出现在了她的办公桌上。该班的捐款顺利交到了校团委，一场风波就此平息。

2. 师德失范之失职行为

师德失范之失职行为，是指教师不符合师德规范的要求，因缺乏责任心而造成学生身心受损的行为，诸如违反教学规律、敷衍教学或擅自从事影响教育教学本职工作的兼职兼薪行为，歧视、侮辱学生，虐待、伤害学生的行为，在教育教学活动中遇突发事件或面临危险时，不顾学生安危，擅离职守，自行逃离的行为等。这种行为一旦发生，就会受到相应的惩处，如下案例即可体现这一点。

　　2020年5月11日早上，在紧张的高考冲刺阶段，班主任王老师竟迟迟未出现。要知道，往常王老师总是精神抖擞地早早出现在教室，反复说着那句"一日之计在于晨"，督促孩子们进行早自习。早读课、第一节课过去了，王老师依然没有出现……

　　王老师是个有着三十多年教龄的老教师，教学经验丰富，因爱生如子并对数学有着独到且敏感的见解，被学校安排长期担任高三班主任，并负责数学教学工作。他也勇挑大梁、不负众望，他所带领的班级每年的高考成绩都位列全校第一，他也因此获得了"优秀班主任""市十佳教师"等众多荣誉称号，深受学生和家长们的爱戴。

　　起初，王老师只是一个落后小镇上的一名普通中学老师。从师范院校毕业后他第一次走上教师岗位，在只有两层的破旧教学楼里的三尺讲台上，紧张又一本正经地讲课。那一年，他18岁。

　　基于对数学的热爱和自身价值的追求，王老师利用课余时间学习、提升学历，并顺利读完本科。他不甘于屈居镇上的学校，靠着自己的本事，考到县城的中学，再到市里的中学，最后凭借出色的教学成绩被邀请到市一中教学。

　　市重点学校的名师光环并没有让王老师骄傲自满，他一如既往地兢兢业业，对学生遇到的难题总是耐心解答，关键时刻更是陪着学子奋战到深夜。谁能料到这样一位在教学上有累累硕果的教师最后却以狼狈的方式退出教学生涯。清云市教育局关于对近期在职教师有偿补课行为处理情况的通报：2020年5月6日16点30分，清云市第一中学王某健组织所任教学校的学生，在其住所进行有偿补课。依据违反职业道德行为处理相关规定，给予王某健行政记过处分，退还违规所得，取消三年内班主任任职资格，处分期内年度考核为不合格，取消其评先选优和职称、岗位、薪级工资晋升等资格，取消年度奖金。此违纪违规行为被作为典型案例在全市范围内通报，王老师羞愧难当、自行辞职，悄无声息地离开了教学岗位。所谓的"晚节不保"正是如此。

何以至此呢？王老师忆及不禁潸然泪下：亲朋所托？出于好心？一念之差？心存侥幸？社会之风？……或许都有。

馨馨是王老师的外甥女，是市里一所普通中学的艺术特长生，用孩子她妈的话说就是："画画勉强还行，文化课却一塌糊涂，要想上大学都得费一把劲。"千拜托万拜托王老师帮女儿恶补数学。对于亲妹妹的请求，王老师自是尽心尽力，馨馨的高考成绩超出预期几十分，破天荒地考上了大学本科。在同事们的贺喜声中，馨馨妈言语中无不透露着自己对哥哥王老师的感激，说者无意，听者有心。馨馨妈有一个很要好的同事，她的儿子小光在一中读高二，在班里成绩中等，得知王老师刚好在一中教书可激动了，怎么也要攀上这"高枝"。她曾托馨馨妈给王老师送礼，希望王老师可以在课后给自己的儿子补补课。王老师将送来的礼品悉数退还，却也念及妹妹的人情，便力所能及地给予小光指点，在王老师的悉心指导下，小光的数学成绩进步飞快。

慢慢地，王老师在亲戚朋友圈里"小有名气"，慕名而来的家长日渐增多，为了让王老师能给自己的孩子补补课，这些家长可是想破脑袋地对王老师百般讨好。渐渐地，王老师的心理防线松动了……

起初，王老师暗中做家教养家，赚取小额补课费。后来，在同任教于市一中的物理老师张老师的怂恿下，两人合伙搞起了"课外有偿补课"：张老师给王老师介绍学生补习数学，王老师给张老师介绍学生补习物理。两人招收的学生越来越多，补习的费用也有"一对一""一对二""小班制""大班制"之分，且收费标准"水涨船高"。一小时的收费低则 300 元，高则上千元。这期间，王老师也犹豫过，然而由于家长们抱着"不输在起跑线上""望子成龙、望女成凤"的心理，补课市场需求不断，红火的有偿补课市场也有不少同行，再加上经济利益的诱惑，尽管各级教育部门三令五申，禁止在职教师违规有偿补课，可有的老师仍置若罔闻、顶风作案。王老师抱着侥幸心理选择了继续铤而走险。

俗话说："常在河边走，哪有不湿鞋？"在 2020 年 5 月清云市教育局开展的整治课外违规补课专项大检查中，查处违规补课教师(包括王老师在内)11人，其中 3 人受到党内严重警告处分。王老师的形象一落千丈，自觉无颜再面对学生的他选择了辞职。王老师离开了他热爱的讲台，对于高三(22)班的孩子而言，他们何尝不是损失了一位认真负责的老师。在学校里，王老师是大家认可的好老师。但是在学校外，王老师有偿补课的行为不仅有损教师队伍形象和行业风气，还严重违反师德规范；"校外补课也是劳动所得，凭知识赚钱"的观念，更是严重破坏教育教学秩序，破坏教育公平，损害教育生态，甚至还暗藏违法行为。校外培训热的加剧，只会徒增学生的学习压力和家长的经济负担。

事后，王老师懊悔不已地说：如果时间可以倒流，一定不会踏入"有偿补课"这趟浑水中，金钱、利益都是过眼云烟。虽然，王老师在教研室的好友多次邀请他一起研究高考数学题，但他也只能将自己的想法和见解默默地写在纸上。茶烟缭绕中，只见王老师满是皱纹的脸上透着感伤和悔恨。他多么怀念曾经在三尺讲台上挥洒着热汗，激情澎湃地讲解数学题的日子……

3. 师德失范之不出错行为

师德失范之不出错行为，是指部分教师在教育教学活动中所表现出的简单的"在场"(侧重完成教书育人任务的显性可查层面)和有意的"缺场"(理性确立较少产生教育事务的观念或情境)导致学生身心发展受到限制的行为。这种行为是隐性的师德失范行为，是多种因素影响下的"躺平"行为，是教师积极性不高的行为；经过激励，这种行为可以得到改变。以下案例揭示了这个转变过程。

张老师在期末总结大会上，荣获了区优秀班主任称号，其带领的班级荣获了市先进班集体称号。这种荣誉对于张老师来说，有着特殊的意义。这是他第一次走上教育教学工作岗位，第一次担任班主任，第一次获此殊荣。拿到荣誉证书的那一刻，他知道自己的坚守是正确的，未来的教学之路依旧长且艰。

张老师在2018年通过层层选拔，进入华大小学。入职的第一天，他被安排到了五年级组，年级主任郑老师对其进行了专门了解后，告知张老师将接手五年级一班的班主任兼数学老师的工作。张老师觉得挺有挑战性，十分乐意地接受了新工作，并认了郑主任为师父，期望在后面的工作中，郑主任能多多指点。热心的郑主任也十分看好张老师，并让张老师放心、大胆地去干，施展自己的抱负。

开学的第一天，张老师就对班级情况进行了摸底，发现班级学生学习成绩排名年级倒数，学生不善于表达甚至不敢表达。在课堂教学中，课堂氛围十分沉闷，学生不习惯于互动。张老师在课堂上指定学生回答问题时，学生常常站起来而不开口回答，这让张老师十分着急。

张老师向郑主任打听了班级前几年的情况后得知，五年级一班前一任班主任是属于专制型的，学生习惯性听取命令，并遵守规则。班级的纪律非常好，因为学生一旦违反纪律，班主任就会狠狠地打学生手心，这样一来学生就习惯性地服从命令而无自己的想法，即便有想法也不敢表达。经过一番交流后，郑主任特别提醒张老师，工作期间千万不要犯错，任何的批评和惩戒都要适度，最好不要批评或惩戒。因为前一任班主任就是因为打手心事件而被学校辞退，因此应该吸取教训。

面对这样的班级，张老师想要做一些改变，他希望学生更加活泼、自信，有自己的想法，敢于表达，于是将班级学生的整体目标概括为十二个字：明规则，求上进，够活泼，有自信。

为了转变学生对班主任的刻板印象，张老师每天都笑呵呵的，无论是课上还是课后，他的脸上都会挂满笑容。学生慢慢地也不怎么惧怕这个新来的班主任，班级氛围略有改观，郑主任常常表扬张老师做得好。这一天，李同学被张老师叫到了办公室，因为已经开学一个月，他的作业总是没有完成，而且作业正确率越来越低，最近两天他竟然不写作业。张老师对他口头提醒、批评、警告都无济于事。这一次，张老师拿出抽屉里的戒尺，二话没说，狠狠地打了李同学两下手心，并让李同学自己想原因。李同学连忙说自己没有好好做作业，犯了错误。张老师又狠狠地打了李同学两下手心，李同学掉下了眼泪。片刻，张老师将李同学带至教室，当着全班同学又打了李同学两下手心。李同学什么也不敢说，其他学生也吓得不敢说话。一向和颜悦色的张老师怎么今天突然打了李同学三次手心？张老师说：第一次，因为李同学没有做作业，违反了学生应该按时完成作业的班规；第二次，因为他屡教不改，明知不完成作业是不对的，却一次比一次做得差，甚至两天不做作业；第三次，因为要让其他学生引以为戒，知道对于任何违反班规的行为都是要受到严厉批评的。事后，班级学生作业完成情况大有改观，张老师十分得意地在办公室讲起了这件事情，郑主任听到了大吃一惊，对张老师语重心长地说："我跟你强调了又强调，不要用戒尺。学生不做作业，你言语提醒一下就可以了，如果屡教不改那就算了，该放弃就放弃。你放弃一个学生，没有人说你，但是你惩戒了一个学生，万一有家长不满意你的做法，将你举报，你的工作都有可能丢掉，不划算！不要为了学生，丢掉自己的饭碗。"张老师似懂非懂地说道："我觉得自己没有错，还挺成功的，效果也挺明显的，而且也没有家长有反对意见。况且，最近学生做作业的情况确实好了很多。到底哪些是不能做的，哪些是能做的呢？"

郑主任说："现在的学生越来越难教了，老师这也不能做，那也不能做，与原来相比被束缚了很多。如果你实在不知道哪些不能做，那你就记着自己怎样做不犯错就行。放平心态，接受学生的现状，让学生在学校安安全全的就行，对于学生犯的错误，提醒就行，至于其他的告知家长即可。如果觉得还是难以把握，那有什么事就提前问一下我。"

张老师十分感谢郑主任能这么手把手地教自己。

最近，班里越来越多的学生不能按时完成作业，张老师又开始焦躁起来。询问郑主任，郑主任建议道："提醒提醒就可以了，实在不做那就算了，不要因为作业的事情犯错误。"

鉴于班级学生凝聚力不强，张老师决定利用周末时间组织学生爬山，期望借此增进师生之间的感情，让学生与老师走得近一些。张老师请示郑主任后，郑主任建议不要举行活动。他说："校外安全无法保证，万一出事后果十分严重，周末还是在家好好休息比较好。"

针对班级部分后进生学习跟不上的情况，张老师决定每天放学以后将这些学生留下来补补课。郑主任再一次否决道："这样不好，放学时间到了就应该让学生按时放学，留下来补课耽误了学生的休息时间不说，还有放学路上的安全问题也无法保证。"张老师提议换成布置一点额外作业，依旧被郑主任否决了，因为这样会增加学生作业量，家长会有意见，还会影响学生正常休息。

时间一晃而过，半学期结束了，期中检测显示班级学生成绩依然平平，没有进步，学生倒是越来越活泼了，张老师的十二字目标只完成了一个。张老师最近也开始迷惑起来，他发现自己在郑主任那里有太多的不可以，自己也开始越来越小心，做任何事情都担心自己会犯错，他开始怀疑自己是不是不应该定目标。这一天，张老师拨通了罗校长的电话。罗校长应该算是张老师的贵人，张老师决定走上教师的道路也是受罗校长的指引。罗校长知晓了张老师的困惑后，对张老师说："你认为现在老师受到了太多的束缚，其实是太多的规范。当你认为这是一种束缚的时候，你自然就畏首畏尾；若是将你认为的束缚看作一种规范，你会发现这些所谓的束缚实际上是一种指引。如果你真的爱这些学生，你会放任他们自由发展吗？作为教师，我们是学生的引路人，我们要提供正确的引导，帮助学生自发地学习、进步、成长。一味的惩戒当然不行，但是适当的惩罚、批评却十分必要。你的想法和目标是正确的，你做事的方法也可以改变，而不是说任何一件事情因为有它的弊端就不去做，认识到弊端我们才能更好地规避掉风险，从而选择一个万全之策……"长达一个多小时的通话，让张老师恍然大悟，不犯错误确实能顾全自己，但是也会阻碍自己获得更大的进步，更会耽误一批学生。

张老师终于开始了自己的大动作。为了增强班级学生间的凝聚力，张老师首先制定了班歌 *Five Hundred Miles*。学生十分喜欢这首班歌，在人无我有的心理作用下，班级学生有了一种优于其他班级的错觉，因而自发学习英语口语，力求发音准确，能将班歌唱得动听。在教学方面，张老师减少作业量，首先每日仅仅布置计算题，并且针对学生们的错误，逐一订正讲解，当学生作业正确率达到100%时，做好记录并奖励学生一张表扬卡，集齐十张表扬卡就满足学生一个小要求。为了让学生更好地形成规则意识，张老师在班级中创立了8人纪律委员会，班级学生自愿均分在8名委员的责任区，进行小组纪律PK，每月表现最佳的小组有机会得到老师的特别奖励——请吃火锅一次……

经过后半学期的努力，班级班风有了明显的改变。班级长期获得行为示范班荣誉称号，班级期末考试成绩也有了提升，上升到了中游，各科任课老师也频频称赞班级的进步。五年级下学期，张老师争取到了更多的出去学习的机会，现场观摩了全国新生代魅力班主任大赛；参加了翻转课堂的现场教学活动；聆听了优秀教师及班主任讲座；认识了一些教育名家，现场聆听了他们的教育故事分享。张老师在班主任工作和教学上也获得了校领导的肯定。学生家长看到了自己孩子的改变，听到了孩子口中常挂着："我们的张老师……"在期末考试中，五年级一班学科成绩语文第一，英语第二，数学第三，一举逆袭。在校园文明班级评比中，五年级一班得分第一，表现最优。在运动会上，五年级一班团体总分排名第一。

学生们在这一年做到了明规则，求上进，够活泼，有自信。张老师在接受校领导颁发的荣誉证书时也更加地坚信：坚守初心、有所作为，做学生合格的引路人才是真正的"不出错"。

4. 师德失范之平庸之恶行为

师德失范之平庸之恶行为，是指教师因各种内在或外在诱惑屈从于一定的学校制度或只按制度规定来进行教育教学，而推卸自身责任或无视学生身心发展的行为。教师平庸之恶行为在科层化、体制化中体现为"无责"，制度化过程中的不完善、不合理之处会导致"无奈"，防卫心理和自我保护本能加上"无责"和"无奈"则可能引向"无为"，环境的束缚和自身长期的"无责""无奈"和"无为"，就可能导致带有根本性的麻木——"无思"，推着教师堕入平庸之恶的深渊。案例中的几位老师是广大教师的缩影，年轻时在体制中血气方刚，有思想，有作为，但时间长了，在钱、权、势、利等因素的作用下，以及周围环境的影响下，不得不低头，被磨平棱角，无视平庸之恶的存在。所以，拒绝平庸之恶，教育体制要改变，学校管理模式要改变，自身也要保持清醒的头脑，要做到明辨是非、不忘初心。

武汉某小学正式开学了，长达一个学期的网课终于结束了，学生们重逢在熟悉的校园，像从囚笼里放出的鸟儿一般，开心地扑棱着翅膀，在校园里乱飞。校长可愁坏了，自开学以来，一个星期就发生了好几起安全事故，有的学生跑的时候摔了一跤，撞到了花坛，门牙撞断了；有的学生下楼梯时，被后面的同学撞了一下，连滚带爬摔下了楼梯；有的学生课间玩跳楼梯，腿摔骨折了……孩子们都是家长的宝贝，出了事的学生家长都堵在校长办公室门口，找校长要说法。

校长每天"被迫"忙得焦头烂额，她决定主动出击，找学生成长中心的 H 主任，让她一个星期内拿出方案来，整顿校园课间纪律，让安全事故降为零。

H 主任思来想去，制定了课间安全"小红帽"值日方案。第一，四年级、五年级各中队轮换，每个中队值日一周。第二，值日时间为课间十分钟。第三，班级还需安排 3~5 名学生负责汇总、登记、向班主任发放批评卡。给不文明行为累计被记录 3 次的班级发放一张批评卡，对相应班级在市、区、学校进行"先进班集体"等评选时予以减分处理。

校长在全体教师大会上公布了这一方案。会后，办公室的班主任们私下对该方案进行了讨论。有的决定课间把学生关在教室里搞学习，这样既不会被记名字，又能提高学习成绩，一举两得；有的打算在班上安插"眼线"，一有被记名字的苗头，就赶紧汇报，班主任亲自"出马"解决；有的对该方案表现冷漠，认为该干嘛就干嘛。而小月老师是新进教师，她理解孩子们天性好动，喜欢看孩子们天真可爱、四处玩耍的场景，她去班上提醒孩子们课间活动时要注意安全，相信孩子们自有分寸，就回到了办公室。

而校园里是一幅怎样的情景呢？下课铃一响，值日的"小红帽"蜂拥而出，占据学校各个方位，只要看见有人跑，立刻上去询问班级姓名，并毫不留情地记上一笔；部分班级的学生则被无情地关在教室里，不许出教室一步；老师们听到铃声后，才解散学生，叮嘱上厕所的同学要速去速回。上有政策，下有对策；下课像上课，上课像下课；只要不被记，怎样都能行。一时间，课间安全事故数量直线下滑，校长不用再被堵了，因此沾沾自喜。

然而这份宁静被一张批评卡打破了。小月老师有天突然收到了一张批评卡，她的脸顿时滚烫，刚迈入工作岗位的她，不求有功但求无过。可这批评卡像一个大巴掌抽在她的脸上，让她无地自容。她又疑惑，明明嘱咐了学生要注意安全，而且这几天班上也没有发生任何安全事故，为什么第一张批评卡落在她手中？她一定要问清楚。找 H 主任看调查记录，她发现一次是因为学生在上厕所的路上小跑，一次是因为学生在操场上玩纸飞机，另一次是因为

15

学生在地上打滚。一团怒火在小月老师心中燃烧，她与 H 主任吵了起来。

"下课就是学生们休息的时间，短短的十分钟，让学生们的天性释放一下，不行吗？"

"学生乱跑有摔跤的危险。记名字是提醒，是警醒，是为他们的安全着想！"

"光想着堵，不想着疏，能行吗？为什么不能倡导一些文明游戏，比如我小时候喜欢玩的跳皮筋，既安全又能健身。"

"你看看，你们班这几天都没有安全事故发生，这是课间安全'小红帽'起的作用，你要感谢他们，尊重他们的劳动成果。只要不出事，谁都舒服，只要出了事，谁都别想好过！"H 主任的音量提高了八倍，"你也可以向有经验的老师学习，让学生下课时待在自己的座位上，保证万无一失。而且课间安全表现是和'先进班集体'评选挂钩的，有了这份荣誉可以为你评职称加分，年轻人，我说这些是为你好，你好好想想吧！"

经历几番思考，小月老师作出了决定。这一天，小月老师迈着沉重的步伐，走进教室，宣布从这节课开始，为保证同学们的安全，下课不允许出教室。同学们错愕地望着她，都沉重地"啊"了一声，大家都在想："仅剩的快乐十分钟也没了，这和'坐牢'有什么区别，以为她与其他老师不一样，看来都是一样的。"

新的政策往往能解决旧问题，但同时也带来了新问题。学生们失去了自由，反抗的情绪、发泄的怨气与日俱增。有的学生在被"小红帽"抓住时谎报班级和姓名；一位值日生在管六年级的一位学生时，被当场扇了一巴掌，哭了一整天；有的学生把值日记录本撕了就跑；有的学生在教室里大打出手；学生们课堂效率变低，总是往窗外望……

这回轮到 H 主任焦头烂额了，她不明白问题出在哪儿。她开始反思，找不同年级的学生、班主任谈话，发现大多数学生都喜欢当"小红帽"去管别人，但不喜欢被"小红帽"管。所有学生都不喜欢被班主任关在教室里，希望老师能从学生的角度考虑，还学生宝贵的课间十分钟，还学生的自由。喜欢这个方案的班主任快乐多，照章办事就行了。不喜欢这个方案的班主任烦恼多，他们有自己的考量，不愿扼杀学生的天性，但又要配合学校的整顿，处在两难的境地。谈着谈着，她的心渐渐明朗起来。最后接受谈话的班主任是小月老师。

"小月老师，还没有哪位年轻老师敢对我指指点点，感谢你那天对我的当头棒喝，让我清醒了起来，在体制内做事，习惯了不假思索地执行上级命令，把这当作是恪尽职守，就像阿伦特所说的'平庸之恶'。只顾着满足自身利益，升职加薪，养家糊口，却将学生的身心发展抛之脑后，这与教育的初心背道而驰。今天与学生、班主任的谈话，让我又找回了初心！我打算找校长谈谈，换一种方案，你点子比较多，跟我一起吧！"

"您都能拒绝平庸之恶，迈出这一步，我当然在所不辞，现在就走吧！"

5. 师德失范之亲学校不道德行为

亲学校不道德行为，是指教师为了维护学校组织的利益而实施的不道德行为。师德失范之不出错行为、平庸之恶行为、亲学校不道德行为，都属于隐性的师德失范行为。比较而言，不出错行为源于个人历经挫折后的消极言行多一些，平庸之恶行为源于多方压力之下所订制度的不合理要求多一些，亲学校不道德行为则源于组织利益高于个人利益观念之下个人应该配合学校的意愿多一些。如下案例中老师的做法在现实中应该不少见。

某市某学校计划申报市心理健康教育特色学校。经过学校领导的指导，以及心理科组和德育骨干的通力合作，该学校被授予"某市中小学心理健康教育特色学校"称号并颁发牌匾。但仔细考查申报过程，发现该学校从客观层面来说是不符合评定要求的，且在评定过程中有弄虚作假的行为。某市中小学心理健康教育特色学校认定标准有一条，有下列情况之一的学校，不能被认定为"中小学心理健康教育特色学校"：(1)学校没有开设心理健康教育课程；(2)学校在心理健康教育工作中有弄虚作假行为的……在申报过程中，外国语学校存在着以下问题：①外国语学校的中层领导干部指示一线教师隐瞒事实，夸大学校心理健康教育成果；②在整理档案、制作材料的过程中，外国语学校的德育骨干伪造材料，隐瞒了部分年级没有开设心理课的事实；③评定专家抽样调查15位普通教师的座谈时，发现老师们为了学校的利益，隐瞒了部分未达标的事实。

　　该学校是一所市重点完全中学，创立于 2010 年。建校以来，学校非常重视人文关怀、德育体系建设，重点打造以心理健康教育为特色的未来学校。某年 3 月，分管学校德育处的 C 校长找到专职心理老师 W 老师，说："小 W 啊，你看我们学校建校这么多年了，咱们学校的心理健康教育工作也相对完善，这次是不是要把市心理健康教育特色学校给拿下啊?"W 老师一听，这是件好事啊，借着申报的东风，可以把心理健康教育的漏洞补上，不过现在好像还没达到要求吧，于是对 C 校长说："可是 C 校长，我们学校虽然一直很重视心理健康教育工作，可是很多硬性指标没有达到啊。比如，心育课程的开设，要求初中每班每学期 6 节，普通高中每班每学期 4 节，专兼职心理教师开展心理健康教育教学活动和心理辅导计入工作量等，评定专家要对普通教师抽样调查确认的。"C 校长淡定地说道："没问题的，你先组织科组老师把材料做好，需要我这边帮忙的跟我说，到时候评定前发动老师调查时配合一下就好了。""老师们会答应吗?""当然会了，这是为了学校的利益提出的要求。""好吧，那没问题了。"W 老师回到办公室，又气愤又忐忑，心想这不就是造假吗? 为啥不把心理健康教育的缺口补上呢? 心理健康教育特色学校的评选真的能过吗?

　　随着时间的推移，心理健康教育特色学校申报材料的准备工作提上日程，由心理科组老师和德育骨干共同分工完成。某天德育骨干 F 老师在整理申报材料时发现不妥，于是对德育分管领导 C 主任说："C 主任，'开设心育课程'硬性指标的核查途径及评分说明是：查阅各年级课程表等资料，凡有一个年级没有开设心理课的，则扣 1 分，直至扣完。我们学校有 4 个年级没开设心理课，不符合要求啊，评定专家要检查课表的，我们课表上没有，该怎么处理?"C 主任说："你问过 C 校长没有? 他怎么说?""他让我来问你具体怎么处理。""不行的话就另外做一张新课程表应付检查好了。""啊，这样啊，那心理课写在哪里呢?""把班会课改成班会课/心育课，你觉得这样好不好?""哦，但一旦随机问到班主任就对不上了吧。""没事的，老师们为了学校荣誉会配合的。""哦，好的。"F 老师想："这样不妥吧，赶紧在各年级开设心理课就行了，何必要造假呢? 哎，可惜我只是个普通员工。"回到办公室，

F 老师就在"创造新课表"，随后打印出来附在申报材料里。

同年 10 月，迎来了中小学心理健康教育特色学校的评审。为了这一天，领导们铆足了劲儿，做好了充分准备，像是对心理健康教育特色学校的评审胸有成竹似的。按照评定专家的要求，在倾听学校汇报心理健康教育工作、专职教师汇报心理课后，随机抽样了 20 位普通教师进行调查。L 老师是其中一位，跟其他 19 位老师在准备室等候专家的调查。这时老师们嘀嘀咕咕起来："我们都要回答开设了心理课吗？""说吧，都是为了学校好，不然特色校评审过不了的。""不要吧，这样隐瞒事实反而耽误了学校德育工作的发展啊，应该说实话。""哎，多一事不如少一事，学校好不也是我们好吗？隐瞒一下没问题的。"L 老师想了想，好像大家说得都有道理，不过为了学校的发展好，还是按领导的要求做吧。在跟专家交流时，L 老师自信淡定地回答："对啊，每个年级都开设了心理课。"

特色校评审过去一段时间了，心理老师 W 老师正愁怎么还没出结果。在食堂吃饭时，手机叮叮叮地响起来，拿起手机一看，"哇，我们心育特色校评审过了啊！"同桌的 L 老师和 F 老师说："当然啊，我们都非常配合地'弄虚作假'啊。"

"啊！"

后经市教育局查实，该学校在申报心理健康教育特色学校过程中存在弄虚作假行为，取消了该校的考评资格，相关人员受到了处分。

第二节　理 论 基 础

一、组织伦理的理论视域

(一)组织伦理概念的提出

组织伦理的概念，源于宏观层面社会行动结构的伦理分析、中观层面组织健康发展的伦理探索和微观层面个体组织行为的伦理实践。

1. 宏观层面社会行动结构的伦理分析

在传统社会，大部分人从事的大部分社会实践活动是简单劳动，即一个人能够独立完成的劳动。在这种劳动中，个体的行为与行为后果直接统一，责任及其道德责任主体非常明确。在现代社会，大部分人从事的大部分社会实践活动是分工与协作劳动，即一个人只能完成整个事业或任务中很少的一部分。在这种劳动中，个体的行为与行为后果不能直接统一，两者之间存在许多中介，包括结构、规章或制度、文化、管理等集体或组织的变量。"集体组织要求组织成员作为角色承担的仅仅是技术责任，而不是作为一个完整意义上的人去承担由他所促成的行为后果的道德责任。这种行为后果已不是其中的一个行为成员能全然控制的，他服从的只是命令和程序。而责任与行为的控制能力有关，当组织的每一个成员都只是遵守程序和命令而无法了解和预见最后的行为结果时，就会出现组织的无人统治和组织的道德'出场'。"①在分工与协作劳动的背景下，只定位于个人的社会伦理建构及道德建设是不够的。因为组织这种伦理实体并不具有先天的合理性或天然的善，它的出现及其所带来的道德责任主体模糊或漂移的问题，要求我们必须思考组织的社会伦理建构及道德建设这个新的主题。组织的社会伦理建构及道德建设，既要以作为组织成员的个体的道德精神作为基础，也要在整个组织内建立一定的伦理精神和组织道德调适机制。正是基于新型社会行动结构的伦理分析，对组织伦理的关注及其研究有其必要性。

2. 中观层面组织健康发展的伦理探索

党的十八届三中全会《关于全面深化改革若干重大问题的决定》指出，使市场在资源配置中起决定性作用和更好发挥政府作用。市场经济活动中的交易行为更多的是组织层面的行为，组织伦理相比较于个体德性来说对社会公众也就具有更广泛和更普遍的影响。"组织存在于社会环境之中，时刻都会受到来自社会环境的影响，组织的社会责任要求组织在提高效率和效益的同时，也必须关注自身行为对社会的影响。随着现代社会对组织社会责任的日益重视，从伦理道德的角度来评价组织行为显得日益必要，因此如何改善组织和员工的伦理行为是企业管理

---

① 王珏. 和谐伦理的现代需求与组织伦理[J]. 道德与文明，2007(6)：29-32.

者需要解决的重要问题之一。"①在改善组织和员工的伦理行为的过程中，改善组织的伦理行为更为优先。企业组织的伦理道德问题，很早就引起了学术界的关注。早期研究者们关注较多的是在竞争中企业组织造假、贿赂等明显违反商业伦理的行为，或在工作场所中员工消极怠工、偷盗、拿回扣等明显违反社会公认道德规范的行为，这些行为有一个共同点，那就是利己型不道德行为。"但在实际工作中，非伦理行为(实质上是不道德行为——笔者注)的动机正变得更加多样化和复杂化。近年来，研究者发现，员工从事非伦理行为并非完全是为了谋取私利，也可能是为了增加或维护组织利益。"②类似以篡改财务数据来提高自身形象的主动性行为或隐瞒公司及其产品缺陷的不作为行为等不道德行为，在组织中广泛存在，容易被忽视、默许甚至支持；因为其会对组织的长远发展造成难以估量的损失，所以，引起了学术界的广泛重视。从伦理的角度来关注组织的健康发展，不仅在以经济效益为中心的企业类组织是这样，而且在以社会效益为中心的学校类组织亦是这样。"计划经济时代的单位制度仍然在精神层面上存在于学校管理过程之中，并对学校的组织伦理氛围产生重要影响，使得学校看起来像个大家庭，成员之间一团和气，而实际上其中却蕴藏着复杂的利益冲突和人际矛盾。要改变这一状况，需要我们借鉴社会资本理论，重建学校的伦理价值，形成信任机制、共同规范等伦理秩序。"③正是基于中观层面组织健康发展的伦理探索，对组织伦理的关注及其研究有其必要性。

3. 微观层面个体组织行为的伦理实践

基于个人素质或素养来解释行为的理论认为，之所以会出现失德或败德行为，其根源在于个人道德素质或素养不高。这种理论的实践指向是要加强师德教育或师德建设，其指向无疑是好的，也正因为其指向的善，常常导致人们忽略了其背后的理论假设的正确性。其实，组织成员个人的道德行为不仅要受到个体心

---

① 王雁飞，朱瑜. 组织伦理气氛的理论与研究[J]. 心理科学进展，2006，14(2)：300-308.

② 王晓辰，高欣洁，李清. 亲组织非伦理行为对员工职业发展的影响：一个跨层的被调节中介[J]. 心理科学，2018(3)：646-652.

③ 郅庭瑾. 论单位制下的学校组织伦理——兼以学校社会资本的视角[J]. 教育发展研究，2008(15-16)：12-16.

理变量(如个人素质或素养)的影响,而且要受到组织情境变量,尤其是组织伦理的影响。国外学者指出,组织成员的行为离不开其所处的组织环境,环境中有很多影响组织成员行为的因素,组织伦理气氛就是其中的一种综合因素,它对组织成员做出道德或不道德行为产生显著的影响。因此,对个体行为的判断,我们必须参考个体所在组织的伦理气氛。① 组织伦理气氛,"是组织在处理伦理问题上的特征,也是组织成员在什么是符合伦理的行为和应该如何处理伦理问题两方面所形成的共同感知"②。总体上看,组织伦理气氛对组织成员道德行为的影响表现为:"组织伦理气氛是影响员工道德决策的首要因素","组织伦理气氛是影响员工不道德行为的重要因素,如果组织的伦理气氛发生改变,组织成员与伦理有关的行为也会随之改变"。③ 既然组织伦理气氛极大地影响着组织成员的道德行为,那么减少组织成员不道德行为或者增加组织成员道德行为的办法,就是营造一种鼓励道德行为的组织伦理氛围。正是基于微观层面个体组织行为的伦理实践,对组织伦理的关注及其研究有其必要性。

(二)组织伦理的内涵

从构词的角度看,组织伦理主要包括两层含义,抽象来说,是指组织的伦理思考,即对组织进行伦理思考;具体来说,是指对组织哪些内容进行思考,可以看成是组织伦理的研究视角。前者是对组织伦理的整体思考,后者是对组织伦理的具体思考。

1. 组织伦理的整体思考

组织伦理将组织这一当代社会最常见的社会实体作为伦理研究对象,对组织进行伦理研究。"组织伦理是指组织的伦理,也即从伦理的视角对组织进行研

---

① Linda Klebe Trevino, Kenneth D. Butterfield, Donald L. McCabe. The Ethical Context in Organizations: Influences on Employee Attitudes and Behaviors [J]. Business Ethics Quarterly, 1998, 8(3): 447-477.

② 吴红梅. 西方组织伦理氛围研究探析[J]. 外国经济与管理, 2005(9): 32-38.

③ 刘文彬, 井润田. 组织文化影响员工反生产行为的实证研究——基于组织伦理气氛的视角[J]. 中国软科学, 2010(9): 118-129, 139.

究。"①组织作为实体性道德主体，不同于自然意义上的个体性道德主体，它是诸多自然意义上的个体性道德主体的集合。作为实体性道德主体，组织的确立不仅需要其成员具备道德知识、精神与能力，而且需要其群体或整体建立一定的道德精神、规范和制度。

从伦理的角度对组织进行思考，取决于一个前提，即组织是否是道德责任主体？因为判定一个个体或实体是否是道德责任主体，主要取决于两个条件：具有成为道德责任主体的主观条件与客观条件，所以，从伦理的角度对组织进行思考，既要思考组织是否具有成为道德责任主体的主观条件，也要思考组织是否具有成为道德责任主体的客观条件。② 传统上，人们习惯将个人视为道德责任主体，即对自己的行为承担道德责任的主体，原因在于个人具有自觉自控的自由品格。所谓自觉，即具有自我认识、自我反思和自我批判的思维能力或道德意识，所谓自控，即具有自我决断、自我选择和自我调控的意志能力或道德意志。③ 现在，我们要对组织进行伦理思考，就必须对组织是否具有自觉自控的道德责任主体的主观条件特征进行判定。首先，组织因组织目标而存在，组织目标是组织成员共同努力所要达到的预期结果，组织成员的个人追求与群体追求都必然融合在组织目标之中，否则，组织成员大可以离开组织或组织中的某个群体或部门；其次，组织为了实现自身的目标，制定了组织结构，意味着组织中的每个人或部门都有着自己的责任或职责，换句话说，组织成员都知道自己应该做什么、必须做什么、没做什么就会承担什么责任；最后，组织为了预防个人或部门的本位主义，即只知道自己做什么而不知道他人或整体的追求，要不断加强组织文化建设，以让组织成员都不断了解和掌握组织的价值观、制度和行为方式，进而再认识、反思和批判部门及其成员。综上，组织虽然表面上只是一群只追求自身利益的人的集合，但是，因为组织目标的存在，因为组织结构和组织文化的存在，组织就像一个人一样(好的组织或卓越的组织，组织成员的各司其职与互助合作，的确可以让所有的组织成员看起来像一个整体)，具有

①　王珏. 组织伦理：现代性文明的道德哲学悖论及其转向[M]. 北京：中国社会科学出版社，2008：65.

②　王珏. 组织伦理与当代道德哲学范式的转换[J]. 哲学研究，2007(4)：97-102.

③　王珏. 组织伦理与当代道德哲学范式的转换[J]. 哲学研究，2007(4)：97-102.

自我认识、自我反思和自我批判的思维能力。不仅如此，组织为了保证自身具有自我决断、自我选择和自我调控的意志能力，建立了以反馈为核心的组织领导和管理过程。组织制定了目标，这本身就是一个不断自我决断和选择的过程；然后，通过组织、协调、沟通等来执行目标；经过一段时期以后，组织会通过评价来检测自身目标完成得怎么样，进而通过改进和反馈进入新的组织目标及实现的周期。

在确认了组织具有成为道德责任主体的主观条件之后，我们再来看看，组织是否具有成为道德责任主体的客观条件。"判断一个行为是否是道德行为的客观条件在于：行为是否具有社会影响力。如果一个行为不具有社会影响力，只是个人的一种兴趣、习惯，不对他人产生影响，就不是道德行为。"①组织是人活动的载体。人的各种活动，包括经济活动、政治活动、社会活动、生产活动、营销活动，都会以组织的形式出现。组织也是管理的载体。无论是行政管理，还是企业管理，或是其他管理，都同组织联系在一起。从纵向历史层面来看，组织始终是人类赖以生存和借以发展的主要形式。在人类社会漫长的进化过程中，组织始终是人类赖以生存和借以发展的主要形式。从早期的原始人类的群居生活到现代的世界范围的社会生活，人类经历了一个从不自觉到自觉地运用组织的力量以抵抗、征服、改造大自然的过程。在这一过程中，人类不断改造自身，不仅使人类成为万物之灵，而且创造了日益巨大的文明与进步。在这个意义上，可以说，组织是人类文明的标志，组织生活的多样化、丰富化，则是人类文明发展的标志。离开了组织，就没有人类社会的过去、现在和将来。从横向现实层面来看，组织是构成社会的要件。人类社会生活需要的多样性决定了社会组织的多样性。组织广泛存在于社会生活的每一个领域，每一个社会成员自觉或不自觉地总被一个或若干个组织包括。不同的组织有不同的性质和形态。组织的种类繁多，按照不同的标准可以有不同的分类，比如：政治性组织如政党，经济性组织如托拉斯，军事性组织如特种部队，行业性组织如工会，群众性组织如青年联合会，学术性组织如各种学会，福利性组织如残疾人基金会，公益性组织如红十字会，等等。由此看来，组织的影响力是毋庸置疑的，一旦组织失却其道德意识，消融其道德意

① 王珏. 组织伦理与当代道德哲学范式的转换［J］. 哲学研究，2007（4）：97-102.

志，其对组织成员及行业甚至整个环境的负面影响，是巨大的。有研究者从积极的方面指出，"由于组织的活动是与各类利益相关者的互动活动，一个诚信的组织为了确保长期利益，必须更多关注各相关者的利益，对利益相关者采取负责行为"①。"传统道德哲学对行为主体进行道德评价时，较多的是从道德主观动机出发，将行为动机作为道德考量指标来评价个体行为道德与否，而现实社会生活则要求组织对其道德行为承担起道德责任。"②

2. 组织伦理的研究视角

组织有不同的类型，不同类型的组织具有不同类型的伦理，企业有企业伦理，政府有行政伦理，学校有学校伦理……

不同类型的组织伦理，虽然各具特色，但又有一些共同的特征，它们都包括三个层次的伦理思考，即对人的行为的个体层面影响因素进行伦理思考、对人的行为的群体层面影响因素进行伦理思考、对人的行为的组织层面影响因素进行伦理思考。

就个体层面影响因素的伦理思考来说，可以从能力、情绪、压力等对个体的行为进行伦理思考。一方面，个体是组织的基石，组织是由人构成的，同时组织活动也需要一定的物质资源。虽然组织还存在许多其他的构件，但人是最重要的，因为，组织活动的资源配置是通过人来完成的。所以，当我们提到政府时，首先应想到公务员和公民；当我们提到医院时，首先应想到护士和病人；当我们提到学校时，首先应想到教师和学生；当我们提到企业时，首先应想到员工和顾客。另一方面，日常经验和理论探讨的成果表明，个体的能力不足时，可能导致个体发出不道德行为；个体处于较大的负面情绪时，可能导致个体发出不道德行为；个体处于较大的压力时，可能导致个体发出不道德行为。

就群体层面影响因素的伦理思考来说，可以从群体环境、同伴合作等对个体的行为进行伦理思考。一方面，"群体是介于个体与组织之间的一级组织，它是个体直接工作的地方，个体对组织和社会的贡献是通过群体实现的"③。人们在

---

① 陈丽君. 组织诚信：超越个体品德的组织伦理和行为[J]. 现代哲学，2005(4)：105-112.

② 王珏. 组织伦理与当代道德哲学范式的转换[J]. 哲学研究，2007(4)：97-102.

③ 关培兰. 组织行为学[M]. 北京：中国人民大学出版社，2002：12.

组织中极少完全单独工作，人们在一起工作的常规方式是小组、部门、委员会这些群体形式。另一方面，日常经验和理论探讨的成果表明，个体处于比较恶劣的群体环境时，可能导致个体发出不道德行为；个体处于竞争过度的同伴关系时，可能导致个体发出不道德行为。

就组织层面影响因素的伦理思考来说，可以从组织结构、组织文化、组织领导和管理等对个体的行为进行伦理思考。一方面，组织通常表现为横向的部门结构和纵向的层级结构。组织的存在是由于有自身的使命和目标，这些使命和目标是单个人不能完成的。为了完成组织的使命和目标，组织会将目标分解成各层次、部门、职位的工作，委托一定的群体、个人按照相应的规则去完成。分工和协作使组织活动形成了互相联系的横向部门结构，也形成了纵向层级结构。为了消除个人、部门的本位主义，组织确立了共同追求的价值观，并由此形成了组织文化。为了确保组织目标的达成，也为了组织结构、组织文化不偏移组织目标，组织展开了以反馈和改进为核心的领导和管理。另一方面，日常经验和理论探讨的成果表明，个体处于不完善的组织结构中，可能导致个体发出不道德行为；个体处于不健全的组织文化中，可能导致个体发出不道德行为；个体处于不合适的组织领导和管理中，可能导致个体发出不道德行为。

（三）组织伦理的主要理论

1. 伦理学视角的组织伦理气氛理论

组织伦理气氛会对组织成员做出道德或不道德行为产生显著的影响。组织成员个人的道德行为不仅会受到个体心理变量（如个人素质或素养）的影响，而且会受到组织情境变量，尤其是组织伦理的影响。有研究者指出，组织成员的行为离不开其所处的组织环境，环境中有很多影响组织成员行为的因素，组织伦理气氛就是其中的一种综合因素，它对组织成员做出道德或不道德行为产生显著的影响。组织伦理气氛，"是组织在处理伦理问题上的特征，也是组织成员在什么是符合伦理的行为和应该如何处理伦理问题两方面所形成的共同感知"①。这一定义首先隐含着这样一个前提，组织是一个伦理实体，在实践和管理的过程中，组

---

① 吴红梅. 西方组织伦理氛围研究探析［J］. 外国经济与管理，2005（9）：32-38.

织不得不面对和解决大量的伦理道德问题，所有为解决这些伦理道德问题而产生的伦理道德行为构成了组织情境的伦理特征，这是组织客观存在的一面；这一定义其次明确指出，作为在组织中生活的组织成员会对组织情境的伦理特征有感知，并可能形成共同感知，这个共同感知就是组织伦理气氛的内容。总体上看，组织伦理气氛对组织成员道德行为的影响表现为：“组织伦理气氛是影响员工道德决策的首要因素”，“组织伦理气氛是影响员工不道德行为的重要因素，如果组织的伦理气氛发生改变，组织成员与伦理有关的行为也会随之改变”①。

营造一种鼓励道德行为的组织伦理氛围，可以有效减少组织成员的不道德行为。既然组织伦理气氛极大地影响着组织成员的道德行为，那么减少组织成员不道德行为或者增加组织成员道德行为的办法，就是营造一种鼓励道德行为的伦理氛围。正如组织气氛是指组织成员对组织情境客观特性的总体认知一样，组织伦理气氛是指组织成员对组织情境伦理特征的整体知觉。由此出发，改变组织伦理气氛的策略主要包括两类：一类是客观的视角，通过改变组织特征(包括组织结构和组织文化)来改变组织情境的伦理特征；另一类是主观的视角，通过影响组织成员对组织情境的知觉来改变组织成员的组织伦理感受。从根本上看，改变组织情境的伦理特征是本，改变组织成员的组织伦理感受是末，因而，组织结构重构与组织文化重建是改变组织情境伦理特征的根本，也是营造有利于组织成员道德行为的组织伦理气氛的核心。

2. 管理学视角的亲组织不道德行为理论

亲组织不道德行为是一种特殊的不道德行为。在社会生活中，人类的行为是多种多样的。伦理学从人类的行为总体中划分出了道德行为与非道德行为。20世纪80年代，有研究者认为，“道德行为或伦理行为，就其动机和效果来看，可以区分为两种基本类型，即道德的行为或不道德的行为。所谓道德的行为，就是有利于他人和社会的道德行为；而所谓不道德的行为，就是不利于或危害他人和社会的道德行为”②。很明显，是否有利于他人和社会，是将人类行为评价为道

---

① 刘文彬，井润田. 组织文化影响员工反生产行为的实证研究——基于组织伦理气氛的视角[J]. 中国软科学，2010(9)：118-129，139.

② 罗国杰，马博宣，余进. 伦理学教程[M]. 北京：中国人民大学出版社，1985：352.

德或不道德行为的标准。近几年，由于经济社会发展的转型，人类行为变得更加复杂，因此，在道德或不道德行为的评价标准中，增加了群体的标准。有研究者认为，"所谓伦理行为，是指行为主体在一定的伦理意识支配下，自觉选择实行与他人利益、群体利益、社会利益密切相关并可以进行善恶判断和评价的行为。伦理行为包括道德的行为(即善的行为)和非道德的行为(即恶的行为)"，"所谓非伦理行为，是指没有一定的伦理意识支配，也不同他人、群体、社会发生联系，不能进行善恶判断和评价的行为"①。在道德或不道德的评价标准方面，传统上，学者们有一个共识，即他人利益、集体利益和社会利益是一致的。作为理论伦理学，这种理解是没有什么问题的，但是，应用伦理学，尤其是企业伦理学最近提出了一种新的伦理行为类型，即亲组织不道德行为(学术界在企业伦理学研究中大多将之翻译为亲组织非道德行为，考虑到用语习惯，本章节采用亲组织不道德行为的说法)。与以往纯粹的不利于或危害他人利益、集体利益和社会利益的不道德行为不一样，它是行为主体发出的可能暂时有利于群体(很多情况下是指组织)利益但却不利于社会利益的行为。

　　亲组织不道德行为是受差序式领导、家长式领导、上下级关系、高绩效要求的影响而导致的有利于组织的不道德行为。无论是出于自身发展，还是出于履行社会伦理责任，组织都会为其成员制定伦理法则或职业道德规范，明文禁止一些有损组织利益的不道德行为，但是，对于有利于组织的不道德行为则往往管控不明确，甚至被纵容或默许。由于这种特殊的不道德行为最终也会有害于个人、组织和社会，因此，有研究者首次将组织成员为了组织利益而做出的不道德行为定义为亲组织不道德行为。② 之后，许多学者对其前因进行了理论和实证探索。有研究者认为，差序式领导对圈内人与圈外人亲组织不道德行为存在正向影响作用，且该正向影响不存在显著差异;③ 有研究者认为，家长式领导中的威权领

---

　　① 王敬华.新编伦理学简明教程[M].南京：东南大学出版社，2012：238.

　　② Umphress, E. E., Bingham, J. B., & Mitchell, M. S.. Unethical Behavior in the Name of the Company: The Moderating Effect of Organizational Identification and Positive Reciprocity Beliefs on Unethical Pro-organizational Behavior[J]. Journal of Applied Psychology, 2010, 95(4): 769-780.

　　③ 林英晖，程垦.差序式领导与员工亲组织非伦理行为：圈内人和圈外人视角[J].管理科学，2017(3)：35-50.

导、仁慈领导均对组织成员亲组织不道德行为存在正向影响；① 有研究者认为，上下级关系与亲组织非伦理行为显著正相关；② 有研究者认为，领导对下属的高绩效要求将会导致员工为了维护和提高组织的利益进行不道德行为。③

3. 心理学视角的组织道德推脱理论

班杜拉（Bandura）认为，道德推脱是一种认知过程，它通过一系列的内在心理机制，在认知上将不道德行为重建为道德行为，最大程度地减少自己在行为后果中的责任，忽视或扭曲不道德行为的后果，并减少对受伤者痛苦的认同。④ 道德推脱理论认为，在正常情况下，大多数人都建立了个人道德行为标准，这些标准起着自我调节作用，可以引导良好的行为和制止不良行为。个体会把行为结果与道德标准进行比较，会从事那些能带来自我满足或价值感的行为，而那些违背道德标准的行为会带来自责与负罪感，因而会避免。道德推脱使得违反道德规范的行为与自我惩罚之间失去认知联系，因而自我调控过程就会失效。当个体违反其内部道德标准时，可以通过道德推脱使道德的自我调节功能失效，进而摆脱内疚和自责。⑤

道德推脱通过道德辩护、委婉标签、有利比较、责任转移、责任分散、忽视或扭曲结果、非人性化、责备归因八个相互关联的机制起作用。道德辩护声称有害行为的目的是实现一个更高的道德目标(如尊严、荣誉)，从而使有害行为被个体和社会所接受；委婉标签指用委婉的语言掩饰自己应该受到谴责的行为；有利比较是通过与更有害的行为的对比，使得自己的行为似乎相对无害或失去原本的有害性；责任转移指将自己行为的责任归因于权威人物或者外界的压力；忽视或

① 邵康华，廖纮亿. 家长式领导对员工不道德亲组织行为的影响研究[J]. 领导科学，2019(6)：111-115.

② 钟熙，王甜，罗溧元，宋铁波. 上下级关系与亲组织非伦理行为：基于组织认同与自我牺牲型领导的作用[J]. 科学学与科学技术管理，2018(6)：122-135.

③ 陈默，梁建. 高绩效要求与亲组织不道德行为：基于社会认知理论的视角[J]. 心理学报，2017(1)：94-105.

④ Bandura A. Moral Disengagement in the Perpetuation of Inhumanities[J]. Personality and Social Psychology Review，1999(3)：193-209.

⑤ 杨继平，王兴超，高玲. 道德推脱的概念、测量及相关变量[J]. 心理科学进展，2010，18(4)：671-678.

扭曲结果是指当人们为了个人利益或因受到诱惑而伤害他人时，他们会避免或尽量减少面对自身造成的伤害，更多地考虑行为的潜在好处，很少想到行为的有害影响，从而使自我谴责反应不被激活；责任分散是将责任归因到一个群体的所有成员而不是任何个体身上；责备归因是将受害者视为罪魁祸首，而将自己的行为视为正当防卫；非人性化指的是将受害者视为没有情感或在进化上低于人类的客体，使自己的内在道德调节不被激活。这八个机制由于产生的节点不同有以下三个方面的特点：道德辩护、委婉标签、有利比较三个机制通过对不符合伦理规范行为的认知重建，使行为结果的伤害程度显得更小；责任转移、责任分散、忽视或扭曲结果三个机制发生在个体掩盖或扭曲有害行为的影响时；非人性化和责备归因两个机制通过降低对受害者的认同而摆脱道德的责备。

随着道德推脱理论的研究越来越成熟，研究者们尝试对组织情境下道德推脱与不道德行为之间的关系进行了研究，并得出了许多有价值的成果。有研究者构建了道德推脱在组织腐败中的三条作用路径：第一，高水平道德推脱的员工更可能为了组织目标而加快促进不道德决策；第二，高水平道德推脱员工更可能为了组织目标和利益而做出不道德决策，而该员工道德意识的缺失将有利于这一过程的发生；第三，组织有意识或无意识地奖励那些为了组织利益而做出不道德行为的高道德推脱员工，这一过程的持续进行最终会加快组织腐败的进程。[①]其他研究者在研究中发现了如下观点：工作目标设置参与程度、离职意向、个人功利性以及道德良心水平会影响道德推脱对员工不道德行为的作用效果；在工作负荷重、约束多、人际冲突严重、缺乏组织支持的组织中，员工更可能产生负面情感，产生更多的道德推脱，最终增加了员工反生产性行为；组织不公平对员工偏差行为有正向影响作用，而道德推脱调节了组织不公平和员工偏差行为的关系；员工道德推脱程度越高，负面情感程度高的员工更有可能进行反生产性行为，而且道德推脱对员工负面情感与反生产性行为关系的调节效应在男性身上表现更强。[②]

[①] Moore, C. . Moral Disengagement in Processes of Organizational Corruption [J]. Journal of Business Ethics, 2008(1): 129-139.

[②] 张艳清，王晓晖，王海波. 组织情境下的不道德行为现象：来自道德推脱理论的解释[J]. 心理科学进展，2016(7): 1107-1117.

二、师德失范行为的组织伦理分析框架

人的道德行为，首先是个体内在的个性心理特征与道德意识和能力的产物，其次才是个体所处群体环境、组织环境和社会环境的产物。一方面，即使是群体环境、组织环境和社会环境对个体道德行为的影响，也是通过个体内在的个性心理特征与道德意识和能力来实现的；另一方面，个体道德行为虽然源于个体内在的个性心理特征与道德意识和能力，但它并不是与组织及其伦理无关的，因为个体内在的个性心理特征与道德意识和能力，在一定意义上，是个体的大脑对组织及其伦理的个性化反映。在这个意义上，师德失范行为个体层面影响因素的伦理思考是整个组织伦理思考的基础，师德失范行为群体层面影响因素的伦理思考、师德失范行为组织层面影响因素的伦理思考是整个组织伦理思考的核心。

(一)师德失范行为个体层面影响因素的伦理思考

教师个体的师德行为(师德失范行为是一种不道德的师德行为)，是教师个体知识、技能、能力，个体情绪、态度、价值观的产物。这里的知识、技能、能力与情绪、态度、价值观，可以直接理解为道德知识、技能、能力与道德情绪、态度、价值观，但是，因为教师个体的道德知识、技能、能力与专业知识、技能、能力是有紧密联系的，教师个体的道德情绪、态度、价值观与一般的情绪、态度、价值观密不可分，所以，应该整体来理解。有研究者指出，"教师的职业道德是隐含在教师的专业能力之中的，是体现在教师的教育教学的过程中的，是通过教师的实践智慧呈现出来的。如果硬性地将这些道德伦理规范和要求从上述载体中抽象出来，剥离开去，那就使得教师的职业道德无所依托，最后就变成了一种教条，一句口号，一些纯粹的符号。教师作为教书育人的实践者，其崇高道德修养和精湛的专业能力犹如一枚硬币的两面，是无法分开的"[①]。

就当前的理论研究而言，学术界对教师个体知识、技能、能力与师德行为关系的研究多一些，对个体情绪、态度、价值观与师德行为关系的研究少一些。有

[①] 唐海宝.师德，隐含于教师的专业能力和实践性智慧[J].上海教育科研，2010(9)：1.

研究者曾对教师个体知识、技能、能力与师德行为的关系进行了系统的研究，发现了一些非常有价值的结论。其研究指出，师德"失范"现象折射出了教师专业发展的多重困境：专业情感困境——多重压力下的专业角色"迷茫"；专业理念困境——"应试教育"下的教育理念的单向度生长；专业知识困境——学科依附下的知识体系建构科学性、系统性欠缺；专业能力困境——"应试教育能力"一枝独大与"育人"能力艰难发展。教师专业情感理念、专业知识和专业能力的缺陷是引发师德"失范"的根本原因，因此，消除师德"失范"现象的根本在于超越教师专业发展的困境：创新培养、培训体系建设，促进教师专业知识和能力的完善，推动教师专业发展。① 虽然既有研究对个体情绪、态度、价值观与师德行为的关系作过一些探讨，但主题分散，观点零散。为了更全面地从个体层面影响因素来对师德行为进行伦理探讨，本书拟继续探讨这种关系。具体来说，本书拟探讨如下主题：负面情绪(情绪消极状态)视域下师德失范行为的归因与治理、压力(情绪紧张状态)视域下师德失范行为的归因与治理、态度(情绪后的行为选择状态)视域下师德失范行为的归因与治理。

(二)师德失范行为群体层面影响因素的伦理思考

教师个体的师德行为(师德失范行为是一种不道德的师德行为)，是教师个体知识、技能、能力，个体情绪、态度、价值观的产物，也是教师所处群体环境的产物。这里所指的教师所处群体环境，包括教师所处的班级环境、教师的人际关系、教师所在群体的群体规范、教师所在群体的师德师风(教师所处的班级环境、教师的人际关系、教师所在群体的群体规范等的综合表现)等。组织行为学的理论研究表明，当个体处在一个群体中时，他们的行为表现和绩效会产生一定的变化，与他们单独存在时有明显的不同。去个性化、社会惰化作用和从众等是较为典型的群体行为机制。"去个性化，是指个人在群体压力或群体意识影响下，发生自我调节功能的削弱或责任感的丧失，从而表现出一些个人单独活动时不会出现的行为，例如集体起哄，甚至集体暴乱。处于去个性化状态中的个体，其行为

---

① 陆道坤. 师德"失范"现象折射出的教师专业发展困境与思考[J]. 教育科学，2013(4)：69-75.

较少受到个人意志的支配，而是处于追随群体的盲从状态。""社会惰化作用是指当单独个体对群体活动的贡献不能或不被衡量时，人们往往会比单独工作时更不卖力。""从众是指改变自己的信念或者行为，以符合其他人行为的倾向。"①以群体行为机制的观点来审视，考虑到我国教师招聘的相关制度的科学性和严肃性，我们可以合理推论：中小学教师的师德失范行为，更多的不是因为教师个体知识、技能、能力的低下和个体情绪、态度、价值观的消极所致，而是因为教师所处群体环境所致。

就当前的理论研究而言，学术界对群体条件与学生道德行为关系的研究多一些，对群体条件与师德行为关系的研究少一些。有研究者曾指出："群体生活是人类的基本存在方式。但自私始终是包括部落、种群、宗教、民族、国家在内的各种不同层次群体的本性之一。过去时代，人类虽然生活在同一个星球上，但由于时间和空间的隔离，并没有生活在'同一个世界'之中，群体自私性的影响基本上是局部的、地方性的，但在全球化的今天，群体，尤其是超大群体的自私已经具有了全球效应，有导致毁灭人类的巨大风险。在全球化时代，如何克制、超越群体，尤其是超大群体的自私，是时代赋予教育和道德教育的新课题。"②"在好人是如何变坏的社会学研究与道德恶的伦理学研究中，都发现了群体的影子。指引个体不因群体的压力或诱惑而失去道德坚守，应该是道德教育的一个新课题。客观来看，群体不是道德主体，有天生的'道德缺陷'，群体的道德错误更难发现。个体为什么会屈从于道德上并不完美的群体而失去道德判断？原因在于个体与群体血脉相连，群体是个体道德的'母体'，群体倾向于把服从当作美德。"③

虽然既有研究对群体条件与师德行为关系的探讨有很好的启示或借鉴意义，但毕竟主题不一样，结论的指导作用有限。为了更全面地从群体层面影响因素来对师德行为进行伦理探讨，本书拟继续探讨这种关系。具体来说，本书拟探讨如下主题：班级管理视域下（本质上是在师生关系视角下）师德失范行为的归因与治理、亲学校不道德行为视域下（本质上是在上下级关系视角下）师德失范行为的归

---

① 孙健敏，张德. 组织行为学[M]. 北京：高等教育出版社，2019：102-104.

② 高德胜. 超越群体的自私——全球化时代道德教育的新课题[J]. 教育研究与实验，2008(1)：32-36，70.

③ 高德胜. 道德教育的"群体课题"[J]. 教育研究与实验，2019(1)：1-10.

因与治理、教师专业伦理视域下(本质上是在教师同事关系视角下)师德失范行为的归因与治理、师德师风视域下(本质上是在教师所处的多种关系的综合表现下)师德失范行为的归因与治理。

(三)师德失范行为组织层面影响因素的伦理思考

教师个体的师德行为(师德失范行为是一种不道德的师德行为),是教师个体知识、技能、能力,个体情绪、态度、价值观的产物,也是教师所处群体环境的产物,更是教师所在组织环境的产物。这里所指的教师所在组织环境,包括学校组织结构、学校组织文化、学校组织领导与管理、学校组织的师德治理模式(学校组织的师德治理模式,是学校专门对师德的多元主体的高级管理,包括师德教育、师德监督、师德问责、师德惩戒等)等。组织行为学的理论研究表明,学校社会系统理论认为:"可将一所学校视为个体、结构、文化、政治等要素构成的整体。但是,组织行为并不单单是这些要素与环境力量的函数,而是这些要素互动产生的函数。因此,组织行为是这些要素的动态变化关系的结果。具体来说,行为是结构、个体、文化、政治诸要素在环境力量约束下互动的函数。"①以组织行为机制的观点来审视,考虑到我国具体的学校管理和师德治理,我们可以合理推论:中小学教师的师德失范行为,既可能是教师个体知识、技能、能力的低下和个体情绪、态度、价值观的消极所致,也可能是教师所处群体环境所致,更可能是教师所在组织环境所致。

就当前的理论研究而言,学术界对师德管理与师德行为关系的研究多一些,对学校组织与师德行为关系的研究少一些。在这些研究中,探讨师德管理与师德示范或规范行为关系的成果多一些,探讨师德管理与师德失范行为关系的成果少一些;探讨学校组织与师德示范或规范行为关系的成果多一些,探讨学校组织与师德失范行为关系的成果少一些。

为了更全面地从组织层面影响因素来对师德行为进行伦理探讨,本书拟继续探讨这种关系。具体来说,本书拟探讨如下主题:学校组织结构视域下师德失范

① [美]韦恩·K.霍伊,塞西尔·G.米斯克尔.教育管理学:理论·研究·实践(第7版)[M].范国睿,译.北京:教育科学出版社,2007:28.

行为的归因与治理、学校组织文化视域下师德失范行为的归因与治理、师德教育视域下师德失范行为的归因与治理(本质上属于学校组织管理与领导起点视域下师德失范行为的归因与治理)、师德问责视域下师德失范行为的归因与治理(本质上属于学校组织管理与领导过程视域下师德失范行为的归因与治理)、师德惩处视域下师德失范行为的归因与治理(本质上属于学校组织管理与领导反馈视域下师德失范行为的归因与治理)、学校道德氛围视域下师德失范行为的归因与治理(本质上属于学校组织管理与领导状态视域下师德失范行为的归因与治理)。

第二章　师德失范行为个体层面影响因素的组织伦理归因与治理

　　教师个体的师德行为(师德失范行为是一种不道德的师德行为)，是教师个体知识、技能、能力，个体情绪、态度、价值观的产物。这里的知识、技能、能力与情绪、态度、价值观，可以直接理解为道德知识、技能、能力与道德情绪、态度、价值观，但是，因为教师个体的道德知识、技能、能力与专业知识、技能、能力是有紧密联系的，教师个体的道德情绪、态度、价值观与一般的情绪、态度、价值观密不可分，所以，应该整体来理解。

　　就当前的理论研究而言，学术界对教师个体知识、技能、能力与师德行为关系的研究多一些，对个体情绪、态度、价值观与师德行为关系的研究少一些。本章节拟探讨如下主题：负性情绪(情绪消极状态)视域下师德失范行为的归因与治理、压力(情绪紧张状态)视域下师德失范行为的归因与治理、态度(情绪后的行为选择状态)视域下师德失范行为的归因与治理。

第一节　负性情绪(情绪消极状态)视域下师德失范行为的归因与治理

　　在教育生活中，我们常常会发现，发出攻击、辱骂、体罚学生等不当行为的少部分教师，并不是因为道德修养不够、学科教学能力不足，只是因为他们自身的情绪管理能力相对欠缺。有研究者从情绪对行为影响的角度指出，"教师的情绪管理能力是教师出现不当行为的重要原因"①。有研究者从体罚这种不当行为

---

　　①　秦旭芳，刘慧娟. 教师情绪劳动失调窘境与理性化调控[J]. 教育发展研究，2016 (10)：41-45.

的情绪归因的角度指出:"有体罚行为的教师具有一些共同的人格特征:狭隘、嫉妒、暴躁等特征,自卑、抑郁、孤僻、多疑等倾向,多表现为冲动型人格、偏执型人格或强迫型人格。"①实践观察和理论研究同时启示我们,教师的负性情绪与教师的不当行为(教师的不当行为,是教师师德失范行为的一种程度较轻的表现形式)之间可能存在着紧密的联系。教师的负性情绪与教师的不当行为这种联系是否成立、联系背后的作用机制(教师的负性情绪究竟是如何导致教师的不当行为的)是否具有规律性、能否从作用机制入手改善教师的负性情绪并治理教师的不当行为(本章节所指的师德失范行为,主要是指攻击、辱骂、体罚学生等教师的不当行为),有赖于我们进一步的理论研究。

一、负性情绪与不道德行为:师德失范行为归因与治理的新视域

教师的情绪与教师的师德行为之间的关系,一直是实践、政策和理论关注的焦点主题。就实践需要来说,我们都熟知"爱是教育的全部""爱是最好的教育"等理念;就政策要求来说,教师们也都知道,2008 年修订的《中小学教师职业道德规范》有关"爱"的条目(爱国守法、爱岗敬业、关爱学生)占了全部条目内容的一半;就研究现状来说,学术界一直在通过不同的主题来证明"热爱学生""热爱教育事业"是教师道德成长的动力系统,教师的教育教学实践一直都是伴随着教师的情绪的劳动。对教师的正面情绪与教师的师德规范行为或师德示范行为之间关系的关注,是这些关注的共同点。这些关注当然是必要的,但是不够。为了更全面地认识教师的情绪与教师的师德行为之间的关系,我们有必要从情绪及其与行为的基本关系入手,从负性情绪及其与不道德行为的一般关系入手,来建构教师的负性情绪与教师的师德失范行为关系的理论分析框架。

(一)情绪及其与行为的基本关系

情绪是人的一种心理现象。尽管我们总是相信,理性在生活与工作中更重要,情绪直觉上更具破坏性,但是,我们改变不了这样的事实,情绪总是时刻伴

---

① 罗晓路,俞国良. 教师体罚行为:心理危害、归因方式和对策研究[J]. 心理科学,2003(4):732-734.

随着我们的生活和工作。"情绪指的是由特定的人或事物引发的较为强烈的情感体验。"①可以从以下三个方面来理解情绪的内涵。其一，情绪是由特定的人或事物这种刺激引起的，因而，情绪具有鲜明的对象性与冲动性，在分析情绪与行为的关系时必须考虑到具体的刺激情境。其二，情绪是一种主观体验或感受，其感受的获得来源于外部刺激与内部需要的关联。当个人感觉到某人或事物符合自己的需要时，就会产生肯定性质的情感体验，如快乐、满意等；当个人感觉到某人或事物不符合自己的需要时，就会产生否定性质的情感体验，如愤怒、憎恨、哀怨等；当个人感觉到某人或事物与自己的需要无关时，就会产生无所谓的情感体验。其三，情绪会引发较为强烈的生理反应和行动倾向。综上，情绪具有如下特征："由具体事件(人或事物)引起""持续时间短(冲动性)""本质上是具体的(与具体刺激情境关联)，且数量很多""通常伴随显著的面部表情(生理反应的外显)""本质上是行动导向(伴随心理性行为)"。②

情绪对行为的影响，一直是组织行为学关注的基本理论问题。因为，从组织的角度讲，组织成员情绪的好坏会直接影响其活动能力和工作效率。根据情绪对行为性质的影响，可以将情绪分为正面情绪和负面情绪。正面情绪是有利于工作能力提升或工作效率提高的情感体验，负面情绪是阻碍工作能力发挥或降低工作效率的情感体验。实验证明："中等愉快水平可以使智力劳动达到较优的效果，如果兴趣和愉快结合起来，相互作用、相互补充，能为智力活动和创造性工作提供最佳的情绪背景。情绪对人的行为的消极影响来自诸如焦虑、挫折感等负性情绪所引起的破坏、瓦解和干扰作用。"③基于情绪对行为的作用机制，组织管理者应该想方设法掌握和改善组织成员的情绪，帮助组织成员克服负面的情绪，保持正面的情绪状态，从而促进组织工作效率的持续提升。

(二)负性情绪及其与不道德行为的一般关系

负性情绪(negative emotions)又称负面情绪，是抑郁、焦虑、痛苦、愤怒、紧

---

① 孙健敏，张德. 组织行为学[M]. 北京：高等教育出版社，2019：52.
② [美]斯蒂芬·P. 罗宾斯，蒂莫西·A. 贾奇. 组织行为学(第12版)[M]. 李原，孙健敏，译. 北京：中国人民大学出版社，2008：219.
③ 关培兰. 组织行为学[M]. 北京：中国人民大学出版社，2002：87.

张等消极情绪的统称。负性情绪,包含两层不同的含义。第一,指个体的不愉快甚至痛苦的情绪、情感体验;第二,指对个体行动起唤醒或抑制作用的情绪、情感。两者不完全统一,如焦虑情绪会让人感到不安,但与此同时,焦虑情绪既可能唤醒个体的行为,也可能抑制个体的行为。人们在工作和生活中经常能体验到的负性情绪、情感主要有抑郁、焦虑、嫉妒、内疚、愤怒等。一旦人们对自己的负性情绪、情感及其失控或者对其失控的预期有了意识,他们就会陷入一种继发性的焦虑之中,他们抑郁而焦虑,为无法控制抑郁而焦虑,为对抑郁的失控预期而焦虑。①

道德作为社会文化的重要内容,是个体如何对待他人的重要准则或标准。不道德行为是指个体为了自身利益而违反所处社会文化的道德标准,做出损害他人利益和公共利益的行为。不道德行为不仅会损害他人利益和公共利益,还会阻碍个人自身的社会性发展(比如损害个人人际关系、危害个人心理健康等)。

关于负性情绪与不道德行为的关系,学术界进行了研究并提出了较为经典的情绪损耗理论、情绪调节理论和职业倦怠理论,它们分别着重于情绪感受、情绪反应和职业态度或行为三种观测视角。基于情绪感受,情绪损耗理论指出,处于负性情绪下的个体,其自我控制能力下降,在"恼羞成怒"之下可能产生攻击性的不道德行为。② 基于情绪反应,情绪调节理论进一步具体解释了负性情绪和反应性攻击或触发性转向攻击之间的心理机制,认为,情绪之所以会导致攻击等不道德行为的产生,是因为处于负性情绪状态的个体会产生情绪调节动机即期望调节当下的情绪状态,攻击等不道德行为则被认为是一种可以调节情绪的手段,也就是说,个体会产生出于调节情绪的目的做出攻击等不道德行为的反应。③ 基于职业态度或行为,职业倦怠理论指出,作为对工作疲劳的反应,职业倦怠是指个体

① 张文秀. 负性情绪、情感与教师心理调适[J]. 前沿,2008(12):150-152.

② Leith, K. P., & Baumeister, R. F. Why Do Bad Moods Increase Self-defeating Behavior? Emotion, Risk Taking, and Self-regulation[J]. Journal of Personality and Social Psychology, 1996, 71(6):1250-1267.

③ 刘宇平,周冰涛,杨波. 情绪如何引发暴力犯的攻击? 基于情绪调节理论的解释[J]. 心理学报,2022,54(3):270-280.

的职业态度或行为以负性的形式发生改变的过程。① 职业倦怠一般会带来以下几个方面的影响：影响情绪（即出现自卑、焦虑、抑郁等状态）、影响身体（即出现生理上的疲劳）、影响认知（具体表现为自我效能感降低、认知结构障碍及社会认知偏差）、影响工作（即出现低效行为、不称职行为）。

基于负性情绪出现与不道德行为的发生有一定的关联性，要预防教师师德失范行为的发生，应当从抑制环境中个体负性情绪易出现的情景入手，这样才能减少教师出现师德失范行为的可能性。

二、路径与心理机制：师德失范行为的负性情绪归因分析

既然负性情绪提供了一种从主客观因素交互作用的角度来思考教师师德失范行为的视域，那么教师负性情绪来自哪里，它们又是通过何种心理机制导致教师师德失范行为的发生，就成了师德失范行为的负性情绪归因的核心论题。"教师情绪不仅仅是个体的心理现象，而更多的是社会互动网络中人际互动的产物。"②在学校实践中，教师与学生的互动、教师与同事的互动、教师与管理者的互动是三种典型和重要的互动形式，它们都是教师情绪实践的载体，都有可能导致教师的负性情绪。这三种教师负性情绪既可能分别通过情绪损耗、触发性转向攻击、职业倦怠等机制来引发教师的师德失范行为，也可能通过情绪损耗、触发性转向攻击、职业倦怠等机制的交叉或复合作用来催生教师的师德失范行为。

（一）来自学生的负性情绪与情绪损耗机制

课堂教学活动是教师所有工作中极为重要的组成部分。在课堂教学中，教师需要深度投入情绪劳动，通过与班上同学进行表情、眼神、言语、动作等方面的表层或深层互动来达到课堂教学的目的，完成教学目标。然而，教师的全情投入经常会被班级中偶然的不和谐声音或者画面打断，这些场景给教师带来

---

① Shinn M，Rosario M，Mørch H，et al. Coping with Job Stress and Burnout in the Human Services[J]. Journal of Personality and Social Psychology，1984，46(4)：864-876.

② 钟景迅，钟怡清．"双减"背景下教师的情绪剖析与减负突围——基于情绪地理学的审视[J]．苏州大学学报(教育科学版)，2022(2)：25-37.

了负性情绪。这些来自学生的负性情绪，主要是教师在课堂教学中，当感知到教学过程实施困难、教育教学目标难以实现、教师尊严难以维持时，产生的一种负性认知或行为体验。负性情绪源包括教学工作得不到支持配合、班级规模过大、班级管理困难、作业批改量过大、学生不认真听课、学生成绩跟不上、学生不服管教、与学生关系紧张等。来自学生的负性情绪一旦产生，就会引发教师情绪的自我损耗。

自我损耗理论认为，自我控制所消耗的心理资源取决于一个资源库，其容量越大就意味着个体处理耗竭情境的能力越强。[①] 这种心理资源总量恒定，且在一定时间内有限，个人实施自我控制会消耗资源，导致资源库的心理资源相应减少，进而削弱个人后续的自我控制。资源耗尽的个人既无法抑制自身的不道德行为，又不会在违反道德规范后感到羞愧。教师处于长期高强度情绪劳动中，情绪自我损耗得不到完整的恢复，心理资源不断消耗，随着教师的自我控制能力和道德羞愧感的下降，难免在特定情景下有时会发出辱骂、体罚学生等师德失范行为。有研究者研究后发现，如果用于自我控制的心理资源被过度损耗，个人就会展现一些冲动的、非理性的行为反应。[②]

(二)来自同事的负性情绪与触发性转向攻击机制

虽然教师与学生的互动是教师情绪实践的主要载体，但教师与同事的互动更能引起教师强烈的情绪反应。有研究者曾将教师与同事互动的情绪归纳为四个方面：感激与认可、个人支持与社会支持、合作与冲突、信任与背叛，并认为这四个方面的情绪特征在加强教师情绪理解的同时，也带来了各种情绪失调。[③] 按照教研组或年级组制度设计的初衷，按照学校的政策引导、组织建设和任务要求，

---

① Baumeister R F, Gailliot M, DeWall C N, et al. Self-regulation and Personality：How Interventions Increase Regulatory Success, and How Depletion Moderates the Effects of Traits on Behavior[J]. Journal of Personality, 2006, 74(6)：1773-1801.

② Mawritz M B, Greenbaum R, Butts MM, et al. I Just Can't Control Myself：A Self-regulation Perspective on the Abuse of Deviant Employees[J]. Academy of Management Journal, 2016, 60(4)：1482-1503.

③ 钟景迅, 钟怡清."双减"背景下教师的情绪剖析与减负突围——基于情绪地理学的审视[J].苏州大学学报(教育科学版), 2022(2)：25-37.

再加上教育大变革时代和学校大改革时期带来的各种共同的挑战性压力(共同的压力可以成为合作的动力),教师与同事的关系整体上应该是能够带来各种积极情绪特征的;然而,受班级排名、学校排名和学校办公室竞争以及各种组织政治行为的影响,教师与同事的互动有时会成为各种负性情绪实践的载体。来自同事的负性情绪,主要是教师作为学校组织成员,与其他同事之间由于缺乏沟通和交往,在发生人际冲突、恶性竞争或受到不公平待遇时,产生的一种负性认知或行为体验。负性情绪源包括与同事沟通困难、同事关系紧张、同事受到不当升迁或奖励、工作有困难缺乏求助对象等。这种负性情绪的产生,一方面会引起如上所述的情绪自我损耗(比如,当他们在教学过程中遇到困难无人求助时,教师就需要消耗更多的心理资源去平衡自身信念与行为之间的差异),另一方面可能会产生触发性转向攻击行为。

"触发性转向攻击行为是指当个体经历一种激怒情境后,由于在这种情境下,个体不能反击或者不敢反击,接着个体又经历了较弱的触发性启动情境,结果导致在弱启动条件下,表现出与弱启动不相匹配的攻击行为。"①简言之,当教师偶然从同事那里经历了某种负性情绪实践和体验后,虽然极度愤怒但由于氛围、制度规定、面子等种种原因,个体不能立刻进行回击;接着教师在与学生的互动中又遇到了微弱的触发性启动情境,结果导致个体发出不应有的更高的攻击行为。有研究者曾发现,影响教师体罚的因素并不在于学生所犯错误的严重性,而在于教师对此所持的标准,这个标准既受学生特征的影响,也受教师自身人格特征尤其是自身心理健康特征的影响。②

(三)来自管理者的负性情绪与职业倦怠机制

教师作为学校组织的一员,工作上,要依照组织划定的教学目标来完成教学任务;生活上,要依赖组织发放薪资和福利物资等来满足个人需要。教师与学校组织的代表——管理者之间既相互影响又相互依存,共同形成了个人学校利益共

---

① 喻丰,郭永玉,涂阳军. 触发性替代攻击:概念、范式与实验证据[J]. 心理研究,2011(2):57-64.

② 罗晓路,俞国良. 教师体罚行为:心理危害、归因方式和对策研究[J]. 心理科学,2003(4):732-734.

同体、情感共同体和事业共同体。当然，这种价值观层面的理想状态，一旦进入具体的组织或管理层面，就不得不面对现实的各种挑战。在组织或管理层面，因学校具有科层组织或绩效严控的部分特征，因此，管理者有时不得不对上级照单全收各种"指令"，对教师强制推行种种"命令"。受权力规训和简单绩效指标管理的影响，教师与管理者的互动有时会成为各种负性情绪实践的载体。来自管理者的负性情绪，主要是教师作为学校组织中的被管理者，与管理者缺乏直接有效的沟通，日常的努力与付出不被认可，得不到组织归属感与自我认同感时，产生的一种负性认知或行为体验。负性情绪源包括与管理者沟通困难、惧怕管理者、感觉不被重视、任务完成要求过高等。

教师的情绪实践具有如下两个特点：一方面在情绪法则的规定下被赋予了很高的期待，教师需要付出很多的精力才能达到情绪劳动的要求；另一方面，在现实场景中教师又不断地接受着来自学生、同事和管理者的负性情绪(从情绪的生活体验来看，积极情绪总是转瞬即逝，负性情绪则难以排解)。有研究者指出，当导致个体产生不良情绪的结构限制反复或持续出现，或者当个体缺乏他人对自己情绪管理的援助时，个体的情绪工作就可能失败。① 教师的情绪实践如果长期在负性情绪中回荡，就可能形成职业倦怠。教师职业倦怠(job burnout)是指教师群体长期肩负工作压力所产生的一种由情绪衰竭、非人性化和低成就感三个维度构成的疲劳综合征。其中情绪衰竭指个体在极大压力下，情绪和情感处于极度疲劳的状态；非人性化指教师个体对待学生消极、麻木不仁的态度；低成就感指教师个体对自我的低价值和意义评估。② 当学校组织要求过高、教师个人诉求被忽视、辛勤付出不被认可、晋升之路曲折、管理不公正时，教师的情绪就容易陷入负性甚至倦怠的状态；处于这种状态下的教师既有内在损耗，也不再对工作和自我有过多或过高的要求，这样，便容易放松对自我心理和行为的管控，进而可能发出隐性的师德失范行为，比如不出错行为、平庸之恶行为，甚至亲学校不道德

---

① 尹弘飚. 教师情绪劳动：一个象征互动论的解读[J]. 全球教育展望，2011(8)：27-33.

② 田瑾，毛亚庆，熊华夏. 变革型领导对教师职业倦怠的影响：社会情感能力和幸福感的链式中介作用[J]. 心理发展与教育，2021，37(5)：743-751.

行为，也可能发出显性的师德失范行为，比如通过触发性转向攻击行为机制发出攻击、辱骂、体罚学生的不当行为。

三、预防与治理：负性情绪视域下师德失范行为的防治策略

由于负性情绪会通过不同的路径与机制来催生师德失范行为，而负性情绪的来源主要与教师所面对的三个互动群体有关，因此，可从减少教师负性情绪来源、增强负性情绪排解能力两个方面着手，来防治教师的师德失范行为。

（一）培训情绪智力，增强情境调控能力

自我损耗理论告诉我们，个人的心理资源是有限的，如果要有意识地改变负性情绪，就会消耗一部分心理资源；当这种消耗达到一定的程度时，个人自身就会处于一种弱控制状态；如果心理资源继续消耗且缺乏有效补充，就会出现"自我损耗效应"，逐渐失去自我控制能力，导致个人进入情绪失控状态，进而可能会发出不道德行为。

从学校的角度来说，需要经常开展关于教师情绪智力的培训，以提高教师处理耗竭情境的能力。培训应当包括并且不限于教师情绪智力提升、情绪阈值预警、课堂极端状况预演、极端状态心理恢复指导等内容，以避免教师因在教学过程中无法应对心理耗竭情境而主动或者被动进入情绪失控状态。

从教师的角度来说，既需要学校培训指导下的专门学习，也需要日常生活中自我主动的经常学习。例如，主动查阅资料去学习控制自己情绪的方法；在预感到负性情绪将会出现时，提前给自己进行预警，从开端遏制负性情绪的膨胀与发展。教师自身在教育教学活动中经常总结经验、反思方法，减少负性情绪出现的频率，才是降低师德失范行为出现可能性的治本之策。

（二）优化考核和薪酬标准，鼓励团队合作

要减少情绪的自我损耗和消除触发性转向攻击行为，离不开积极情绪资源的开发。资源保存理论认为，高质量的人际关系是重要的社会资源。高质量的人际关系能够促进个体间相互的信任和尊重，提高个体的工作协作水平和适应性，形

成更为积极的工作态度和行为。① 只有教师与同事间建立了高质量的人际关系，才可能减少教师情绪的自我损耗和触发性转向攻击行为，进而提升教师主动克服耗竭情境的动力和能力。而要建立高质量的人际关系，既要优化对教师的考核和薪酬标准，又要鼓励教师之间开展团队合作。

从学校环境入手，意味着要优化考核和薪酬标准，建立新的考核体系和薪酬体系。第一，在指导思想上，学校要对进行团队合作的同事进行嘉奖，从而鼓励教师在遇到困难时寻求与同事之间的合作；第二，创新考核体系和标准，将同事合作指标列入评优评先的必要条件；第三，创新教师薪酬体系和标准，将同事合作直接作为绩效薪酬尤其是奖励薪酬的前置条件。只有这样，才能最大限度地鼓励教师之间进行合作与互动，促进教师之间的尊重与信任，减少因为同事之间的冷漠与不信任、不合作带来的一系列负性情绪，进而降低教师师德失范行为发生的可能性。

从教师个人出发，需要教师主观能动性的发挥。在大家都沉默的情境下，教师要敢于做打破沉默氛围的"普罗米修斯"。在同事遇到困境时，主动提供帮助；在自己遇到困境时，主动向同事求助。教师与同事之间要相互理解、共同进步，营造高互动氛围。教师与同事之间相互信任可以提高教师的自我效能感、归属感。只有在良好的互助氛围中，才能开发和提升自身与同事的心理资本，减少负性情绪的出现，进而降低师德失范行为出现的可能性。

(三)强化学校的组织支持，提高教师的情感承诺

要避免职业倦怠，离不开学校的组织支持和教师个人的情感承诺，其中，学校的组织支持是外在条件，教师个人的情感承诺是在学校的组织支持下所产生的积极情感体验。情感承诺是组织承诺的重要构成。组织承诺是个体对所属组织的目标和价值观的认同和信任，以及由此带来的积极情感体验，可分为情感承诺、持续承诺和规范承诺。其中情感承诺是个人出于对组织、工作、身份的认同和情感依恋、情感投入而愿意留任的承诺。研究发现，情感承诺对组织中的个人具有很强的动机作用，它是教师主动完成组织任务、实现自我管理、保持高度道德自

---

① 李涛. 基于资源保存理论的人-组织匹配对高校青年教师工作满意度的影响研究——工作家庭平衡的中介作用[J]. 华南师范大学学报(社会科学版)，2019(5)：122-131，191.

觉的核心驱动力量。① 要提高教师的情感承诺，管理者就必须提高教师感知的组织支持程度，就需要把学校管理从传统的"控制型"管理转变为现代的"承诺型"管理。只有这样，才能唤醒教师内心的道德自觉与认同，实现教师的自我管理和领导，激发教师的道德作为，并预防职业倦怠。

从学校组织方面来看，管理者需要时刻让教师认识到组织在真正地关心和支持他们。第一，学校需要提出明确的办学定位、目标和理念，通过各种渠道让教师感知并接受学校办学定位、目标和理念的内涵和变化。第二，培养和选拔"想干事、能干事、干成事"的教师担任干部，营造公平公正、关心教职工的组织氛围。第三，出台系列激励政策，营造有利于教师自我发展的政策环境。第四，建立人性化的、规范的管理模式和文化，杜绝官僚式、冷冰冰、模糊随意的管理模式和文化。

从教师个人方面来看，教师需要积极地进行自我提升，增强自身对组织的情感承诺，实现自我管理并保持高度的道德自觉。首先，教师可积极参与学校相关部门关于组织定位与理念的制定，以便加强自身对组织目标与办学内涵的认可度，从内心深处对组织整体报以肯定；其次，教师要注重在组织中的自我提升与价值实现。在拥有支持、信任的良好氛围的组织中，教师提升自我能够获得更多的自我效能感，能够实现学校组织支持与教师情感承诺的良性互动，可以最大限度地规避教师因由组织及其管理者产生的负性情绪而导致的师德失范行为。

总而言之，对师德失范行为的防治应建立在分类归因和准确归因的基础上，教师在现实教育教学工作情境中并不存在没有负性情绪的真空环境，因而只能从减少负性情绪源与缓解负性情绪两方面来努力。要防治负性情绪所导致的师德失范行为，除了针对教师所处的外部环境提出一些建议及措施，并将措施逐渐转化为学校的治理策略或国家的治理政策，以减少不必要的负性情绪源外，还需要提高教师对负性情绪的认知和应对能力，以缓解教师由负性情绪所导致的自我损耗、触发性转向攻击以及职业倦怠，从根源上预防或治理由负性情绪所导致的师德失范行为的发生。

---

① 林新奇，赵国龙. 工作控制对公民组织行为的影响机制研究——组织承诺与人岗匹配的作用[J]. 兰州学刊，2021（3）：81-94.

第二节　压力(情绪紧张状态)视域下师德
失范行为的归因与治理

关于师德失范行为的治理，《中共中央国务院关于全面深化新时代教师队伍建设改革的意见》指出，"注重加强对教师思想政治素质、师德师风等的监察监督，强化师德考评，体现奖优罚劣，推行师德考核负面清单制度，建立教师个人信用记录，完善诚信承诺和失信惩戒机制，着力解决师德失范、学术不端等问题"。从宏观政策制定的角度讲，这些要求和治理举措是非常必要的；从微观学校管理再决策和执行的角度讲，不仅要切实推动这些要求和治理举措，而且要为其落地生根创造条件。究竟要创造哪些条件，有赖于研究者和实践者对师德失范行为进一步地深入研究。

研究者和实践者现阶段对中小学教师师德失范行为发生根源的系统性认知还存在不足，具体表现为，或将师德失范行为的发生归结于教师的个人素质不高等主观原因，或将师德失范行为的发生归结于学校组织管理不善或受社会环境不良影响等客观因素。简单的个人归因或环境归因，都是对师德失范行为的"偏诊"，不利于提出有效治理措施。要真正治理师德失范行为，既要关注教师个人素质，又要关注学校组织管理和社会环境，更要关注教师个体与学校组织管理及外部环境交互作用所产生的压力。正是在这个意义上，有研究者曾指出，"减轻教师的工作和职业交往压力"，是"提高教师群体职业道德的内源性发展动力"的首要举措。[1] 作为个体与环境交互作用产生的一种结果——压力，为归因与治理教师师德失范行为提供了更全面和辩证的视域。

一、压力：师德失范行为归因与治理的新视域

师德，即教师职业道德，是一般社会道德规范的角色化和行业化。[2] 师德失

---

①　傅维利，于颖.教师职业道德的独特品性及其价值实现[J].教育研究，2019(11)：151-159.

②　傅维利，于颖.教师职业道德的独特品性及其价值实现[J].教育研究，2019(11)：151-159.

范，是道德失范的一种表现形式。"'道德失范'指在社会生活中，作为存在意义、生活规范的道德价值及其规范要求或缺失，或缺少有效性，不能对社会生活发挥正常的调节作用，从而表现为社会行为的混乱。"①

依道德失范的含义来推论，师德失范既可能缘于教师内在意义系统的缺失，即精神层面的失范，进而表现为行为层面的失范；也可能缘于"存有良知但意志力薄弱（面对内外困难，无法将所认同的师德规范转化为师德行为）"，并直接表现为行为层面的失范。由于所有的师德失范最终都会表现为行为（虽然有的显性，有的隐性），因此，可直接将师德失范称为师德失范行为，只不过，当我们解释或解决师德失范行为问题时，要注意它究竟是缘于意义层面，还是直接缘于意志层面。在这个意义上，只问行为表现或结果，并施行惩处，甚至进行一票否决，而不问内在缘由的做法，是不妥的。师德失范行为的治理必须建立在对失范缘由的正确和准确认知之上，不同的失范缘由归因将直接导致治理路径的实质差异。因此在治理之前，我们有必要将引发教师由师德示范行为到师德失范行为的根本原因从复杂的因果链条中识别、提取出来。

在教育行政和学校管理实践中，我们多从教师个人责任心不强、职业素养不够、教学经验不足等主观方面入手来对师德失范行为进行归因，假定教育系统的制度构建和组织管理是合理的，认为只要教师严格遵守国家制定的师德规范和学校的规章制度，配合管理开展教育教学工作，就可以避免或预防师德失范行为。这样一种缘由归因固然反映了当前师德失范行为发生的个体层面的原因，彰显了师德规范建设和制度建设的重要性；但它过于单向性地强调教师个人的主观因素，主张严惩出现师德失范行为的教师个体，忽视了环境对教师行为的实质性影响，这对教师来说是有失公允的。从治理的角度看，这种缘由归因不仅将教师个体和组织环境、教育系统割裂开来，而且忽视了环境对教师师德失范行为的影响，掩盖了相当一部分导致教师师德失范行为的外在原因或交互原因，无助于师德失范行为的全面治理。

个体与环境总是处在相互作用的过程之中，压力正是在个体与环境交互作用

---

① 高兆明. 简论"道德失范"范畴［J］. 道德与文明，1999(6)：8-10.

过程中个体所作的对环境可能产生的威胁的评价的结果。① 交互理论认为,压力的产生主要取决于两次评价,在第一次评价中,个体考察的是面临的情景对自己的重要性;在第二次评价中,个体考察的是自身所具有的应对反应的资源。② 对于教师而言,若其在评价过程中认识到自身资源难以应对压力,便会产生焦虑情绪,进而难以完成本职工作。压力影响教师行为的基本心理机制是这样的,压力会通过直接影响教师的职业兴趣和态度,进而影响职业信念和教育思想,最终投射到职业行为上。③ 因此,对师德失范行为进行归因,必须考虑教师所承受的各种压力,具体来说,通过探讨环境对教师个体造成的压力,探寻压力对师德失范行为的影响机制,并在此基础上提出相应的治理措施,以期减轻教师群体不必要的压力。我们并非想要为行为失范的部分教师推脱责任,而是试图从师德失范行为产生的缘由来探讨如何才能真正从根源上减少师德失范行为的发生。

二、教学压力、考核压力、人际压力与社会压力:压力视域下师德失范行为的分析框架

(一)压力及关于压力研究的经典理论

学术界一般从两个方面来对压力进行界定,一是产生压力的情景及个体对该情景的评价即压力源,二是由压力源所产生的各种压力反应。④ 由此出发,我们给压力作一个共识性的界定,压力是压力源和压力反应共同构成的一种认知行为体验。压力源是导致压力的刺激、事件或环境,压力反应是主体察觉到压力源后出现的生理、心理和行为反应。当前关于压力的研究,尚无一种公认的、统一的关于群体或情景对个体产生某种影响力的学说,存在着众多的理论和模型,较为经典的有个体—环境匹配理论、资源保存理论、交互理论、工作要求—控制模型

①　石林. 工作压力理论及其在研究中的重要性[J]. 心理科学进展, 2002(4): 433-438.

②　Folkman S, Lazarus R S. If It Changes It Must Be a Process: Study of Emotion and Coping During Three Stages of a College Examination[J]. Journal of Personality & Social Psychology, 1985, 48(1): 50-70.

③　王爱军. 幼儿教师工作压力现状调查及应对研究[D]. 上海: 华东师范大学, 2007: 17.

④　石林. 职业压力与应对[M]. 北京: 社会科学文献出版社, 2005: 49-74.

(JDC)及工作要求—控制—支持模型(JDCS)等。其中，个体—环境匹配理论认为，压力是个人与环境相联系、能力与要求不匹配的结果。① 交互理论认为，压力是个体对情景要求的评价与对自身资源的评估之间差距过大的结果。② 资源保存理论指出，个体资源是有限的，面对压力时若将一些资源用于应对压力，用于处理其他工作的资源就会削减。③ 工作要求—控制模型探讨了环境中的工作要求、工作控制对工作结果或行为的影响。④ 工作要求—控制—支持模型在此基础上引入社会支持，探讨了其对工作结果或行为的影响。⑤ 虽然各种理论对压力的理解有所不同，但都认为压力是个体与环境交互作用的结果，是个体面对压力源时的生理、心理和行为反应。

(二)教师职业压力及分类

根据共识性的压力内涵与经典的压力解释理论，本章节将教师职业压力界定为由教师职业压力源和教师压力反应共同构成的一种认知行为体验。所谓教师职业压力源，即教师在面向学生的教学活动中、面向领导的考核活动中、面向同事的交往活动中、面向家长及社会公众的社交活动中被要求完成的工作任务、被赋予的职业期待以及感受到的其他刺激事件。所谓教师压力反应，即教师因感受到环境刺激或外界对其提出的工作要求与自身能力和资源之间存在差距，且难以缩减这种差距时的心理或行为反应。由于个人对压力的感知程度不同，相同的压力源对不同的人来说影响是不同的，甚至是相反的。因此，在对教师职业压力进行分类时，不将其直接二元化为"挑战性"或"阻碍性"，而是根据教师培养人的职

---

① French, John R. P, Caplan, Robert D, Van Harrison, R. The Mechanisms of Job Stress and Strain[J]. Wiley, 1982: 5-11.

② Folkman S, Lazarus R S. If It Changes It Must Be a Process: Study of Emotion and Coping During Three Stages of a College Examination[J]. Journal of Personality & Social Psychology, 1985, 48(1): 50-70.

③ Hobfoll S E, Shirom A. Conservation of Resources Theory: Applications to Stress and Management in the Workplace[J]. Public Policy and Administration, 2001, 87: 57-80.

④ Karasek R. Job Demands, Job Decision Latitude, and Mental Strain: Implications for Job Redesign[J]. Administrative Science Quarterly, 1979, 24: 285-308.

⑤ Doef M V D, Maes S. The Job Demand-Control(-Support) Model and Psychological Well-Being: A Review of 20 Years of Empirical Research[J]. Work and Stress, 1999, 13(2): 87-114.

业特点，立足于教师教育教学工作中面对的不同群体，将其分为教学压力(面对学生及其群体)、考核压力(面对学校上级领导和教育行政机构领导)、人际压力(面对同事)和社会压力(面对家长和社会公众)四个方面。

教学压力指教师面对学生群体时，由于感知到教学过程实施困难、教育教学目标难以实现而产生的一种认知行为体验。教学压力源包括教学工作得不到支持配合、班级规模过大、班级管理困难、作业批改量过大、学生不认真听课、学生成绩跟不上、学生不服管教、与学生关系紧张等。

考核压力指教师无法完成由上级领导和教育行政机构领导下达的组织任务或考核指标时产生的一种认知行为体验。考核压力源包括频繁的教学评比、领导的随机听课、教学改革的新要求、教研论文的强制完成和发表等。

人际压力指教师作为学校组织成员，与其他同事之间由于缺乏沟通和交往，而发生人际冲突、恶性竞争或受到不公平待遇时产生的一种认知行为体验。人际压力源包括与同事沟通困难、同事关系紧张、同事受到不当升迁或奖励、工作有困难缺乏求助对象等。

社会压力指教师作为社会成员在肩负一定社会责任的同时，家长及社会公众对教师给予的与其职位和地位不匹配的过多要求和过高期待使其产生的一种认知行为体验。社会压力源包括社会地位低、工资待遇低、家长对教师要求过高、社会对教师期待过高、媒体和大众对教师有偏见等。

三、减少工作投入、剥夺主体认同、降低公平感知、弱化职业认同：压力视域下师德失范行为的具体归因分析

以往研究解释了个体面对不同压力源时所产生的情绪反应及其对个体行为的影响，关注的重点在于个体的情绪应激反应。本章节拟结合已有研究，探究教师行为背后更深层次的心理因素，根据教师职业特点和压力分类，提出了压力影响师德失范行为的四条路径及其心理机制：教学压力通过减少工作投入影响师德失范行为、考核压力通过剥夺主体认同影响师德失范行为、人际压力通过降低公平感知影响师德失范行为、社会压力通过弱化职业认同影响师德失范行为。

（一）资源有限，难保工作投入：教学压力视域下的师德失范行为归因

对于教师而言，教学活动是工作中极为重要的组成部分。适度的班级规模、良好的教学氛围和合理的教学安排有利于教学活动的顺利开展，但现实中教师却常被班级规模大、师生比例失衡、互动效果差等问题困扰。繁重的教学任务和作业批改占用了任课教师的大部分时间；管理学生、处理师生矛盾花费了班主任更多的时间。加之学生品行发展及学习情况不受教师控制，成绩较差且不服管教的学生极容易对教师的教学活动造成压力，进而对教师的工作投入产生影响。由于"工作投入不是一种短暂的状态，而是一种更持久更稳定的情感认知状态"[1]，教学压力会通过持续影响工作投入，最终对教师的行为产生影响。

资源保存理论从资源损失和收益的角度解释了压力产生的过程，认为个体有努力获取和保持自身资源的本性，当所处环境使其认为可能会造成资源流失时，就会产生压力感，同样，若投入资源后没有得到回报，个体也会相应减少资源投入，减轻压力感。[2] 结合实际情况看，教师个人资源是有限的，当投入更多的资源处理压力时，就会分配较少的资源控制行为。教师若持续感知到教学压力，必然要投入一些资源去缓解压力，那么投入教学本身的资源就会减少，对课堂的管控能力也会有所降低，甚至出现精神不振、注意力不集中等状态。已有实证研究验证了压力对工作投入的影响，指出具有挑战型的工作要求与工作投入有着显著的正向关系，而具有阻碍型的工作要求与工作投入有着显著的负向关系。[3] 本章节所提及的教学压力更多表现为阻碍型，在资源有限的前提下，不利于教师进行充分的工作投入。并且，教师若长期置身于压力情境中，不仅会减少工作投入，

---

① Schaufeli W B, Salanova M, González- romá V, et al. The Measurement of Engagement and Burnout: A Two Sample Confirmatory Factor Analytic Approach[J]. Journal of Happiness Studies, 2002, 3(1): 71-92.

② Hobfoll S E, Shirom A. Conservation of Resources Theory: Applications to Stress and Management in the Workplace[J]. Public Policy and Administration, 2001, 87: 57-80.

③ Crawford E R, Lepine J A, Rich B L. Linking Job Demands and Resources to Employee Engagement and Burnout: A Theoretical Extension and Meta-analytic Test [J]. Journal of Applied Psychology, 2010, 95(5): 834-48.

还可能持续产生焦虑情绪,直至情绪资源被耗竭,开始厌倦教学,难以有效开展教学活动,用消极冷漠的态度对待学生,导致辱骂、体罚学生等师德失范行为的发生。

(二)被动参与,缺乏主体认同:考核压力视域下的师德失范行为归因

为了有效评估教学质量,教育行政机构和学校会定期考核教师的工作。考核作为教师管理的重要环节,本意在于帮助教师客观认识工作状况、正确衡量自我,不断改进工作、提升自我,但现实往往达不到预期。这是因为部分考核制度经常忽略考核目的,考核过于频繁,考核过程复杂,只关注教师的工作结果而忽略过程,对教师提出一系列不合理的要求,导致教师的参与热情被挫伤,引起了教师的抵触和反感。[1] 在这些制度中,教师多作为客体被考核,是被动的接收者与执行者,主体地位没有被重视,自上而下的任务考核对教师造成了一定的考核压力。面对压力,教师往往会产生焦虑、烦躁的情绪,消极应付考核,甚至可能出于对绩效指标的考量,而做出一些师德失范行为。

工作要求—控制模型假设工作环境中的两个因素——工作要求和工作控制,会通过影响个体的幸福感进而影响工作质量。工作要求是指个体被要求完成的工作量以及必须在规定时间内完成的工作任务之间的冲突程度;工作控制是指个体正常工作时能对工作任务及过程施加影响的程度,若员工拥有较低水平的决策自由度,工作压力的消极后果将很难缓解。[2] 结合实际情况看,工作要求指考核条例中所有的合理或不合理要求,工作控制指教师能够完成考核要求的程度或参与程度。在实际考核中,暂且不论考核要求的合理性,就工作控制而言,教师在考核过程中通常拥有较低的决策自由度,是被动的参与者,缺乏足够的话语权,几乎没有选择权,只能按照条例去执行规定。在考核高要求、工作低控制的情况下,教师很难克服考核压力带来的消极后果。个别教师常常为了考核而考核,工

---

① 马振彪. 教师考核制度中的"教师参与"缺失与建构[J]. 教育理论与实践,2018,38(16):40-43.

② Karasek R. Job Demands, Job Decision Latitude, and Mental Strain: Implications for Job Redesign[J]. Administrative Science Quarterly, 1979, 24: 285-308.

作流于表面，为了评优评奖去关注教学绩效，为了职称晋升才重视论文发表，忽略了对伦理的考量，极易引发师德失范行为。

（三）公平缺失，加剧人际冲突：人际压力视域下的师德失范行为归因

早期的"社会人"假设理论认为，"人们从工作中得到的物质利益并非调动生产积极性的首要因素，而与周围人的友好相处才是决定因素"①。教师作为组织成员，其人际关系包括师生关系、同事关系、与家长的关系，同事关系又包含教师间交往、合作与竞争。② 交往、合作与竞争旨在实现教学目标，但不合理的竞争机制却导致恶性竞争频发，部分教师为了保持竞争优势拒绝合作，导致有些教师遇到教学困难时无人求助，同事之间关系紧张、问题不断，对教师造成了一定的人际压力。

压力的产生与个人感知有关，公平感知即为其中之一，主要指"个人对所在组织或所处环境是否公平的主观意识，涉及与个体利益相关的组织制度和规范等"③。"公平感知由分配公平、程序公平和互动公平三个维度构成。"④其中，"分配公平是指个人对其工作报酬和收入是否觉得公平；程序公平是指个人对分配资源的过程是否觉得公平；互动公平是个人对人际关系的处理方式是否觉得公平"⑤。个人的公平感知会影响其心理和行为，若个体的公平感知缺失，就可能会产生敌对心理，通过实施消极行为来表达自己的不满。已有实证研究证明阻断性压力源会使组织成员感受到负面压力，降低其对组织内部互惠交换原则的认同

---

① 卢盛忠. 管理心理学[M]. 杭州：浙江教育出版社，1998. 63-65.

② 龙婧. 中学教师同事关系研究[D]. 成都：四川师范大学，2015：16.

③ Greenberg J. Determinants of Perceived Fairness of Performance Evaluations[J]. Journal of Applied Psychology，1986，71(2)：340-342.

④ Masterson S S，Lewis K，Taylor B M G S. Integrating Justice and Social Exchange：The Differing Effects of Fair Procedures and Treatment on Work Relationships[J]. Academy of Management Journal，2000，43(4)：738-748.

⑤ Tone L R，ChristianK. Organizational Justice：A Behavioral Science Concept with Critical Implications for Business Ethics and Stakeholder Theory[J]. Business Ethics Quarterly，2005，15(1)：67-91.

感，从而导致低水平的公平感知。① 结合教师的实际情况来看，当同事受到不当升迁或奖励时，教师对分配公平的感知程度会降低；当教师工作缺乏支持、与同事竞争激烈时，教师对程序公平的感知程度会降低；当教师与同事之间由于缺乏沟通导致人际冲突发生时，教师对互动公平的感知程度会降低，教师的公平感知一旦缺失，就可能基于个人利益最大化做出一些补偿性行为。

组织成员对自己投入和获得的公平性评价即公平感知被认为是人际冲突发生的来源。② 公平感知的缺失不但会直接影响教师行为，也可能通过加剧人际冲突导致师德失范行为。"人际冲突是不同主体或主体的不同取向对特定客体处置方式的分歧而产生的行为、心理的对立或矛盾的相互作用状态，处于冲突中的个体往往意见不合、拥有负面情绪且恶意妨碍对方实现目标。"③人际冲突常使教师卷入与他人的心理或行为斗争，严重破坏同事关系，并可能引发师德失范行为。

(四)支持不足，弱化职业认同：社会压力视域下的师德失范行为归因

教师作为社会成员，在承担一定社会责任的同时难免会感知到一些社会压力，其中经济压力不容忽视。近年来中小学教师的工资待遇有了一定的提高，但与其付出的时间精力相比，与其他职业相比，仍处于较低水平。教师过去被人们赞誉为"灵魂工程师"，说明其社会地位得到了一定的尊重和认同，但如今人们对教师这一职业的评价却褒贬不一，"穷教书的"和"辛勤的园丁"形成了鲜明对比，中小学教师的社会地位仍有待提升。除此之外，部分学生家长工作繁忙，将孩子完全交由学校和老师代管，孩子一旦出现任何问题，就将原因全部归结为教师的

①　Zhang Y W, LePine J A, Buckman B R, Wei F. It's Not Fair or Is It? The Role of Justice and Leadership in Explaining Work Stressor-Job Performance Relationships [J]. Academy of Management Journal, 2014, 57(3): 657-697.

②　Barki H, Hartwick J. Conceptualizing the Construct of Interpersonal Conflict [J]. International Journal of Conflict Management, 2004, 15(3): 216-244.

③　Doef M V D, Maes S. The Job Demand-Control(-Support) Model and Psychological Well-Being: A Review of 20 Years of Empirical Research[J]. Work and Stress, 1999, 13(2): 87-114.

不作为。大众媒体更是将学生问题的矛头对准教师，过分报道或夸大教师失范行为，以上情况对教师造成了巨大的社会压力，并可能引发师德失范行为。

工作要求—控制—支持模型是工作—控制模型的进一步延伸，该模型指出：工作要求、工作控制和社会支持是影响个体工作状态的重要因素，具备高要求、低控制、低社会支持特征的工作，极易导致个体紧张，并对其行为产生消极影响。① 结合实际情况看，教师的工作本身就具备高要求的特征，且由于教师拥有较低的决策自由，其工作也符合低控制的特征。高要求和低控制的工作现状短时间难以改善，因此必须重视社会支持对于教师工作和行为的影响。大量研究表明，不论个体的压力源水平如何，社会支持都会直接影响个体的工作紧张程度，从而间接影响行为。高要求、高期望、严苛责、强曝光的现状显然没有给予教师足够的社会支持。

与其他职业相比，教师除了渴望获得一定的经济报酬和社会地位外，更渴望获得职业认同感。教师的职业认同，体现为"教师本人对自身从事的教育具有专业的深刻认识，选择教师职业即选择'崇高与精神立命'"②。教师获得职业认同感的关键在于教师认为所从事的工作有收获、有价值，能够满足自身的职业发展、获得成就感，而"获得"的过程离不开社会支持，教师在物质和精神方面感知到的压力就是社会支持不足的反映。如果教师认为低社会支持的职业现状与最初的职业期望值差距较大，难以获得成就感时，其职业认同感就会不断弱化、消解，那么教师就会设法从其他方面谋求满足感和认同感，从而可能引发师德失范行为。

四、合理安排教学、守正创新制度、营造公平氛围、提供社会支持：压力视域下师德失范行为的治理策略

由于压力会通过不同路径影响到师德失范行为，而且压力的产生不仅与外界压力源相关，还与压力源能否导致个体出现相应的压力反应有关。因此可通过减

---

① Doef M V D, Maes S. The Job Demand-Control(-Support) Model and Psychological Well-Being: A Review of 20 Years of Empirical Research[J]. Work and Stress, 1999, 13(2): 87-114.

② 王俭. 自我认同、职业认同与价值认同——兼论培育新时代"四有好老师"的贵州校本实践[J]. 教师教育研究, 2019(5): 81-87.

少压力源、缓解压力反应，来预防或治理师德失范行为。合理安排教学以激励教师工作投入、改革考核制度以获得教师认同、构建和谐同事关系以减少人际冲突、提供社会支持以强化职业认同，是减轻教师压力的关键，也是治理师德失范行为的着力点。

（一）合理安排教学，提升教师专业能力：教学压力视域下的治理策略

资源保存理论揭示了教师个体资源的有限性，一味要求教师加大对教学工作的投入不合理也不现实，不妨从减少教学压力源和缓解由教学活动所产生的压力反应入手，减轻教师的教学压力进而减少师德失范行为的发生。

从学生层面来讲，学校是教师产生教学压力的主要场所，学生是施加教学压力的主要对象，要想减少教学压力源，学校因素和学生因素都不能忽视。首先，学校要为教师提供必要的教学支持，进行合理的教学任务安排，减轻教师的工作负荷。其次，要关注教师在教学中的实际情况和情感体验，充分考虑学科特征、授课年级及教师个人特点，鼓励教师教授自己擅长的学科，使教师在教学过程中获得自我效能感。再次，要建立激励机制，使教师的工作投入和回报趋于平衡。最后，学生要尊重并理解教师，认真完成课程作业，不搞小动作扰乱课堂秩序或故意激怒教师，正确对待教师的表扬和批评，与教师平等交流和友好交往，共同实现教学目标。

从教师个人层面来讲，缓解教学压力反应的关键在于提升教师个人素养和专业能力。丰富知识储备是基础，学校应定期开展教学研讨会，加大经费投入使教师有更多的机会参加培训或进修学习；发展教学能力是重点，良好的教材组织力、言语表达力、教育表现力和课堂管控力缺一不可，通过建立"帮扶"小组——让年轻老师和老教师组队，在互帮互助中提升专业能力，年轻教师可以从中获取宝贵的教学经验、学习有效的管控手段，年长教师可以从中学习年轻教师的教学思维、掌握一些教学设备的使用方法，适时调整自己的教学行为；培养移情能力是关键，教师要学会换位思考，站在学生的角度想问题，理解学生，从而建立良好的师生关系，为双方提供情感支持；提高抗压能力是保障，教师要正确应对压力，善用心理调节和自我激励，通过咨询心理热线、参加心理疏导活动、培养其

他兴趣爱好等途径来缓解教学压力。

（二）守正创新制度，带动教师主体参与：考核压力视域下的治理策略

科学合理的考核评价制度是促进教师自我能力提升、推动教育教学目标顺利实现的重要基础，而现实中"一刀切"等不合理的制度往往将教师看作被考核的客体而忽略其主动参与的过程，使教师感觉到压力大、动力小。因此，我们有必要对现行中小学教师考核制度进行改革创新，使教师认同并主动参与考核，减少考核压力源、缓解因考核所引起的压力反应，从而减轻教师的考核压力。

从外部环境来看，教育行政机构领导和学校内教师上级领导是考核压力的主要施加者，既然考核制度不可能取消，那么减少压力源只能从改革制度、为教师参与考核提供支持性环境入手。第一，教育行政机构领导和学校内教师上级领导要重视考核评价主体，积极"放权"，将制定具体条例的权力下放给各单位，各单位要充分尊重教师的主体地位，征求广大教师同行的意见，给予教师参与讨论、制定条例的权利和充分的决策自由，制定合理的考核实施方案，使教师能够真正认同考核；第二，要不断完善考核评价内容及标准，突出师德导向，弱化量化指标，关注教师个体差异，按学科、按教龄建立科学合理的分类考核标准；第三，要改进考核评价方式，"量""质"结合，将教师的工作时长、出勤情况、教学成果与教师的个人能力、专业发展相结合，关注教学过程及教师自身素质和能力的提升，不单纯以教学成绩或科研成果来评价；第四，要追踪考核结果，确保考核结果的公正性，对结果的反馈有利于教师及时调整工作计划，建立有效的沟通、反馈和申诉机制。

对教师个人而言，缓解考核导致的压力的关键在于思想上认同考核、行动上主动参与考核，唯有如此考核才有意义。在推动考核制度改革的进程中，面对不合理的考核条例，教师要勇于发声，敢于质疑，主动寻求参与制定考核条例的机会；面对合理的考核制度，教师更要主动参与，将适度考核视为教学工作中不可或缺的一部分，理性对待考核的结果，善于总结反思，查漏补缺，为今后的工作提供指导。

（三）营造公平氛围，减少教师人际冲突：人际压力视域下的治理策略

教师同事关系是中小学人际关系中最易被忽视却又影响深远的一种人际关系。教师间的交往程度、合作深度、竞争尺度、理解广度直接影响同事关系的好坏。教师间若存在误解和人际冲突，势必会对教师造成人际压力。要想减少教师因人际压力导致的师德失范行为的发生，一方面，需要营造公平的组织氛围，减少人际冲突等压力源；另一方面，需要通过唤醒教师的公平感知，从教师个体出发，缓解由人际交往所导致的压力。

从外部环境入手意味着要优化组织环境，建立公平和谐的组织氛围，创设良好的工作与生活环境，使教师能够在学校组织中产生信任感、公平感和归属感，逐步消除低度信任和公平顾虑，减少人际冲突。首先，学校领导要搭建平台促进教师间的沟通、交往与合作，开展系列活动加强彼此间的信任，形成互解互谅的人际氛围，提高工作积极性。其次，针对同事关系的维护和人际冲突的处理，学校要创建理解型管理模式，构建信任与开放的人际关系网络，促进良好同事关系的形成；管理者要改进人际冲突的处理方式，酌情干预同事交往，参照社区业委会模式，由教师组成非专业调解组织，并从中挑选"调解员"对教师的人际冲突进行调解，在调解冲突的同时培养教师处理冲突的能力。最后，学校必须保障资源配置的合理性和利益分配的公平性，在提拔或奖励优秀教师时，保证程序规范化，结果透明化，提倡公平竞争，对拉关系、走后门的问题要严肃处理，避免教师因此产生矛盾和误解，减少排挤同事和恶性竞争等师德失范行为的发生。

从教师个人出发，缓解由人际交往导致的压力的关键在于获得公平感知。在已构建的公平和谐的组织氛围之下，教师要摆正与同事交往的姿态，调整心态，把握分寸；主动向优秀同事学习，取长补短，加强彼此间的沟通和合作；遵循平等互助的原则，在公平竞争的基础上共同进步，尽量减少不必要的人际冲突，当难以避免发生冲突时也要互相理解，换位思考，得饶人处且饶人，防止冲突进一步升级造成不良后果。

（四）提供社会支持，夯实教师职业认同：社会压力视域下的治理策略

当前，社会基于理想对教师的要求和期待在不断提高，与此同时，社会基于现实对教师的评价却逐渐降低。低薪资、低评价、严要求、高期待的现状使教师心理产生了极大落差，感知到了巨大的社会压力。因此，为教师提供充足的社会支持并给予合理的期待——减少社会压力源，夯实教师的职业认同——缓解个体因社会压力导致的不良反应，是减轻教师社会压力的关键。

从外部环境来看，家长和社会公众是社会压力的施加者。一方面，要为教师提供必要的社会支持，体现在物质和精神两方面。从物质方面看，要关注教师的物质需求，增加教师的社会回报，根据实际情况调整教师的薪资待遇，保证教师待遇不低于地方公务员，福利水平与公务员基本持平。从精神方面看，要提高教师的社会地位，通过舆论引导、形象建构等方式重建尊师重教的社会氛围；要形成一种高度肯定教师劳动价值的观念，正确看待教师的劳动价值，使教师享有较高的职业声望和社会地位。除此之外，还要为教师提供发展机会、发展条件和发展空间，使教师在工作中增强自我效能，强化职业认同感。另一方面，家长和社会大众要正确认识教师的"能"与"不能"，根据实际情况对教师提出合理的要求和期待，共同完成学生的学校教育、家庭教育及社会教育。对于那些已经产生挫折感的教师所表现出来的失常行为，家长应给予谅解，大众媒体应理性客观地对之进行报道。

对教师个人而言，在获得了一定的社会支持后，也要正视自己的社会地位及职业特殊性，及时调整职业期待值，平衡得失心，学会换位思考，理解学生家长，正确看待社会公众对自己的评价。作为教育事业的建设者，教师在面对社会压力时更要热爱自己的教育职业，不忘肩负的社会重任，树立崇高的职业理想，坚定职业信仰，积极应对不良压力反应，将压力转化为动力，杜绝师德失范行为的发生。

总而言之，对于师德失范行为的治理应建立在准确归因的基础上，现实中并不存在无压力的真空环境，因此只能从减少压力源与缓解压力反应两方面着手。

除了针对教师面临的外部环境提出一些建议及措施,将措施逐渐转化为学校的治理策略或国家的治理政策,以减少不必要的压力源外,还需要加强教师对压力的认知和应对能力,以缓解教师的不良压力反应,包括在职前对其进行抗压培训、随时关注其在整个职业生涯过程中所承受的职业压力和心理层面的其他需求,从根源上预防或减少由压力导致的师德失范行为的发生。

第三节　态度(情绪后的行为选择状态)视域下师德失范行为的归因与治理

一、问题的提出

教育部严抓严管下,师德失范行为仍然频频出现,这要求我们必须从源头上解决师德失范问题,而要解决这个问题,必须探索哪些因素会影响师德失范行为,并采取协同治理的策略。根据多年的教育教学经验,本研究者认为,教师协同育人的态度对师德失范行为有影响。如果教师持有消极的协同育人的态度,无视家庭、社区对学生的影响,将育人责任压在自己一个人身上,就很容易触发师德失范行为;如果教师持有积极的协同育人的态度,将育人责任分散给家庭、社区,而不是自己一个人扛,出现师德失范行为的可能性就小。

师德失范行为的问题,很多情况下,不是教师突发的问题,而是整个社会环境、家庭育人态度、学生的举止行为以及教师对协同育人的态度整体上产生了偏差而导致的综合性问题。综合性问题需要多种主体协同治理,并且要在"事前"治理。

教育部门作为重要、庞大的公共服务部门,教育资源作为公共产品,改变传统教育观念,让教育更好地服务大众,显得尤为重要。而"教育公共治理"也在《国家中长期教育改革和发展规划纲要(2010—2020年)》中初次亮相,在基础教育公共治理格局中,治理主体多元化成为一种趋势。

近年来,国家公布的教育公共政策体现了治理主体多元化的趋势,多次提到"家校社协同育人","协同育人"这个词语逐渐走入大众视野,得到大家重视:

2021 年中共中央办公厅、国务院办公厅印发《关于进一步减轻义务教育阶段学生学业负担和校外培训负担的意见》(以下简称"双减"),其中就有"完善家校社协同机制"。《中华人民共和国家庭教育促进法》中再次提到"各级人民政府指导家庭教育工作,建立健全家庭学校社会协同育人机制"。教育部 2022 年工作重点中提到"落实家庭教育促进法,会同相关部门研制构建家校社协同育人的指导意见,推动学校提升家庭教育指导能力"。

国家这些重要的教育公共政策向家庭、学校 、社区(以下简称"家校社")发出了强烈信号,要想落实这些政策,家校社必须协同育人,否则它们将成为"一纸空文"。

在国外,表示家校社协同育人的单词有很多,其中"Parent Involvement"使用最多,但它的含义也是随着时代的发展而不断发展的。之前,"Parent Involvement"是以"学校为本"的家校社合作,20 世纪 90 年代以后,合作转向以"家庭为本"。同时,社区对儿童成长的重要作用越来越受重视。而在国内,部分学者认为协同育人应以学校为主导力量。比如有研究者认为家校社协同育人应以学校为主阵地,学校要发挥主导作用。① 有研究者认为家校合作模型是以学校为主导性力量的多方伙伴关系。② 但是,也有部分学者认为协同育人的三方力量应平衡。比如有研究者认为将家校社协同育人定义为:"协调、利用各方面资源提高育人效率,使家庭、学校、社会各司其职、共同面对新挑战。家校社协同育人机制没有标准的固定模式,它是能够将三方联系起来服务于育人的常态合作体系,从而将立德树人贯穿于学校教育、家庭教育和社会教育等各个方面。"③有研究者认为家校社协同育人的现象是指家庭、学校、社会三大系统要素相互联系、相互作用,使教育功能变得更有效。④ 综合以上文献,我们认为,协同育人确实需要平衡各方力量,同时也需要有一方主导推动,这主导的一方从操作层面来看应为教师。

---

① 孙夕礼. 学校在家校社协同育人方面如何作为[J]. 人民教育,2021(8):29-32.

② 张永. 美国家校社合作的两种层次理论及启示[J]. 全球教育展望,2021,50(3):106-117.

③ 储朝晖. 家校社协同育人实施策略[J]. 人民教育,2021(8):33-36.

④ 步德胜."家校社"协同育人的理论阐释及实践路径[N]. 中国社会科学报,2021-09-10(005).

因为教师教育学、心理学等专业知识过硬，且评价学生相对客观，能看清学生的优缺点，专业职责就是育人，在这个意义上，教师有更明确的目标、更专业的知识、更充裕的时间来推动三方协同育人。据此，我们认为，家校社协同育人是指以教师为主导，以协同为手段，以育人为目标，引导家长、社区合作育人的动态过程。教师协同育人的态度，是教师对协同育人所持有的比较稳定的评价和行为倾向。

现代教育不同于传统教育，每一位教师都能感受到教育环境的快速变化。其一，学生从小就接触电子产品，视野比以往时代的学生更宽，同时，这也给学生带来了一些不良影响，如一些低俗广告可能会带偏学生的价值观；其二，现在的学生在家里都是"宝贝"，家长对学生的关注以及要求远高于以往时代，出现了很多"鸡娃"。学生的变化、家长的变化、社会的变化，都给教师带来了挑战，在这样的背景下，要想教育好一个孩子，教师需要与家庭、社区协同育人，而不能把时代所给的压力背负在自己一个人身上，这样很容易诱发师德失范行为。这里所指的师德失范行为，可分为显性失范行为、隐性失范行为。隐性失范行为又分为不出错行为和平庸之恶行为两个子维度，显性失范行为又分为专业失当、失职行为两个子维度。

二、师德失范行为的教师协同育人态度的分析框架

要想测量教师的协同育人的态度，就要知道协同育人体现在哪些方面。美国第一所研究型大学暨世界顶级私立大学 Johns Hopkins University 的 Epstein 教授将家校社合作分为六个维度：帮助当好家长、与家长相互交流、家长参与志愿服务、家长辅导学业、家长参与决策和与社区协作育人。这一分类受到中西方研究者和实践者的广泛认可。为研究的需要，我们加上了协同育人的基本态度，这样，一共就构成了七个维度。下文就根据这七个维度，剖析教师协同育人的态度的构成。

（一）教师对"帮助当好家长"的态度

教师对"帮助当好家长"的态度是指教师指导家长为孩子创造宽松但不纵

容、和谐且有规则的成长环境。它分为以下三个方面：其一，教师应了解各个家庭不同的背景和文化，以及父母在子女身上的关注点、对子女的目标和期望，也要了解他们是如何看待其子女的；其二，教师要培养对学生群体多样性的理解；其三，要让学生意识到自己有能力与别人一起分享少年儿童身心发展方面的知识。

（二）教师对"与家长相互交流"的态度

教师对"与家长相互交流"的态度是指教师是否能主动地、平等地与家长交流。"相互"一词强调了教师与家长的平等地位，教师不仅要主动与家长交流，而且要耐心倾听家长的诉求等。它分为以下三个方面：其一，与家庭间的沟通方式要多样化且常态化，并意识到自己有清楚交流的能力；其二，发现家长间关系网络的价值所在，并利用其与所有家长进行沟通交流；其三，教师要懂得如何去征求家庭方面在子女教学项目及其进度上的观点，并理解这些观点的内涵，才能更好地因材施教。

（三）教师对"家长参与志愿服务"的态度

教师对"家长参与志愿服务"的态度是指教师主动邀请家长自愿成为志愿者，支持学校的活动，比如"家长进课堂""家庭教育指导日"等活动。它分为以下三个方面：其一，教师要主动邀请家长，并且想方设法地鼓励没有来学校当志愿者的家长也积极投身到志愿服务中，让家长"动起来"；其二，教师要根据家长的特长和职业尽量选择合适的活动，让家长参与志愿服务；其三，要在志愿者的帮助下，给予学生更多关注。

（四）教师对"家长辅导学业"的态度

教师对"家长辅导学业"的态度是指教师指导家长投身到孩子的学习生活中的态度。现代社会对教育的要求越来越高，学生需培养的能力比以前多了很多，需掌握的知识也难了很多。家长投身到孩子的学习生活中，不仅能提高孩子的学业成绩，而且能提高亲子独处的质量，还能让家长体会到教师的辛苦，从而对教师多一些理解与尊重。需要注意的是：帮助孩子在家学习并不是把教学任务推给家长，教师要正确理解"帮助"一词的含义，比如，在设计亲子作业时，可以更有趣味，或更有挑战性，让家长乐于参与，学生也乐于参与。

（五）教师对"家长参与决策"的态度

教师对"家长参与决策"的态度是指教师邀请家长为学校或班级的文化建设或政策规章的制定等进行决策的态度。教师应改变"一言堂"的传统做法，现代教育强调和谐共生，教师要鼓励家长参与决策，激励家长参与决策，甚至要求家长参与决策。只有让家长参与决策，才能让家长更有责任心和主人翁意识。在对待班级事务或学生教育时，家长才能更尽心尽责，不再以旁观者的态度冷眼相对。

（六）教师对"与社区协作育人"的态度

教师对"与社区协作育人"的态度是指教师借助社区人力、物力、场地等资源，促进家校社协同育人。这里的"社区"不仅指学生家庭和学校所在地附近的区域，还包括那些对学生的学习和发展有影响的邻居们。

（七）教师协同育人的基本态度

这一维度是我们根据自己的研究加入的，目的在于验证协同育人的态度是否会影响到师德失范行为。它分为以下三个方面：教师在教育学生时，寻求家长、社区的配合；有学生在课堂上顶撞教师，教师会非常生气；遇到学生犯错，会提前与家长沟通，再做惩戒。这三个方面可以分别从教师对协同育人的认知、情感、意向角度进行测量，旨在探明教师在处理学生问题时，是否会第一时间想到与家长沟通后再做处理，有这种想法倾向的教师，处理问题时会有缓冲期，不易产生师德失范行为。

三、教师协同育人的态度对师德失范行为影响的实证研究

本部分的研究以中小学教师为研究对象，运用问卷调查法，借助 SPSS 26.0 数据分析软件，对教师协同育人的态度和师德失范行为的现状进行了分析，并对

两者之间的关系进行了分析。

(一)问卷设计及调查基本情况分析

1. 问卷设计

本研究参考了 Epstein 教授带领的团队所做的《家校合作》成熟量表，并结合实际需要进行了适当调整。本研究量表采用 Likert7 点测量方法，一共分为三个部分：

第一部分包含教师的性别、年龄、职务等基本信息，共 7 题。

第二部分从教师对帮助当好家长的态度、对与家长相互交流的态度、对家长参与志愿服务的态度、对家长辅导学业的态度、对家长参与决策的态度、对与社区协作育人的态度和教师对协同育人的基本态度这七个方面出题，每一方面又从认知、情感、意向三个维度设计题目，每个维度一题，一共 18 题。如表 2-1 所示。

表 2-1　　　　　　　　师德失范行为的教师协同育人态度的分析框架

教师的协同育人态度的内容	态度的维度	问卷问题
帮助当好家长	认知	家庭教育比学校教育更重要
	情感	我不会主动对家长教育孩子的方式发表意见，除非家长主动来询问我
	意向	开家长会时，我会教家长如何当一名合格的家长
与家长相互交流	认知	与家长多交流，有利于孩子成长
	情感	如果教师和家长沟通失败，责任主要在家长方面
	意向	我会定期找家长沟通交流
家长参与志愿服务	认知	家长充当志愿者是家长支持教师工作的重要表现
	情感	教师应感激家长为志愿活动所付出的时间和精力
	意向	当组织学生活动时(如打疫苗)，我会叫家长志愿者帮忙维持秩序

教师的协同育人 态度的内容	态度的 维度	问卷问题
家长辅导学业	认知	在家辅导孩子学业是家长的基本责任
	情感	知道家长在家认真辅导孩子学业，我感到很满意
	意向	我会要求家长在作业或试卷上签字，了解学生学习情况
家长参与决策	认知	家长参与学校决策是家长的基本权利
	情感	我很欢迎家长来学校参与学校的各项决策
	意向	我经常邀请家委会成员一起参与班级的重大决策
与社区协作育人	认知	与社区合作有助于扩充学校的教育资源
	情感	我很喜欢学校和社区联合举办的一些活动
	意向	我经常鼓励学生参与社区活动，并给予指导

　　第三部分为师德失范行为的现状调查。这一部分从显性失范行为、隐性失范行为两个维度来测量。显性失范行为分为专业失当、失职行为两个子维度，隐性失范行为分为不出错行为和平庸之恶行为两个子维度。每个子维度 2 道题，一共 8 道题，如表 2-2 所示。

表 2-2　　　　　　　　　　**师德失范行为分析框架**

专业失当	许多主科老师会利用课间或体育课时间帮助学困生提高成绩
	有些时候，我会用增加作业量的方式来警示犯错学生
失职行为	为了让学生不再犯错，我会让犯错的学生在班级中检讨
	有些时候，我会用不同的标准处罚犯同样错误的学生
不出错行为	我会默许上课不学习但不扰乱课堂纪律的学生做自己的事
	许多老师对非本班学生的违规行为视而不见

平庸之恶行为	学校通常会在临近考试时减少非考试科目的课时
	学校通常会让老师配合做迎检材料，哪怕部分材料与事实不符

2. 问卷的实施

本次问卷发放的对象为中小学教师，样本选取全国各地方部分中小学教师，以在线填写网络问卷(问卷星)的形式，共回收 468 份教师问卷，有效问卷共 453 份。

3. 样本基本信息统计

样本基本信息统计如下：

Q1：教师性别方面，男 97 人，女 356 人，符合现阶段中小学教师男女比例现状，女教师远多于男教师。

Q2：教师年龄方面，如表 2-3 所示。20~30 岁的年轻教师占本次调查的 32.23%，41~50 岁的有经验的教师占 28.26%，前者协同育人的态度没有后者积极，前者师德失范行为也高于后者。

表 2-3　　　　　　　　　　　　　　　**教师年龄**

年龄	人数	占比(%)
20~30 岁	146	32.23
31~40 岁	117	25.83
41~50 岁	128	28.26
51 岁及以上	62	13.69
合计	453	100.00

Q3：教师学历水平方面，如表 2-4 所示。本科学历占 66.67%，其次是大专及以下和硕士及以上，而大专及以下学历多集中在乡镇，硕士及以上学历多集中在城市，说明现阶段教育优质资源依旧不平衡，学历高的教师还是更愿意

在城市工作。

表 2-4　　　　　　　　　　　教师学历水平

教育程度	人数	占比(%)
大专及以下	146	32.23
本科	179	39.51
硕士及以上	128	28.26
合计	453	100.00

Q4：教师职称方面，如表 2-5 所示。二级教师和一级教师人数较多，共占 81.45%，其次是三级教师和高级教师，正高级教师最少，符合现阶段教师的职称分布。

表 2-5　　　　　　　　　　　教师职称

职称	人数	占比(%)
三级教师	41	9.05
二级教师	203	44.81
一级教师	166	36.64
高级教师	42	9.27
正高级教师	1	0.22
合计	453	100.00

Q5：教师教龄方面，如表 2-6 所示。教龄在 21 年及以上和 0~5 年的教师较多，共占比 69.31%，分别代表着有教学经验的教师和没有教学经验的教师，这两个层次的教师，无论是从理论上来说，还是从实际数据来说，他们在协同育人态度和师德失范行为上也都有显著差异。有经验的教师协同育人态度更积极，师德失范行为也更少。

表2-6　　　　　　　　　　　　　　　教师教龄

教龄	人数	占比(%)
0~5 年	136	30.02
6~10 年	88	19.43
11~15 年	31	6.84
16~20 年	20	4.42
21 年及以上	178	39.29
合计	453	100.00

Q6：教师职务方面，如表2-7所示。中小学班主任为243人，占本次调查总人数的53.64%，班主任处在协同育人的核心，一般情况下，班主任与家校社协同育人的概率比普通教师大，他们经常跟家长打交道。同时，班主任有师德失范行为的概率也比普通教师大，因为他们肩负着管理班级的重责，受到的压力大于普通教师，更容易发生师德失范行为。所以样本数据具有可靠性、代表性。其次占比较多的是中小学非班主任教师，最少的是教育行政人员、研究人员。

表2-7　　　　　　　　　　　　　　　教师职务

职务	人数	占比(%)
教育行政人员、研究人员	4	0.88
中小学校长或书记(含副职)	9	1.99
中小学中层管理人员(含副职)	45	9.93
中小学班主任	243	53.64
中小学非班主任教师	152	33.55
合计	453	100.00

综上所述，样本遍布全国各个年龄阶段、各类职务、各类学历，具有代表性。这方便我们探明人口学因素对协同育人态度及师德失范行为的影响，并为提出典型性策略奠定基础。

(二)中小学教师对家校社协同育人态度调查量表的信度和效度分析

1. 信度分析

表 2-8 　　　　　　　　　　**教师协同育人态度量表信度**

Cronbach's Alpha	基于标准化项的 Cronbach's Alpha	项数
0.709	0.741	21

从表 2-8 可知，教师协同育人态度的信度系数为 0.741，说明该量表有较高的信度，可以进行下一步研究。

2. 效度分析

(1)内容效度

教师协同育人态度量表是借鉴国际公认的 Epstein 团队所做的成熟量表，内容效度较好。

(2)结构效度

通过 KMO 与 Bartlett 球形检验来判断量表是否适合做因子分析。

表 2-9 　　　　　　　　　　**KMO 和 Bartlett 球形检验**

KMO 值		0.680
Bartlett 球形检验	近似卡方	586.048
	自由度	21
	显著性	0.000

从表 2-9 可知，教师协同育人态度量表中 KMO 值为 0.68，大于 0.6，且

Bartlett 球形检验 P 值显著，说明该量表适合做因子分析。

根据 Epstein 团队所做的成熟量表，将教师协同育人态度分为七个维度，分别为教师对帮助当好家长的态度、教师对与家长相互交流的态度、教师对家长参与志愿服务的态度、教师对家长辅导学业的态度、教师对家长参与决策的态度、教师对与社区协作育人的态度和教师对协同育人的基本态度。

（三）中小学教师师德失范行为量表信度和效度分析

1. 信度分析

表 2-10　　　　　　　　　　师德失范行为量表信度

Cronbach's Alpha	基于标准化项的 Cronbach's Alpha	项数
0.714	0.714	8

从表 2-10 可知，师德失范行为量表的信度系数为 0.714，由此可以说明该量表具有比较高的信度，可以进行下一步的研究。

2. 效度分析

表 2-11　　　　　　　　　　KMO 和 Bartlett 球形检验

KMO 值		0.806
Bartlett 球形检验	近似卡方	498.044
	自由度	28
	显著性	0.000

由表 2-11 可知，师德失范行为量表中 KMO 值为 0.806，大于 0.6，且 Bartlett 球形检验 P 值显著，说明师德失范行为量表数据适合做因子分析。

3. 因子分析

表 2-12 总方差解释表

成分	总计	初始特征值 方差百分比	累积%	总计	提取载荷 平方和方 差百分比	累积%	总计	旋转载荷 平方和方 差百分比	累积%
1	2.714	33.923	33.923	2.714	33.923	33.923	1.992	24.896	24.896
2	0.976	12.195	46.117	0.976	12.195	46.117	1.291	16.143	41.039
3	0.929	11.617	57.735	0.929	11.617	57.735	1.182	14.775	55.814
4	0.779	9.732	67.466	0.779	9.732	67.466	0.932	11.652	67.466
5	0.773	9.666	77.132						
6	0.682	8.528	85.661						
7	0.629	7.861	93.521						
8	0.518	6.479	100						

提取方法:主成分分析法。

如表 2-12 所示,对师德失范行为问卷按照主成分分析法,8 个变量共提取 4 个公因子,每个因子旋转后的方差解释率分别为 24.896%、16.143%、14.775%、11.652%,均大于 10%,累计总方差为 67.466%,说明探索性因子分析结果良好,师德失范行为量表效度较高。

第一个因子由 $P1$、$P2$ 组成,涉及教师占用学生休息时间讲课、让学生机械罚抄两个方面,命名为"专业失当行为"。

第二个因子由 $P3$、$P4$ 组成,将这一因子命名为"教师失职行为"。

第三个因子由 $P5$、$P6$ 组成,将这一因子命名为"教师不出错行为"。

第四个因子由 $P7$、$P8$ 组成,将这一因子命名为"平庸之恶行为"。

4. 教师协同育人态度对师德失范行为的影响分析

为了了解教师协同育人的态度对师德失范行为有怎样的影响,以及出现这种影响的原因,本研究对收集的数据进行相关分析。

(1)相关分析

本研究旨在分析两变量之间是否存在相关关系。

表2-13　　　　　师德失范行为与教师协同育人态度各维度相关性分析

		因子1	因子2	因子3	因子4	因子5	因子6	因子7
师德失范行为	皮尔逊相关性	-0.226***	-0.271***	-0.313***	0.335***	-0.191***	-0.148***	-0.322***
	Sig.（双尾）	0.000	0.000	0.000	0.000	0.000	0.002	0.000

注：***表示1%显著性水平，**表示5%显著性水平，*表示10%显著性水平。

由表2-13可知，师德失范行为与教师协同育人态度各维度间相关性检验显著，说明可以进一步做多元回归分析。

（2）多元回归分析

本研究旨在检验教师协同育人态度对师德失范行为的影响。因此，自变量为反映教师协同育人态度的各指标，包括教师对家长辅导学业的态度、教师对帮助当好家长的态度、教师对家长参与决策的态度、教师对家长参与志愿服务的态度、教师对与家长相互交流的态度、教师对与社区协作育人的态度等7个变量；因变量为教师师德失范行为。回归结果如表2-14所示。

表2-14　　　　　教师协同育人态度对师德失范行为的影响分析

变量	标准化系数	T 值	P 值
常数项	4.858***	13.522	0.000
教师对帮助当好家长的态度	-0.058	1.361	0.174
教师对与家长相互交流的态度	-0.174***	3.675	0.000
教师对家长参与志愿服务的态度	0.284***	6.181	0.000
教师对家长辅导学业的态度	0.210***	4.716	0.000

续表

变量	标准化系数	T 值	P 值
教师对家长参与决策的态度	-0.098^{**}	2.181	0.030
教师对与社区协作育人的态度	0.018	0.354	0.724
教师对协同育人的基本态度	-0.251^{***}	5.239	0.000
R^2	0.317		
调整后的 R^2	0.306		
$D\text{-}W$ 值	1.932		

注：***表示 1% 显著性水平，**表示 5% 显著性水平，*表示 10% 显著性水平。

如表 2-14 所示，模型的拟合优度 R^2 为 0.317，说明所有自变量 X 可以解释因变量 Y 值变化的原因，即因变量 Y 值变化 30.6% 是由自变量 X 导致的，$D\text{-}W$ 值为 1.932，在 2 附近，说明基本无自相关性(样本之间没有影响关系)。

在 7 个自变量中，教师对与家长相互交流的态度、教师对家长参与志愿服务的态度、教师对家长辅导学业的态度、教师对协同育人的基本态度的回归系数 P 值均为 0.000，小于 0.01，说明这几个维度呈现出 0.01 水平的显著性，根据非标准化回归系数值可知，其中教师对与家长相互交流的态度、教师对协同育人的基本态度对师德失范行为有显著负向影响。教师对与家长相互交流的态度以及协同育人的基本态度越积极，教师的师德失范行为越少；教师对与家长相互交流的态度以及协同育人的基本态度越消极，教师的师德失范行为越多。

(四)教师协同育人基本态度与师德失范行为的相关分析

由表 2-15 可知，教师协同育人基本态度与师德失范行为当中的专业失当行为、失职行为、不出错行为和平庸之恶行为都有显著负相关。教师对协同育人的基本态度越积极，师德失范行为越少；教师对协同育人的基本态度越消极，师德失范行为越多。

表 2-15　　　　　　教师协同育人基本态度与师德失范行为的相关性

		教师师德失范行为			
		专业失当行为	失职行为	不出错行为	平庸之恶行为
教师协同 育人基本 态度	皮尔逊 相关系数	-0.252^{**}	-0.185^{**}	-0.302^{**}	-0.202^{**}
	Sig.（双尾）	0.000	0.000	0.000	0.000

注：***表示 1%显著性水平，**表示 5%显著性水平，*表示 10%显著性水平。

由表 2-15 可知，教师协同育人的基本态度与师德失范行为显著负向相关，协同育人态度越积极的中小学教师，发生师德失范行为的概率越小；协同育人态度越消极的教师，发生师德失范行为的概率越大。

四、防范师德失范行为的协同治理对策

在文献研究中，我们发现协同育人态度积极的教师会借他力实施教育惩戒，会给孩子带来积极的影响，会营造良好的班级校园氛围，会给自己带来信心与幸福。这些都会让教师防范师德失范行为。

在实证研究中，我们发现教师对协同育人的基本态度和与家长相互交流的态度对师德失范行为有显著负向影响。教师对协同育人的基本态度、对与家长相互交流的态度越积极，师德失范行为就越少。协同育人态度积极的教师，育人责任更易履行；协同育人态度积极的教师，育人情绪更稳定；协同育人态度积极的教师，育人行为更温和。教龄越长的教师，协同育人的态度越积极，师德失范行为越少。

结合中小学协同育人的实际，我们提出以下对策，以期在协同治理理论下，通过转变教师对协同育人的基本态度和与家长相互交流的态度，防范师德失范行为。

（一）政府维度

1. 颁布法律，建立制度

要想推动家校社深入合作，首先要建立健全法律法规。国家已制定了一些推

进家校社协同育人的法律法规，比如2021年颁布的《中华人民共和国家庭教育促进法》，从法律中的"促进"一词可以看出，中国的家校社协同育人道路还很长。

中学名师卜恩年说："为什么要有这样一部法律？显然是更多的有识之士已经洞察到问题所在。我们为谁培养人？这个问题已经唤醒了很多人。我们怎么培养人？这也彻底地敲醒了很多人。"原本一直以为学校是教育的"主战场"，但是出现的很多问题，使得我们又回过头来思考我们的教育，我们的教育并不是万能的。我们的教师必须依托各方资源，通过转变协同育人的态度，从而减少师德失范行为的发生。政府颁布了这些促进家庭教育的法律固然是好，但我们深知还有许多相关方面需要制定法律法规。如果没有法律法规的限制与促进，"家校社协同育人"就难以真正落实。

2. 加强指导，管理督导

有了法律法规之后，教育行政部门要予以指导和监督，一是保障家长参与学校教育，二是把家校社协同育人纳入评估体系，以此激励家校社合作水平的提高。

在指导和监督的过程中，教育行政部门也应当多加宣传、表彰家校社协同育人做得好的地区、学校，对于做得不够好的地区、学校要给予帮助和指导，使其在过程中总结经验，吸取教训，越做越好。

3. 组织培训，提高认识

从实证研究来看，年轻教师协同育人的态度没有年长教师积极，师德失范行为也多于年长教师。所以，教育行政部门要组织教师，特别是年轻教师，参与学习培训。首先，让年轻教师意识到家校社协同育人的重要性；其次，教会年轻教师与家长有效沟通的方法；最后，强化训练，跟踪指导，让年轻教师遇事不鲁莽，把协同育人放在第一位，借助家庭、社区的力量教育学生。

可以请研究协同育人的专家讲述理论知识，也可以请有经验的教师给予具体的实践指导，这样的培训才更有效果。

(二)学校维度

从实证研究来看，教师对与家长相互交流的态度对师德失范行为有显著的负向影响。所以，学校应完善合作机制，在教师与家长之间搭建一座坚固的"桥"，保证家校双向沟通的畅通。

根据国内外经验，学校可做如下探索：

1. 建立家长委员会

（1）建立规章制度

家长委员会作为学校新兴的组织形式，作为家长与学校、社区交流的桥梁和平台，完善其规章制度是首要工作，也是保证其正常运转的关键。学校应该严格制定组织章程，从不同层面加以规范，明确家长委员会的宗旨、成员的权利和义务等。

（2）保障家长权利

学校应主动接受来自家长委员会的监督。要让家长委员会的成员对学校、班级等事务参与讨论及决策，让大家畅所欲言，而不是搞"一言堂"。学校在收到家委的建议后，不能将它们束之高阁，而应认真研究，加强落实。

2. 成立家庭教育指导小组

（1）灵活调整授课内容与方式

学校要响应《中华人民共和国家庭教育促进法》的号召，根据各班的实际情况，有针对性地安排家庭教育指导的内容和方式。

在内容上，对于学习基础不太好的班级，可以指导家长如何培养孩子正确的学习习惯；对于学习成绩优秀的班级，可以指导家长如何有效地陪伴孩子读书。

在方式上，可以走进每个家庭给予指导，也可以借助社区资源，在社区组织多个家庭参与的指导活动。

（2）力求指导小组成员的多元化

可以邀请司法局干部讲解法律知识，尤其是关于中小学生犯罪方面的知识，其讲解既专业又能为家长敲响警钟；可以邀请退休老教师或社区年长者讲课，他们能根据自己多年来的切身感受谈古论今，使家长们听得津津有味，让家长们体悟如何处理孩子和父母、学校和家庭之间的关系；还可以邀请几位优秀家长代表，组成独特的讲课团队，与家长们分享育儿心得与家教经验等。①

---

① 李伟. 乡村校社合作［M］. 上海：华东师范大学出版社，2021：152-159.

（三）教师维度

调查发现，教师在协同育人方面，存在"行为劣于认知""主动少于被动""高层次少于低层次""感性多于理性"的问题，教师应做如下改变：

1. 从心动到行动

教师不仅要有积极的协同育人的认知，也要有积极的行为；不仅要意识到家庭教育、社区教育对孩子的重要性，也要牵起家庭、社区的手，协同育人。比如，多做家访，走入家庭；多鼓励学生参与社区活动，在实践中达到教育学生的目的。

2. 从被动到主动

很多教师不主动干预家长的育儿行为，除非家长主动询问，才给予答复。其实，家长们是比较缺乏教育学、心理学知识的，而教师在育人的专业知识上远多于家长，应该主动给予家长帮助。比如，班级可定期开展育儿经验分享会，不仅可以让老师讲，也可以邀请优秀的家长分享，主动给予家庭教育指导。

3. 从低层次到高层次

家长和班级、学校的交流沟通不能仅停留在低层次，要向高层次发展。教师要让家长参与到班级、学校的决策中来，参与班级、学校政策的制定，参与学校管理。我们不要怕家长的介入会带来一些"麻烦"，而是应该相信，他们的加入是必要的，也是重要的。我们将校门、心门向家长敞开，他们也会将心门向我们敞开。在育儿的路上，我们要紧紧团结一切可以团结的力量，更何况，家长与我们的目的是一致的，都希望能培养出更优秀的孩子。

4. 从感性到理性

教师不要把育人的责任扛在自己一个人身上，应借助家庭、社区的力量育人。比如，遇到学生违规时，要多方面考虑事件发生的原因，与家庭、社区协同育人。在处理问题时，多一份理性，少一份失范。平时，也可以学习一些控制情绪的方法，保持理性。总之，教师用更积极的态度与家长沟通交流，就能防范师德失范行为。

（四）社区维度

与社区协同育人旨在利用、协调好各种社区资源，用这些资源来巩固或加强学校的教学计划、推进家庭参与项目并促进学生的学习和发展。其中涉及的社区团体包括社区商家、文化团体、市民组织、宗教团体、老年人机构、政府机构以及其他社会团体。当然，学校教师、学生、家长也应该主动为社区服务。

1. 网格连心

网格连心，指以群众为关注焦点，建立"横向到边、纵向到底"的社会治理"网格化"体系，使管理与服务覆盖到街道的每一个区域，覆盖到各个家庭，覆盖到所有社会组织，减少中间环节，缩短服务流程。每个网格负责人要深入了解每个家庭的状况，提供高质量、有针对性的家庭教育指导。

2. 多元联动

孩子的需求和兴趣多种多样，其在社区内的活动量也更大。社区有比学校更广阔的空间，更充裕的时间，更丰富的人脉，更多样的资源，可组织更多元的活动。社区可为家庭和学生编制一份具有实用价值的社区服务及资源目录，让他们能够找到适合自己的课外休闲项目、课外辅导项目、艺术修养项目、保健服务项目、文娱活动项目、暑期活动项目、社区服务机会以及各种各样的兼职机会，同时还要说明具体如何获得这些资源和服务。社区加入协同育人的体系中，能加深家校的沟通，拓宽家校合作的渠道，改善教师与家长的沟通，并有效减少教师自身的师德失范行为。

第三章　师德失范行为群体层面影响因素的组织伦理归因与治理

教师个体的师德行为(师德失范行为是一种不道德的师德行为)，是教师个体知识、技能、能力，个体情绪、态度、价值观的产物，也是教师所处群体环境的产物。这里所指的教师所处群体环境，包括教师所处的班级环境、教师的人际关系、教师所在群体的群体规范、教师所在群体的师德师风(教师所处的班级环境、教师的人际关系、教师所在群体的群体规范等的综合表现)等。

就当前的理论研究而言，学术界对群体条件与学生道德行为关系的研究多一些，对群体条件与师德行为关系的研究少一些。本章拟探讨如下主题：班级管理视域下(本质上是在师生关系视角下)师德失范行为的归因与治理、亲学校不道德行为视域下(本质上是在上下级关系视角下)师德失范行为的归因与治理、教师专业伦理视域下(本质上是在教师同事关系视角下)师德失范行为的归因与治理、师德师风视域下(本质上是教师所处的多种关系的综合表现下)师德失范行为的归因与治理。

第一节　班级管理(师生关系)视域下师德失范行为的归因与治理

《中小学教师违反职业道德行为处理办法(2018 年修订)》具体列举了十类应予处理的教师违反职业道德行为，其中(一)、(三)、(四)、(五)、(六)五种师德失范行为，与班级课堂教学行为直接相关，(七)、(九)、(十)三种师德失范行为，与班级课堂教学行为间接相关，这说明班级环境是师德失范行为发生的主要场域，课堂教学环境是师德失范行为发生的主要行为领域。虽然，《中小学教师违反职业道德行为处理办法(2018 年修订)》所针对的实践情形与理论研究所涉及的师德失范分类(从师德失范的类型来看，除了以权谋私等违法乱纪等明确渎职行为，除了"课上不讲课后讲"的有偿家教等明显失职行为以外，体罚学生、有失公正、歧视"差生"、厌岗怠业、不作为等大量师德失范行为，都发生在班级环境这个重要的学校职场)具有较高的一致性，但是，梳理学术界关于师德失范归因与治理的文献，我们发现，以往师德失范的归因存在盲点，对个人层面的师德、师能，学校层面的师德制度、教师管理制度、学校管理制度，社会层面的观念、体制、行为方式的关注有余，对班级环境(包括班级规模、班级组织、班级管理)的关注似乎不足。师德失范班级环境归因的盲点，直接导致预防和矫正等综合治理措施的捉襟见肘和针对性不够。本章节聚焦于师德失范行为的班级环境归因，具体分析班级环境内班级规模、组织和管理可能造成师德失范行为的心理机制，并针对班级环境来提出师德失范的治理措施，既从理论上完善师德失范行为的解释模型，也从实践上丰富师德失范行为预防或矫正的具体策略。

一、个人、制度与社会：师德失范的既有归因与治理

师德失范的归因与治理，一直受到实践界和理论界的重视。学校教育教学和管理实践中存在着不少的不作为、失当、失职等师德失范问题，为减少师德失范造成的消极后果，也为充分发挥师德示范带来的积极效果，师德治理非常必要。师德治理是教育行政部门、学校、教师及利益相关者就师德失范进行归因，并在此基础上采用综合性的预防和矫正措施来解决问题的多中心治理活动。问题的关键和难点是寻找师德失范的真正原因，即师德失范归因，并提出具有针对性的预防和矫正措施。从理论来看，学术界关于师德失范的研究已经相当丰富，既有文献主要体现出以下几个方面的观点：

第一，师德失范的个人归因与治理。此观点认为师德失范的主要原因在于个人，治理的主要措施是师德修养或师德教育。有研究者认为，师德失范的主要原因在于教师个人的师德认知偏差，重建教师师德认知的实践策略是"强化专业道德概念，形成具有主体自主性和专业成长性的师德内涵认知"，"反思师德舆论宣传，构建具有德福一致性和理想召唤性的师德形象认知"，"健全师德管理评价，

塑造具有科学公正性和自主自律性的师德评价认知"。①

第二，师德失范的制度归因与治理。此观点认为师德失范的主要原因在于外在制度，治理的主要措施是制度重建。有研究者认为，师德失范的主要原因在于制度缺失，包括"制度规范体系与内容不完善；制度目标不明，存在制度性的偏差；制度规定不具体、操作性不强；存在制度性的矛盾与冲突，缺乏'制度共识'"，制度重建的策略是"明确制度目标，克服制度性的偏差"，"强化制度的完善与系统化"，"增强合理性制度的实施力度"，"形成师德建设的'制度共识'与'制度合力'"。②

第三，师德失范的个人与制度并重归因与治理。此观点认为，师德失范既源于个人美德的缺乏，也源于外在制度的缺陷，师德建设要将二者结合起来，"规则体系内容突显教师工作的专业特性，更具结构性、规范性和时代性"，"规范约束公权力，使规则体系在执行过程中具有形式上的普遍性"，"提升广大教师的师德外铄水平，赋予师德规范更多的刚性力量"。③

第四，师德失范的内在与外在多重归因与治理。此观点认为，师德失范是内在的师德、师能与外在的观念、制度等多重原因综合互动的结果，如有研究者认为："教师的专业失当行为主要不是由于个人道德素质低下或玩忽职守而造成的，更多是由于专业素养不高、师生沟通技能欠缺而引起的偶发问题。"④师德失范的主要原因，"一是受社会不良因素影响"，"二是一些学校管理出现盲区"，"三是一些教职工忽视了自身的学习、反思和修身"。⑤ 与师德失范的多重原因相对应，治理措施也应该多样化，"推进多元主体参与的社会共治""成立教师自律的同行

---

① 蔡辰梅. 中小学教师的偏差性师德认知及其重建[J]. 中国教育学刊，2019(6)：83-88.

② 申明. 师德失范的制度原因及其重建[J]. 广西师范大学学报(哲学社会科学版)，2009(4)：81-84.

③ 刘磊. 我国师德建设主导形态转向与突破路径[J]. 中国教育学刊，2017(3)：83-88.

④ 程红艳，陈银河. 超越纵容默许与重拳出击：师德失范行为治理的对策研究[J]. 中国教育学刊，2019(2)：64-69.

⑤ 张竹林. 对中小学师德失范现象的调查及对策思考[J]. 思想理论教育，2013(12下)：24-26.

认定组织""慎重处理师德热点及难点问题"。①

二、班级环境：师德失范既有归因研究的盲点

现有的典型文献梳理，显示了师德失范归因研究的盲点。虽然既有的理论研究成果较为系统地探讨了师德失范的归因与治理，但在研究深度、研究视角和研究结论上仍需继续深入。其一，在研究深度上，除渎职外的大部分师德失范既然不是教师失德或败德的一贯行为，而是带有环境性的偶发行为，那么，究竟是什么环境诱发了师德失范行为，有必要深入探讨。其二，在研究视角上，既有文献要么针对具体的教师内在的师德、师能，要么针对抽象的外在的观念、制度，忽略了教师日常教育教学和管理活动的职场——班级环境。其三，在研究结论上，提出的对策具有笼统性，讲究大而全，都是加强师德修养、增加师德培训、严肃师德管理、推行师德共治，并未提出预防或矫正问题的针对性建议。因为预防或矫正问题的针对性建议必须建立在对失范行为原因的准确认知之上，所以在预防或矫正之前必须将引发具体失范的原因从复杂的因果关系中识别与提取出来。

(一)个人归因与环境归因：师德失范既有归因的得与失

师德失范的个人归因与环境归因，是以往和近期理论界关注较多的两类归因模式。以往，我们往往从教师个人修养，如师德认知、师德态度、师德责任心、师德品质等主体方面来进行归因，假定教师工作的职场，如班级、教研组、年级组、学校、社会是恒定的、不变的，因而，只要加强师德教育、师德培训和师德修养，师德失范是可以预防的。近期，我们认识到，师德失范可能是教师所处学校和社会环境所导致的结果，这就启示我们，还应该从教师所处的环境如学校和社会来进行归因；换句话说，即使教师的个人修养没有问题，但受社会环境中的消极观念的波及和学校环境中的制度缺陷的影响，仍然有可能出现师德失范，因而，在加强师德修养、教育和培训的前提下，严肃师德管理，师德失范也是可以

---

① 程红艳、陈银河. 超越纵容默许与重拳出击：师德失范行为治理的对策研究[J]. 中国教育学刊，2019(2)：64-69.

预防或矫正的。个人归因模式固然反映了当前教师个人某些方面的不足，进而彰显了师德师风建设的必要性和重要性，但它片面地强调教师在师德失范行为中的道德责任，主张对严重失范行为的教师重拳出击，如一票否决，忽视了学校和社会环境的多样性、多变性、复杂性等，忽略了治理措施的公正性能否实现。或许正是认识到了这些局限性，环境归因模式逐渐被学术界认可，所以，净化社会风气、完善学校制度等治理措施得到关注。可以说，环境归因模式克服了个人归因模式的局限，将教师与其所处的职场——学校、所处的环境——社会联系起来，揭示了相当一部分师德失范行为的真正根源，有助于师德失范的多元治理和师德示范的大力弘扬。

（二）班级环境归因：师德失范归因中被忽视的重要环境归因

忽视班级环境归因，是师德失范环境归因中的盲点。相比于师德失范的个人归因，师德失范的环境归因有更明显的合理性。然而，现有的环境归因模式仍然存在局限。社会环境归因姑且不论，学校环境归因明显不完整。从抽象的学校制度如教师聘任制度、教学管理制度、教师评价制度入手，固然最大限度地反映了教师与学校的关系、教师与教师的关系、教师与管理者的关系，进而非常接近教师所处的真实学校环境。稍加分析，我们便可以发现，现有的学校制度分析忽视了教师与学生，尤其是教师与班级环境的关系。日常经验告诉我们：一方面，教师的授课、批改作业、课后辅导或个别辅导等教育教学活动均与班级环境发生关联，教师在学校的大部分时间花费在这些活动上，这说明班级环境对教师的重要性；另一方面，在任务安排、管理评价上，教师可能会与管理者发生潜在冲突，在教研合作、班级排名上，教师可能会与同事发生潜在冲突，但是，相比于教师在班级环境中与学生所发生的现实冲突，无论是规模还是程度，后者大得多，也剧烈得多。在这个意义上，教师最重要的学校职场是班级环境。理论研究或调查研究告诉我们：从师德失范的类型来看，除了以权谋私等违法乱纪的明确渎职行为，除了有偿家教等明显失职行为以外，体罚学生、歧视"差生"、厌岗怠业等大量师德失范行为，都发生在班级环境这个重要的学校职场。从师德失范的程度来看，除了渎职外，失当与失职，无不与班级环境中所发生的教育教学或管理活动相关。

师德失范的班级环境归因，显然是师德失范环境归因的重要组成部分。但是，目前来看，实践认识不够，理论研究也存在盲点。为什么作为教师最重要学校职场的班级环境没有受到重视，为什么班级环境在师德失范的学校环境归因中受到忽视？因为，在学校组织中，几乎没有任何一所学校会将班级这种组织形式列入学校的组织结构图中，也没有任何一个校长、管理者或教职员工会将班级组织看作是学校的基层组织，在他们眼里，只有备课组、教研组或年级组，才理所当然地被视为学校的基层组织。在学校管理中，班级管理一般不会被看作学校的基层管理，班级管理的好坏通常不会作为学校管理好坏的评价指标，教师的班级管理能力也很少被视作专业发展能力，等等，这些都造成了班级环境这个导致师德失范的重要原因没有受到重视，甚至被忽视。

三、师德失范的班级环境归因：班级规模、组织与管理视角下的师德失范

从师德失范环境归因模式的观点来看，在班级环境下，教师在教育教学活动和管理中所发生的师德失范，主要原因不是教师个人的师德态度或品质出现了问题，而是班级环境，包括班级规模、组织和管理（班级规模侧重描述班级环境的表层面貌，班级组织和管理侧重揭示班级环境的深层本质，其中班级组织偏重于静态、班级管理偏重于动态），限制了教师师德态度或品质的正常发挥，甚至诱发、导致、酿成了教师师德失范行为的偶然发生。

（一）过大的班级规模容易诱发师德失范

经验显示，教师的大部分教育教学和管理活动，都在班级中进行；教师的师德失范行为大部分以教育教学和管理活动为载体，常在班级中发生，所以，有关群体规模与群体成员行为关系的理论，可以借鉴为分析框架。

关于群体规模与群体成员一般行为的关系，管理学理论有一个与群体规模有关的最重要发现——社会惰化（social loafing），即"一个人在群体中工作不如单独一个人工作时努力"。"是什么原因导致了这种社会惰化效应呢？也许原因是群体成员认为其他人没有尽到应尽的职责。如果你把别人看作是懒惰或无能的，你可能就会降低自己的努力程度，这样你才会觉得公平。另一种解释是群体责任的扩

散……当个人认为自己的贡献无法衡量时，群体的效率就会降低。"①直面现实，我们不得不承认，在应试教育理念之下，相当一部分学生是在教师"要我学"的状态下学习，付出的努力不够，这可能会诱发教师的不公正感，并进而只关注、关心那些努力的学生；再加上，教师劳动群体性的特点，学生的成绩与进步难以准确归因到某个教师的努力或贡献，所以，这可能会诱发教师的不作为或不出错等师德失范行为。

关于群体规模与群体成员组织公民行为的关系，心理学有一个基本判断："群体组织公民行为(形式上主要表现为相互配合、相互帮助和相互补位的行为，性质上主要体现为个体为了群体的成功自愿牺牲个人利益的行为)因群体规模不同而存在差异，群体规模越大，群体组织公民行为的水平越低。"②教师虽然履行着传道、授业和解惑的功能，承担着规划者、组织者、实施者、评价者的角色，但是，从群体规模的角度看，教师首先是班级的一员，作为班级的一员，他或她的行为既受到"关爱学生"的职业道德规范的制约，也不可能不受到群体规模的影响。作为群体规模的表现形式之一，班级规模，如字面意，是指学校自然状态下编班后班级所拥有的人数。根据《国务院关于统筹推进县域内城乡义务教育一体化改革发展的若干意见》和相关文件，过大的班级规模主要是指56人以上的"大班额"和66人以上的"超大班额"。根据发达国家的经验及相关研究结论，"小学平均为15—20名学生、中学为25—30名学生"的班级规模，最有利于学生学习活动和社会交往活动的进行。③ 对照现实的班级规模(相当一部分中小学教师处于过大的班级规模之中)，可以作出这样的推论，过大的班级规模可能会导致教师难以配合、帮助和补位每个班级及其学生，难以为每个班级及其学生作出同样的奉献或牺牲。

关于群体规模与教师注意力分配的关系，班级环境理论的相关研究表明，过

---

① ［美］斯蒂芬·P.罗宾斯.组织行为学［M］.孙健敏，李原，译.北京：中国人民大学出版社，1997：522.

② 柳士顺，凌文辁，李锐.群体规模与领导对群体组织公民行为的影响［J］.心理科学，2013(6)：1441-1446.

③ 李方安，张良才.班级规模：一个不容忽视的学习资源［J］.教育科学，2001(3)：47-49.

大的班级规模决定了"秧田式"座位编排，进而将整个课堂物理环境人为地分割为高压区、中压区和散压区，"比较而言，散压区主要是'差生'聚集处，无论与教师的直接交往抑或间接交往都较少，属于学生反应'冷漠区'、教师期望'空白区'"①。过大的班级规模决定了教师无法与所有学生公平互动，换句话说，教师只能与部分学生互动，从量上来说，与非学生干部的互动少一些，与成绩差的学生互动少一些；从质上来说，与非学生干部或成绩差的学生互动时更多地采取专制的、否定的、控制的方式，这恐怕是师德失范之"体罚学生"的主要根源。

（二）乏力的班级组织可能导致师德失范

班级是教师学科教学的重要载体，班级建设与学科教学同等重要。有研究者曾指出，"作为学校教育两大基本领域的班级建设和学科教学，是许多教师所需承担的两项基本工作"。在美国，学者们甚至更强调班级建设的功能，指出，"美国的教育体制也许不太擅长培养精通学校课程的毕业生，但是其在培养学生自主、创造精神方面很有效"②。

班级组织建设的综合性结果——班级气氛，是教师给学生带来积极影响的有效途径或机制。如"严师出高徒或名师出高徒"所言，传统的教学观一般认为，教师的教学水平或效能是造成学生学业差异的最大影响因素，但究竟是通过什么途径或机制来影响的，似乎从来不深究。有研究者通过实证研究得出了如下结论，"班级气氛在教师效能与学生学业态度之间起到了完全中介作用，也就是说，教师效能对班上学生的学业态度不存在直接影响，它们之间的影响关系都是通过班级气氛的中介作用实现的"③。在我国，受时间分配、活动资源、管理体制、学校或社会要求四个方面的影响，担任班主任的教师在班级建设与学科教学的融通方面做得比较好，而大部分不担任班主任工作的科任教师则相对忽视班级组

① 王爱玲.班级规模：一种不容忽视的课堂环境因素[J].当代教育科学，2011（21）：19-22.

② 李家成，张佳，顾惠芬.追求班级建设与学科教学的综合融通[J].教育发展研究，2012（4）：10-14.

③ 杨念，卢谢峰.教师效能与学生学业态度：班级气氛的中介作用[J].湖南师范大学教育科学学报，2018（2）：55-59，91.

织建设。

忽视班级组织建设,意味着大部分的科任教师不得不面对乏力的班级组织。虽然班级不像一般的社会组织那样,有自己稳定的组织结构,并发挥各司其职、各负其责的组织功能,但是,班级也有自己的组织结构,比如班长—班委员—科代表—学生等,它们也能发挥较强的示范作用和组织作用。只不过,这些作用的发挥往往依赖于一定的条件,当特定的角色如班主任或威信较高的教师在场的时候,当特定的课型如班会课开展的时候,班级组织的作用就发挥得好一些。因为科任教师参与班级组织建设的机会不多,投入的时间和精力也不够,所以,在班级学生的心目中,科任教师的威信就差一些。正是在这个意义上,科任教师的学科教学有时不得不面对乏力的班级组织或无序、混乱的班级群体(班级群体可以看成是班级组织的初始状态或无组织状态)。

乏力的班级组织,不仅会妨碍学科教学的正常进行,而且可能直接导致教师的师德失范。在社会心理学视域下,没有进行过组织建设的班级群体可以被看成是乌合之众,在这里,班长和学生干部的示范作用和组织作用无法发挥,他们能够做好自我管理就不错了;学习基础和学习能力稍差一些的学生的学习积极性无法调动,他们无法将注意力始终专注到教师的课堂讲授或课堂任务上;个别调皮的学生可能有意无意做些小动作,甚至扰乱课堂秩序,他们的行为可能会影响到其他同学,严重时可能激怒教师。美国学者关于非伦理行为(本质上是违反社会道德规范的不道德行为的一种类型)传染效应的中介机制研究指出,间接学习、群体身份匹配感知和相对剥夺感是他人的非伦理行为影响个体非伦理行为的三个中介变量。具体来说,同学的非伦理行为为个体树立了非伦理行为的"榜样",从而引发个体的间接学习,并进一步导致个体从事非伦理行为;当群体中普遍存在非伦理行为时,非伦理行为逐渐成为一种群体气氛,为了融入群体气氛,个体往往也会参与非伦理行为;当同学因为非伦理行为"获益"时,个体会产生相对剥夺感,为了消除这种感受,个体可能会采取非伦理行为。① 不可否认,有时候,科任教师的学科教学正是在无序或混乱的班级群体,或者说是在非伦理行为不少的班级气氛中进行。为了完成正常的教学任务,科任教师不得不当堂制止个别

---

① 舒晓村. 组织内非伦理行为传染效应研究[D]. 杭州:浙江大学,2015:9.

调皮学生的扰乱行为，如果是在非理性的状态下进行，就容易出现失当(如在课堂冲突中教师爆粗口)或失职(故意忽视某些学生的学习行为)的师德失范行为。实践表明，同样的教师，在不同的班级或同一班级的不同时段会表现出差异较大的教学行为，因为，教师在班级中的行为，包括师德失范行为，通常是教师个性、班级气氛和学生课堂表现的函数，偶尔是对学生所发生的行为的反应的直接结果。

(三)威权性或惩罚性的班级管理极易酿成师德失范

大部分的师德失范行为发生在班级课堂教学之中，所以，要预防或矫正师德失范行为，就不得不关注课堂教学，不得不关注课堂教学背后的课堂教学管理。"如果不紧紧地灵巧地抓住管理的缰绳，那么任何课都是无法进行的。"①课堂教学与课堂教学管理是同生共轨的：一方面，课堂教学过程是在课堂管理中实现的；另一方面，课堂教学管理过程又主要以课堂教学为依归。② 因为课堂教学管理总是在班级中面向班级所有学生所进行的教学活动的决策、设计、组织实施、督促检查、效果评价等管理活动，所以，课堂教学管理可以直接看成是班级教学管理或班级管理，即教师为了完成课堂教学任务、和谐班级人际关系、建设班级集体规范、调控班级社会和心理环境，以调动所有学生学习积极性的教学行为方式。

从一般的班级教学管理来说，传统的班级管理手段弱化了教师职业道德规范所期待的师生关系。"传统课堂管理中教师采取了软硬兼施的管理手段，如指令控制、纪律约束、道德说服、情感管理……进言之，传统课堂管理的两大利器是惩戒与说理，而在当代，其教育效力都在'缩水'。"③从管理学的理论来讲，指令控制、纪律约束或惩戒，本质上属于威权性管理方式，即管理者强调其权威是绝对的、不容挑战的，对下属会进行严密的控制，而且要求下属要毫不保留地服从。威权性管理方式起作用的条件是：管理者和下属的角色是互补的，当他们双

---

① [德]赫尔巴特.普通教育学[M].李其龙，译.北京：人民教育出版社，2002：17.
② 向延华.论课堂教学管理[J].中国教育学刊，2002(5)：40-42.
③ 龙宝新.助推式课堂：课堂管理方式变革的新路径[J].教育发展研究，2018(18)：37-44.

方都能扮演好各自的角色时，人际和谐与组织和谐就得以维系；一旦下属不愿意扮演其应扮演的角色，而管理者却坚持采用威权性管理方式，就会导致人际和谐被破坏、关系断裂，甚至发生激烈的公开冲突，使得管理效能低落。① 考虑到当前"学生言语顶撞""暴力反抗教师""熊孩子大闹课堂"现象层出不穷、不绝于耳的现实状况，再结合主体意识觉醒、用户满意至上等流行思想观念的影响，教师所普遍采用的威权性管理方式事实上不仅效能低下，而且弱化了教师职业道德规范所期待的师生关系，久而久之，极易酿成"厌岗怠业""不作为"的师德失范行为。

从具体的班级教学管理来说，惩罚性的班级管理手段强化了教师的师德失范行为。过大的班级规模，再加上松散的班级组织，许多科任教师不得不被动地从事班级教学管理。受传统观念如"黄荆棍子底下出好人""严是爱，松是害，松松垮垮要变坏"的影响，再加上职前教育和职后教育缺少班级教学管理方面的培养或培训，许多科任教师往往将肉体惩罚的体罚、罚抄作业多遍的变相体罚、"笨""蠢""傻"等挖苦学生的标签式批评，下意识地作为班级教学管理的手段。这些惩罚性的管理手段，既与先进的教师主导、学生主体的教学方式不相适应，也因为简单地聚焦于问题本身(问题本身成为目标，而知识的掌握、内化和学生的全面发展这个根本目标被隐去)而无助于问题的解决，甚至导致更多更复杂的问题的产生，也必然导致管理的低效率。"课堂管理的低效率不仅阻碍或延缓了学生的发展，而且可能造成多种消极影响(如教师厌教、上课时压力过重、与学生对立；学生厌学、对该学科产生反感，酿成更多的问题行为)。"②这可能是部分师德失范行为在日常教育教学实践中屡见不鲜且难以根治的重要原因之一。

四、营造社会心理环境、健全班级组织、优化班级管理：师德治理的班级环境策略

在班级环境之中，学生的行为不完全是本真(纯粹个性驱使下)的行为，教师

---

① 李爱梅，凌文辁. 组织行为学[M]. 北京：机械工业出版社，2011：239-241.

② 吴艳茹. 中小学教师课堂管理行为的模型建构与调查研究[J]. 天津师范大学学报(社会科学版)，2003(1)：74-80.

的行为也不完全是本色的行为。有研究者指出，"学生在班级中的行为通常是学生个性与班级群体环境的函数"，"教师在班级中的行为通常也是教师个性与班级群体环境的函数"。① 所以，要想学生的行为不失常，要想教师的行为不失范，要想学生与教师在健康的互动中顺利实现教育教学目标，必须关注班级环境这个变量，抑制乃至消除一切诱发、导致和酿成师德失范的班级规模、组织和管理中的不利因素。

（一）增强师生互动与生生互动：营造班级社会心理环境

在当前我国中小学管理实际中，受多种因素的影响，班级规模对教师来说，都是确定的，而且短期内无法改变。所以，通过增强师生互动与生生互动，来改变班级社会心理环境，克服过大的班级规模所造成的师生、生生联系不够及其诱发的师德失范，是可行的举措之一。根据脑科学研究，所有有效的学习都有一个社会性成分；为了帮助学生做好进入最理想的学习状态的准备，教师可以从一开始就创造一种联系感；那些感到被接纳的学生通常对他们自己、教师以及学校有着更好的感觉，更加勤奋，学习也更优秀。②

首先，增强师生互动，建立师生之间密切的联系。积极和谐的师生关系是教师和学生产生良好行为的基础，为建立积极和谐的师生关系，教师必须"关注学生对教师的感受和期望"，"将教师对学生的期望有效地向学生传达"，"更多地考虑师生之间的情感上的联系"。③ 在开学之前、在班级课堂教学之前，通过学生的花名册，记住学生的名字，让学生获得重要感和认同感；通过邮件或信件，传递教师自身的信息，包括介绍自己、表达对学生的期望、介绍一项或多项学生将会体验到的有趣或搞笑的活动等，让学生事先了解教师；通过进入教室前的机会，面带微笑，叫出学生的名字，向每个学生道一声"早上好"或"下午好"，让学生体验到一种尊重感。在课堂这个有限的时空范围内，师生当然要加强互动，

---

① 吴康宁. 教育社会学视野中的班级：事实分析及其价值选择——兼与谢维和教授商榷[J]. 教育研究，1999(7)：42-48，52.

② [美]欧文. 选择性课堂：满足学生的需要[M]. 薛莉，译. 北京：中国轻工业出版社，2006：44.

③ 刘家访. 有效课堂管理行为[M]. 成都：四川教育出版社，2003：173.

但更主要的是要在课外、校外加强师生互动,如教师可以通过班会活动、课外活动、辅导作业、个别辅导、家访或与学生共进午餐等来密切师生之间的联系。

其次,增强生生互动,建立学生之间密切的联系。对学生而言,初到一个班级或小组,最重要的不是学习具体的学科知识,而是通过与同学的交往与熟识,消除孤独感,获得归属感。为满足学生的这些需要,教师要将生生互动看作是与教学同等重要的事,要将每次课堂教学看作是生生互动的过程。在进行每次课堂教学之前或之时,教师可以设计一些加强生生互动的暖场游戏,以营造积极和谐的班级气氛。

(二)明确组织目标、机构与规范:健全班级组织

班级是一种社会组织,"判断依据便是班级具有社会组织共有而家庭与同辈群体等其他群体不具有的三个主要特征或构成要素,即明确的组织目标、正式的组织机构、清楚的组织规范"①。

首先,明确师生共同接纳的班级组织目标。班级组织目标的确定,与班级为何而存在的价值认识直接相关。从行政班的角度看,班级组织目标当然应该是完成学校规定的各种任务,如高效地完成各种教学任务、有秩序地参加学校组织的各种活动等;从教学班的角度看,班级组织目标一般可以理解为学生的知识、能力的发展;从班集体或班级共同体的角度看,班级组织目标可以理解为学生的情感、态度、价值观、个性、对人生的体验和创造性的发展。对于教师而言,如何理解班级组织目标,直接影响着教师的课堂管理行为,如果理解为行政班和教学班,教师更多考虑的是学校、学科和自身的要求如何转化为学生的发展水平;如果理解为班集体或班级共同体,教师更多考虑的是学生发展的需要。问题的关键当然不是褒扬一个而贬抑另一个,而是从贴近学生的需要和生活出发,逐渐过渡到教师的要求,学科和学校的要求。国外学者从班级使命宣言的角度来帮助师生明确班级组织目标,如"我们的任务,在一个具有支持性且具有挑战性的学习环

---

① 吴康宁.教育社会学视野中的班级:事实分析及其价值选择——兼与谢维和教授商榷[J].教育研究,1999(7):42-48,52.

境中学习和游戏时，实现我们个人的最大成长"①，就是非常明智且容易得到师生共同接纳的班级组织目标。

其次，建立以小组为核心的班级组织机构。一说起班级组织机构，我们马上便会想到班长—班委员—科代表—学生的科层化组织结构，它不仅限制了学生自治或自我管理的实现，而且默认了部分学生各种"搭便车行为"的存在，而这些状况正是学生扰乱课堂并导致师德失范行为的症结所在。避免这些状况最好的办法是激励所有的学生全身心地投入课堂学习任务中。"组织是管理的一个重要职能，其主要的思想是'将合适的人安排在合适的位置上'，将组织中的成员按照某种切实可行的方式形成相互之间的和谐与沟通。"②小组合作学习形式正是对现有班级组织机构的有益补充或改造，班级—小组的扁平化组织结构是班级共同体适宜的组织机构形式。班级—小组的组织机构形式能够给每一个学生提供更多的参与、反馈及与小组成员互动的机会，它有助于激发班级所有学生参与课堂教学活动的主体性和积极性，发展学生的人际互动能力，满足学生的友谊、归属和尊重的需要，增强教师的师德示范作用。教师可以在教室布置、座位编排、小组组建、任务分配、角色设定、走动式交谈、小组与个人相结合的奖励方式等方面做更全面的设计和更精细的准备。

最后，师生共同制定恰当的班级组织规范。一个积极和谐的师生、生生互动的课堂，需要有恰当的班级组织规范(日常生活中也称作纪律)作保障。班级组织规范的制定，一般可分为四个阶段：教师向学生描述并说明所期望的行为，与学生一道讨论并制定班级组织规范，引导学生演练如何遵守这些规范，及时评价与反馈。值得注意的是，班级组织规范旨在引导学生知晓、认同、内化什么是教师和学生期待的好的行为，执行也宜以公平和积极强化为主。

(三)并用多种教学行为与激励手段：优化班级管理

学生参与课堂教学越多，主体性发挥越好，扰乱课堂教学的可能性就越小，

---

① [美]欧文.选择性课堂：满足学生的需要[M].薛莉，译.北京：中国轻工业出版社，2006：44.

② 刘家访.有效课堂管理行为[M].成都：四川教育出版社，2003：173.

就越不需要外在的管理。"一旦学生在课堂教学中出现不良行为，即使是再好的管理策略或矫正技术都会干扰正常的教学，影响学生的情感与师生关系。因此，作为教师在进行课堂教学时，可以通过激发学生良好的课堂行为的方式，减少不良行为的产生，提高教学的效率。"①

首先，并用多种教学行为。班级课堂教学是为达成教育教学目标而展开的教学行为，班级课堂管理是班级课堂教学得以顺利实施的手段与保障，二者在同一时间和地点同时发生，表现为相互依赖和相互制约。一方面，好的班级课堂教学有好的课堂管理技术，另一方面，好的班级课堂教学，不仅能吸引学生的注意力，而且也会使学生对教学的内容和过程产生浓厚的兴趣，因此利于班级课堂管理的实施。美国学者斯陶林(Stallings)曾将"设计多样性的活动，在一节课中进行"列为有效教学的特点之一。② 针对这一研究结论，我们可以在每次班级课堂教学中多使用几种教学行为，如自主探究、双人学习、小组合作、全班授课，并根据需要不断变换组合，让课堂保持新鲜活力。

其次，并用多种激励手段。"按照教师课堂管理行为的态度，可以将课堂管理行为划分为积极的课堂管理行为和消极的课堂管理行为。"③积极的课堂管理行为手段一般是激励，包括口头表扬、物品奖励、积分奖励、给学生一些特权等。消极的课堂管理行为手段一般是惩罚，包括口头批评、威胁、强迫等。因为惩罚往往聚焦于问题本身，不利于向学生传达师生所期望的好的行为，所以，学者们一般认为，多使用各种激励手段，少使用惩罚手段。如果不得不面临学生的不当行为，可以采用转移的方法，比如，当学生不遵守纪律时，一些简单的方法很有效，可以说出应该怎么做或者表扬那些表现良好的学生；当学生学习分心也就是不认真学习时，把他们的注意力重新集中到学习任务上，可以这样说"罗伯特，你现在应该在写作"或"贝蒂，你应该把所有问题的解答都写在纸上"。④

---

① 杜萍. 课堂管理的策略[M]. 北京：教育科学出版社，2005：261-262.
② 杜萍. 课堂管理的策略[M]. 北京：教育科学出版社，2005：272.
③ 刘家访. 有效课堂管理行为[M]. 成都：四川教育出版社，2003：117.
④ [美]埃默. 中学课堂管理[M]. 王毅，译. 北京：中国轻工业出版社，2004：117.

综上所述，师德失范行为的治理应该建立在准确归因的基础上，这已经成为实践界和理论界的共识。既然教师的大部分师德失范行为发生在班级环境之中，那么，师德失范的班级环境归因与治理就应该纳入理论研究的主题，并逐渐转化为学校的治理策略或国家的治理政策。如果说，师德失范的个人归因与治理尚可以通过采用普遍式的规范制定与培训开展来实现，师德失范的制度归因与治理还可以采用运动式的制度重建与重拳出击来实现，那么，师德失范的班级环境归因与治理则必须依赖于系统的社会心理环境的营造、班级组织的健全和班级管理的优化来实现。

第二节 亲学校不道德行为（上下级关系）视域下师德 失范行为的归因与治理

《超越纵容默许与重拳出击：师德失范行为治理的对策研究》中概括了师德失范行为的三种基本类型，即失当、失职和渎职的师德失范行为类型。① 从逻辑和名实相符来看，失当、失职和渎职似乎囊括了所有的师德失范行为类型；其实不然，根据企业伦理学的最新研究成果来看，我们至少漏掉了一种师德失范行为类型，那就是学校日常生活中看着不起眼且习以为常的亲学校不道德行为。如果将失当、失职和渎职看作显性的师德失范行为，那么，亲学校不道德行为则可看作隐性的师德失范行为。相比于失当、失职和渎职等显性的师德失范行为，亲学校不道德行为这种隐性的师德失范行为更容易被学校忽视、默许甚至是支持。亲学校不道德行为虽然会损害学校组织和教育事业的长远利益，但短期来看是有利于学校组织的。亲学校不道德行为作为一种师德失范行为类型，它的表现更加隐性或不为人所察觉，但其潜在危害不亚于显性的师德失范行为，所以，运用亲组织不道德行为的理论来考察亲学校不道德行为的表现与特征，系统地比较显性与隐性的师德失范行为并提出预防对策，对于师德建设的长效机制的建立来说，就是非常必要的。

---

① 程红艳、陈银河. 超越纵容默许与重拳出击：师德失范行为治理的对策研究[J]. 中国教育学刊，2019(2)：64-69.

一、性质与内涵：亲组织不道德行为的理论核心

(一)特殊的不道德行为：亲组织不道德行为的性质

亲组织不道德行为是一种特殊的不道德行为。在社会生活中，人类的行为是多种多样的。伦理学从人类的行为总体中划分出了道德行为与非道德行为。20世纪80年代，有研究者认为，"道德行为或伦理行为，就其动机和效果来看，可以区分为两种基本类型，即道德的行为或不道德的行为。所谓道德的行为，就是有利于他人和社会的道德行为；而所谓不道德的行为，就是不利于或危害他人和社会的道德行为"①。很明显，是否有利于他人和社会，是将人类行为评价为道德或不道德行为的标准。近些年，由于经济社会发展的转型，人类行为变得更加复杂，因此，在道德或不道德行为的评价标准中，增加了群体的标准。有研究者认为："所谓伦理行为，是指行为主体在一定的伦理意识支配下，自觉选择实行与他人利益、群体利益、社会利益密切相关并可以进行善恶判断和评价的行为。伦理行为包括道德的行为(即善的行为)和非道德的行为(即恶的行为)。""所谓非伦理行为，是指没有一定的伦理意识支配，也不同他人、群体、社会发生联系，不能进行善恶判断和评价的行为。"②在道德或不道德的评价标准方面，传统上，学者们有一个共识，他人利益、集体利益和社会利益是一致的。作为理论伦理学，这种理解是没有什么问题的，但是，应用伦理学，尤其是企业伦理学最近提出了一种新的伦理行为类型，即亲组织不道德行为(学术界在企业伦理学研究中大多将之翻译为亲组织非道德行为，考虑到用语习惯，本章节采用亲组织不道德行为的说法)。与以往纯粹的不利于或危害他人利益、集体利益和社会利益的不道德行为不一样，它是行为主体发出的可能暂时有利于群体(很多情况下是指组织)利益但却不利于社会利益的行为。

---

① 罗国杰，马博宣，余进. 伦理学教程[M]. 北京：中国人民大学出版社，1985：352.
② 王敬华. 新编伦理学简明教程[M]. 南京：东南大学出版社，2012：238.

（二）维护组织的利益而实施的不道德行为：亲组织不道德行为的内涵

亲组织不道德行为是一种行为主体为了维护组织的利益而实施的不道德行为。企业组织的伦理道德问题，很早就引起了学术界的关注。早期研究者们关注较多的是在竞争中企业组织造假、贿赂等明显违反商业伦理的行为，以及在工作场所中员工消极怠工、偷盗、拿回扣等明显违反社会公认道德规范的行为，这些行为有一个共同点，那就是利己型不道德行为。"但在实际工作中，非伦理行为（实质上是不道德行为——笔者注）的动机正变得更加多样化和复杂化。近年来，研究者发现，员工从事非伦理行为并非完全是为了谋取私利，也可能是为了增加或维护组织利益。"①类似以篡改财务数据来提高自身形象的主动性行为或隐瞒公司及其产品缺陷的不作为行为等不道德行为，在组织中广泛存在，容易被忽视、默许甚至支持。因为其会对组织的长远发展造成难以估量的损失，所以，引起了学术界的广泛重视。Umphress 等学者率先将这类"员工所有意行使的，违反社会道德准则，但却有利于组织的不道德行为"命名为亲组织非伦理行为或亲组织不道德行为（unethical pro-organizational behavior，UPB）。② 亲组织不道德行为具有三个特征：动机的混合性，即行为主体所发出行为的直接动机是使组织获益，但间接动机是使行为主体自身获益，在这个意义上，这种行为也没有完全脱离利己型不道德行为，只不过更加隐蔽；亲组织性，即行为主体所发出的这种行为是有意识的，目的是促进组织或其成员的有效性；不道德性，即行为主体所发出的行为违背了社会核心价值观、职业道德规范或法律标准。根据这三个特征，我们可以看到：行为主体的亲组织动机而非情境或实际结果，是界定亲组织不道德行为的首要前提（由失当或失误等无意识造成的不道德行为，不属于亲组织不道德行为）。当然，行为主体出于直接个人利益而非组织利益的动机，所发出的不道德

---

①　王晓辰、高欣洁、李清. 亲组织非伦理行为对员工职业发展的影响：一个跨层的被调节中介[J]. 心理科学，2018（3）：646-652.

②　徐琳、王济干、樊传浩. 授权型领导对员工亲组织非伦理行为的影响：一个链式中介模型[J]. 科学学与科学技术管理，2018（6）：109-121；程垦，林英晖. 动机视角下的亲组织不道德行为[J]. 心理科学进展，2019（6）：1111-1122.

行为,亦不属于亲组织不道德行为的范畴。

二、表现与特征:亲组织不道德行为理论视角下的亲学校不道德行为

(一)隐瞒信息、夸大事实:亲学校不道德行为的表现

亲组织不道德行为是一种比较广泛和隐蔽的职场工作行为,受研究者观察视域的影响,其研究目前主要局限于企业组织,而对其他组织,包括学校组织,尚未开展系统的研究。如果不将亲组织不道德行为看作一个特定的概念,而看作一种伦理观或方法论,那么,我们可以尝试概括亲组织不道德行为在学校中的表现。

Umphress 等学者开发的包含 7 个条目的亲组织不道德行为单一维度量表被广泛采用,这 7 个条目如下:为了帮助公司,我愿意做任何事;如果有必要,我会拖延向公司的供应商支付货款;如果有必要,我会向公众隐瞒有损公司形象的信息;出于公司利益考虑,我会隐瞒事实以使公司看起来更好;出于公司利益考虑,我会向顾客或客户夸大我们公司的产品和服务质量;出于公司利益考虑,我会向顾客或客户隐瞒关于我们公司或产品的负面信息;如果有必要,我会向其他公司推荐一个不能胜任工作的同事以使其成为其他公司的麻烦。①

由于后 6 个条目可以看成是第 1 个条目的具体化,第 2 个条目所涉及的经济往来和第 7 个条目所涉及的人员聘用并不适用于学校普通教师的情形,因此,我们可以从余下 4 个条目来概括亲组织不道德行为在学校中的具体表现:第一,如果有必要,我们会向外界隐瞒有损学校形象的信息,比如,为了获得荣誉或特殊政策,全员"备战"迎接某些评估;第二,出于学校利益考虑,我们会隐瞒事实以使学校看起来更好,比如,当学校立项课题结题时,即使在过程中无合作,我们也会积极配合课题负责人的汇报;第三,出于学校利益考虑,我们会向外界夸大我们的教育质量,比如,当每年招生季来临时,为了招收到更优秀的学生,我们

① 张宇. 员工亲组织非伦理行为的前因及其影响机制探究[D]. 杭州:浙江大学,2014:15.

可能会夸大优秀率的宣传；第四，出于学校利益考虑，我们会向外界隐瞒关于我们学校的负面信息，比如，当学校出现了一些不利的偶发事件时，我们会下意识地作出选择性汇报的反应。

（二）"隐瞒""夸大"：亲学校不道德行为的特征

"隐瞒""夸大"等关键词构成了亲学校不道德行为的主要特征。《中小学教师违反职业道德行为处理办法（2018修订）》第四条列举了应予处理的10种典型的教师违反职业道德行为，"损害""违背""编造""违反""擅自""歧视""侮辱""虐待""伤害""擅离职守""猥亵""性骚扰""徇私舞弊、弄虚作假""谋取私利""有偿补课"等构成了教师违反职业道德行为的典型特征。比较起来，我们可以发现两点基本的结论，其一，亲学校不道德行为的主要特征，与10种典型的教师违反职业道德行为的典型特征不一样（弄虚作假这个特征看起来有点模糊，然而，前者的动机是亲组织，后者的动机是出于纯粹的私利），可以看成是对10种典型行为以外的其他违反教师职业道德行为的补充；其二，10种典型的教师违反职业道德行为的典型特征，容易辨认为违反职业道德行为，而亲学校不道德行为的主要特征不容易辨认为违反职业道德行为。

三、评价标准与维度：亲学校不道德行为的评判依据

（一）师德原则或理念：亲学校不道德行为的评价标准

虽然师德失范作为一个热点和难点问题在相关主题研究中涉及较多，但直接研究的成果并不多。有研究者较早从师德规范的角度指出，"规范陈旧""师德规范有效供给不足（多，但缺乏可操作性）""师德规范绝对供给不足（少，无章可循）""标准过高（忽视基本道德规范）"，是师德失范的重要原因。① 从中可以看出，在师德失范的早期研究中，师德规范与师德失范是一对紧密相联的概念。它们究竟是什么关系呢？

---

① 时萍. 论当代社会师德失范的原因[J]. 辽宁师专学报（社会科学版），2000（2）：73-75.

师德是否失范，是师德评价的结果。师德评价主体、客体和师德评价标准是构成师德评价的三个基本要素，其中师德评价标准是师德评价的重要依据。学术界相关的研究成果表明：师德评价标准可以是狭义的师德评价标准，即具体的师德规范，也可以是广义的师德评价标准，即不仅包括具体的师德规范，而且包括更为抽象的师德原则或师德理念。

从狭义的师德评价标准来说，师德失范是相对于师德规范而言的。这里的师德规范，主要是指国家在不同时期制定的教师职业道德规范，也包括地方政府和中小学校为贯彻和落实国家制定的教师职业道德规范而制定的区域性或学校性的教师职业道德规范。比如，有研究者认为，"师德失范是指教师在进行教育教学工作，处理各种关系、问题时背离或者违反教师职业道德规范的行为，即按照《中小学职业道德规范》的规定，教师'应为不为'或者'勿为而为'"①。在这个意义上，学术界以往所研究的失当、失职和渎职等师德失范行为，应当是依据师德规范这个狭义的师德评价标准来作出的评判。在当前，狭义的师德评价标准，从积极的方面来讲，就是指《新时代中小学教师职业行为十项准则》；从消极的方面讲，就是指《中小学教师违反职业道德行为处理办法(2018年修订)》。

从广义的师德评价标准来说，师德失范是相对于师德理念、原则与规范而言的。因为教师职业道德规范的制定往往具有滞后性，而且不可能囊括所有现实生活中具体的师德现象，所以，人们对师德表现进行评价时不仅依据师德规范这一具体标准，而且依据师德原则或师德理念这些抽象标准。比如，有研究者认为，"一个不争的事实是，师德'失范'现象正在侵蚀着教师队伍的机体……最为常见的就是教师对于职业的消极'应付'、得过且过的职业态度和行为以及滥用教师职权获取不当利益等现象"②。在这里，"滥用教师职权"依据的是师德规范评价标准，"消极应付"和"得过且过"依据的是师德原则或理念评价标准。所谓师德原则或理念评价标准，就是学生最大利益原则或理念评价标准，即教师在任何情况下，都能意识到学生的利益是最大的利益，并在一切教育教学或管理活动中做出

---

① 张旦生. 中小学师德失范治理政策的合法性研究[D]. 重庆：西南大学，2016：8.

② 陆道坤. 师德"失范"现象折射出的教师专业发展困境与思考[J]. 教育科学，2013 (4)：69-75.

最符合学生最大利益的行为。在这个意义上，评判亲学校不道德行为是师德失范行为，就是依据师德原则或理念这个广义的师德评价标准来作出的评判，因为亲学校不道德行为是以学校利益最大化为目标而不是以学生最大利益为价值追求的行为。

（二）动机的混合性、行为的隐蔽性、结果的间接伤害性：亲学校不道德行为的评价维度

亲学校不道德行为不同于失当的师德失范行为。"教师专业失当行为是教师不符合师德规范要求的错误性质比较轻微的师德失范行为。"①从动机来看，前者是意在使个人所在组织获益，并且是有意为之，后者是"出于良好的维护纪律或教育学生的初衷"，并且是无意为之。从行为表现来看，前者的"隐瞒""夸大"等失范行为特征都是隐性的，后者的"情绪失控""肢体冲突"等失范行为特征是显性的。从结果来看，前者对他人（包括学生）、学校和社会的危害是间接的，后者对他人、学校和社会的危害是直接的。

亲学校不道德行为不同于失职与渎职的师德失范行为。"教师失职行为主要是指教师未能履行教育教学职务要求，未能保护学生生命安全和身心健康，造成了生命、健康、财产等有形或无形损失。""教师渎职行为，是指利用职权之便谋取私利行为，是主观上故意、客观上造成重要过错的行为，是权力的异化与变质行为。"②从动机上看，前者短期来看是亲学校的，是非纯粹个人私利的，后者"多出于维护教师个人私利之私心"，都属于有意为之。从行为表现来看，前者短期来看没有明显的损害行为，后者则更多地直接表现为"主动对付或攻击学生""带有侮辱学生人格的成分"。从结果来看，前者长期来看会损害学校的组织伦理氛围，后者则直接"带来了学生身心受损的严重后果"，败坏了教师职业形象。

总之，相比于失当、失职和渎职等显性的师德失范行为，亲学校不道德行为动机具有混合性，行为表现具有隐蔽性，结果具有间接伤害性。在这个意义上，

---

① 程红艳，陈银河.超越纵容默许与重拳出击：师德失范行为治理的对策研究[J].中国教育学刊，2019（2）：64-69.

② 程红艳，陈银河.超越纵容默许与重拳出击：师德失范行为治理的对策研究[J].中国教育学刊，2019（2）：64-69.

亲学校不道德行为可看作隐性的师德失范行为。

四、学校的自治和共治、校长领导方式的转变、教师专业组织的建立：亲学校不道德行为的预防策略

亲组织不道德行为的理论研究表明，亲组织不道德行为是组织因素与个体因素交互作用的结果，组织因素主要是指伦理氛围和领导方式，个体因素主要是指道德发展水平。[①] 基于亲组织不道德行为的理论研究成果，我们认为，亲学校不道德行为的预防策略可以从以下三个方面来进行：

(一)教师与学校关系：推进学校的自治和共治，营造学校的规则型伦理氛围

教师为了维护学校形象或声誉而做出违背师德原则或理念的师德失范行为，就教师与学校而言，说到底是利益驱动使然。也就是说，教师是为了谋求学校利益，长远看也包括自身利益，或者避免学校利益或自身利益受损，才做出"隐瞒""夸大"等不道德行为。其中的逻辑主要是：学校的形象或声誉与教育行政部门所组织的评比直接相关，评比的结果直接影响着学校间物质或精神利益的分配，包括优质生源的获得……正是这些利益驱动着教师发出亲学校不道德行为。斩断或弱化这些利益链条，是减少乃至消除教师亲学校不道德行为的路径之一。推进学校的自治和共治，营造学校的规则型伦理氛围，正是这条路径中的主要策略。

学校自治，主要描述的是一种新型的政府与学校的关系，包括依法办学、依规办学、政校分开、管办分离、政府简政放权、学校承接办学自主权等，其直接目的是学校能够成为独立办学主体，进而能够自主管理和自主办学。学校共治，主要描述的是一种新型的学校利益相关者的关系，包括利益相关者参与学校的重大决策、师生参与学校治理、家长参与学校治理等，其直接目的是推进学校内部管理的民主化，进而能够向善治和好教育进发。学校自治和共治是营造学校规则型伦理氛围的重要举措，而学校的规则型伦理氛围能够最大限度地预防教师的亲

[①]　张宇. 员工亲组织非伦理行为的前因及其影响机制探究[D]. 杭州：浙江大学，2014：11.

学校不道德行为。因为，依法办学和依规办学的学校自治本身强调的是法律和规范，民主或多元主体参与的学校共治本身强调的是公平、公正和公开，"法律和规范""公平、公正和公开"有助于学校所有教职员工对学校组织的制度和程序持有一种稳定的伦理认知、体验和行为意向，或者说有助于形成规则型伦理氛围。在规则型伦理氛围中，教师在面临道德困境时能够以更为广泛的伦理准则和法律准绳来指导和约束自己，不会为了组织利益而违反规则，不会通过组织禁止或不提倡的不道德手段来帮助组织。①

（二）学校上下级关系：转变校长的领导方式，培育教师合理的学校组织认同

教师为了维护学校形象或声誉而做出违背师德原则或理念的师德失范行为，就学校的上下级关系而言，说到底是教师对学校组织领导者的"遵从"使然。"遵从，是以往包括学校在内的组织领导者对其成员普遍的基本要求。作为下属的学校成员所做的是领导期望他们去做的事情，并已习惯于'告诉我你想让我做什么，我会尽力而为'这样的行为模式。校长要通过科层的和心理的权威，直接或间接地监管、监控、评价学校成员的行为。"②也就是说，教师是为了谋求校长利益，长远看也包括自身利益，或者避免校长利益或自身利益受损，才做出"隐瞒""夸大"等不道德行为。其中的逻辑主要是：大部分教师的个人评价、晋级、晋薪或奖励与校长的期望、要求、评价直接相关，校长评价的结果直接影响着教师间物质或精神利益的分配；少部分教师自认为是校长的"圈内人"，即在工作关系之外还存在比其他教师更多的私人关系，因而要按照校长的期望来回报他们……正是校长所掌控的奖惩权力或少部分教师主动的"回报"心理驱动着教师发出亲学校不道德行为。斩断或弱化下级对上级的"遵从"链条，是减少乃至消除教师亲学校不道德行为的路径之一。转变校长的领导方式，培育教师合理的学校组织认同，正是这条路径中的主要策略。

在中国学校文化情境下，自我牺牲型领导和差序式领导是实践中校长们普遍

①　吴红梅．西方组织伦理氛围研究探析［J］．外国经济与管理，2005（9）：32-38.

②　童宏保．萨乔万尼道德领导理论与实践［J］．比较教育研究，2012（1）：64-67.

采用的两种典型领导方式。以身作则、率先垂范的中国传统领导文化所滋润的自我牺牲型领导方式，是指那些为学校利益而自愿放弃、延迟个人权力或利益的一种领导方式，包括权力配置或行使中的自我牺牲、工作设计或劳动分工中的自我牺牲、薪酬或奖励分配中的自我牺牲等。在差序格局理论基础上发展起来的本土领导风格——差序式领导方式，是指校长会根据忠诚、才能、关系等指标的差异程度对教师进行远近划分，进而对偏好的教师给予差异对待的领导方式，包括沟通照顾、宽容信任、提拔奖励等。自然状态下的自我牺牲型领导和差序式领导都可能会增强教师不合理的学校组织认同，进而可能导致亲学校不道德行为。所以，转变校长的自我牺牲型领导和差序式领导方式，培育教师合理的学校组织认同，至关重要。自我牺牲型领导，在充分利用教师信任等促进教师亲组织、亲社会行为的同时，也应对教师加以正确指导、督促教师对社会道德伦理保有敬畏心，防止教师过于"愚忠"而诱发非伦理的亲组织行为。[1] 差序式领导，在工作中要平衡好与教师之间的关系，严格用伦理规范约束自身行为，并站在学校的立场上发挥领导效能；在肯定圈内教师对组织感恩和认同心理的同时，要加强学校社会责任价值观的宣传和践行，积极引导圈内教师采取合乎伦理道德规范的亲组织行为，从而推动学校的健康发展……当发现教师通过不道德的手段使学校获益时，不应采取忽视、默许乃至支持的态度，而要对亲学校非伦理行为进行及时有效的管控，在绩效评定时加入伦理考量，建立健全道德奖惩机制。[2]

(三)教师个人道德水平：建立教师专业组织，增强教师的专业认同

教师为了维护学校形象或声誉而做出违背师德原则或理念的师德失范行为，就教师个人而言，说到底是个体的道德发展水平使然。"在道德发展的常规阶段，个体对行为正确与否的判断来源于群体的规范与期望。在这个道德发展阶段的个体比道德前常规阶段的个体更容易做出旨在造福组织的行为，也就是说个体越有可能做出亲组织非伦理行为。最后，在道德发展的最高层面即原则阶段，个体不

---

① 钟熙，王甜，罗溟元，宋铁波. 上下级关系与亲组织非伦理行为：基于组织认同与自我牺牲型领导的作用[J]. 科学学与科学技术管理，2018(6)：122-135.

② 林英晖，程垦. 差序式领导与员工亲组织非伦理行为：圈内人和圈外人视角[J]. 管理科学，2017(3)：35-50.

太可能去违背伦理道德做出任何不道德的行为,包括使该组织或其领导人受益的不道德的行为。"①也就是说,教师是为了规避群体压力,谋求群体归属感或安全感,才做出"隐瞒""夸大"等不道德行为。其中的逻辑主要是:计划经济时代,教师对学校的依附性很强,在这种依附性的学校结构中,确立和维护学校利益是日常伦理道德评价的标准之一;虽然市场经济的后单位时代,教师—学校单向度的依附关系已经逐渐被市场经济的契约关系所取代,但个体对学校的依附习惯尚未完全改变;教师出于从学校获得利益的需要、规避不安全感的需要、获得同事尊重的需要,往往自觉或不自觉地将维护学校利益作为日常伦理道德准则……正是教师对学校的依附意识或习惯驱使着教师发出亲学校不道德行为。斩断或弱化这种依附意识或习惯,是减少乃至消除教师亲学校不道德行为的路径之一。建立教师行业的自治组织,增强教师的专业认同,正是这条路径中的主要策略。

教师专业组织是由教师组成的具有专业性、服务性、互利性的专业群体,包括国家级教师专业组织、省市级教师专业组织和校级教师专业组织,其目的是提升专业的水准,维护成员的纪律和专业的品质。"教师的专业认同是教师个人在教育教学专业实践中逐步形成的对自己身为教师的理解与看法,具有自觉性、建构性和动态的特征。"②在教师职业日益走向专业化但还谈不上是完全专业化的社会背景下,校级以上的教师专业组织的建立和运行,对于提升教师专业认同来讲,无疑是非常重要的。英格兰、威尔斯和北爱尔兰在 2000 年陆续成立各自的"教学总会",并开始运作。"教学总会"作为教师的专业组织是来管理教师的,每个现职教师都要向它注册才能执业,而且它也拥有发放证书的权力;它不仅帮助争取权益,而且制定专业标准,包括专业能力和专业伦理,进而对专业能力不足的教师予以判定,对违反专业行为的教师予以处分;当然,无论是制定标准,还是判定或处分,都邀请社会人士和消费者代表参与。③

教师专业组织的建立,并不是要完全割裂教师与学校的关系,而是要打破教师与学校之间不合理的依附关系;教师专业认同的提升,并不是要完全弱化教师

① 江晓燕. 亲组织非伦理行为的形成机制:一个交互模型的检验[D]. 开封:河南大学,2018:14.

② 李彦花. 教师专业认同与教师专业成长[J]. 课程·教材·教法,2009(1):78-83.

③ 黄藿. 教育专业伦理(1)[M]. 台北:五南图书出版股份有限公司,2004:90-93.

的学校归属感,而是要谋求学校认同与专业认同之间的平衡。这种平衡的达成,能够帮助教师在面临学校利益和专业利益(代表着个人、社会和学校的长远利益)的伦理道德冲突时,以有利于学生发展和社会发展的价值标准作出选择。

总之,师德失范行为的治理是显性与隐性并重的系统工程,在我们集中精力矫正失当、失职和渎职等显性的师德失范行为时,我们也不要忽视预防亲学校不道德行为这种隐性的师德失范行为。师德失范行为的治理是矫正与预防并举的系统工程,对失当、失职和渎职等显性的师德失范行为要采取包括公正处罚在内的良治和善治措施,对亲学校不道德行为等隐性的师德失范行为则要采取"营造学校的规则型伦理氛围""培育教师合理的学校组织认同""增强教师的专业认同"等预防性措施。

第三节 教师专业伦理(同事关系)视域下师德失范行为的归因与治理

既为充分发挥师德的教育作用或推进教师的专业化,也为有效治理师德失范问题,师德建设有其必要性和紧迫性。问题的关键和难点在于如何理解师德和如何采取有效的建设举措来促进师德成长或避免师德失范,实践界和理论界都对此较为重视。从实践来看,将师德理解为规范,将师德建设举措定位于师德规范的完善、师德教育与管理的创新,一直以来受到国家的高度关注。从理论来看,学术界对师德及其建设的研究有着持久的关注,近年来,研究者们的一个主要思路是:从教师专业生活出发,将师德理解为教师专业道德或教师专业伦理,进而将师德建设理解为完善教师专业道德规范或教师专业伦理准则,并通过培训来内化,通过评价来管理,通过行业自主来自治。最新研究从教师专业化或专业生活的角度全面地探讨了师德及其建设问题,但在研究深度、研究视角上仍有未尽议题:首先,只是将"职业道德"替换成了"专业伦理",是否真正拓展了师德的内涵,是否真正带来了师德建设理论构建的实质性推进;其次,将"职业道德规范"替换成了"教师专业道德规范"或"专业伦理准则",将师德建设的举措仍然主要定位于完善规范、培训内化、评价管理、行业自治,是否局限了师德建设的路向,是否真正体现了教师专业伦理建构的本义。这些疑虑构成本章节的研究缘起。

一、教师专业伦理的内涵与价值

为了更完整地理解教师专业发展的内涵，并推进教师专业化的进程，学术界从专业及其伦理要求的角度，提出了教师专业伦理的概念。受教师专业生活本身复杂性和研究者探究差异性的影响，学术界对教师专业伦理内涵的理解也呈现出多样性。

第一种典型观点是"规范论"，即认为教师专业伦理就是教师专业伦理规范或行为准则。"所谓教师专业伦理，是指教师在从事教育教学这一专业工作时应该遵守的基本伦理规范和行为准则。"①

第二种典型观点是"素养论"，即认为教师专业伦理就是教师专业伦理素养。教师专业伦理是在必要的制度规约下，教师主体经过不断的道德认识、承诺与践履，实现制度伦理与德性伦理的融合与同构，生成道德实践智慧的建构过程。②

第三种典型观点是"精神论"，即认为教师专业伦理就是教师专业伦理精神。"专业化的核心特质是专业精神"，教师专业伦理要"强调以服务学生为核心的专业伦理精神"。③

三种典型观点虽然各有侧重，但其实质是"规范论"。"素养论"，可看作教师专业伦理规范在教师心中的内化，是稳定的个性品质特征；"精神论"，如果是指宗旨(自律服务精神)，可看作教师专业伦理规范背后的价值观取向，是最高层次的教师专业伦理规范；"精神论"，如果是指态度(自主反思精神)，可看作教师专业伦理规范在教师心中的内化，是比较稳定的个性倾向特征。总之，目前，学术界整体上将教师专业伦理理解为教师专业伦理规范。这种理解沿用了传统教师职业道德的本质观(理解为规范)与功能观(理解为培训与评价)，忽略了教师专业伦理建构面临的困境及深层原因，因而，在教师专业伦理建构的实践路径的选择上没有什么新进展。完善规范、培训与评价作为教师职业道德建设的路径，无论是对于教师职业道德建设还是对于教师专业伦理建构，都是必要的，也是有

---

① 徐廷福. 论我国教师专业伦理的建构[J]. 教育研究，2006(7)：48-51.

② 阮成武. 教师行动研究的专业伦理及其建构[J]. 安徽师范大学学报(人文社会科学版)，2010(1)：13-18.

③ 徐廷福. 美国教师专业伦理建设及启示[J]. 比较教育研究，2005(5)：71-75，83.

效的。但是，为了充分发挥教师专业伦理这一新概念所蕴含的实践指向功能，有必要重新发掘教师专业伦理的完整内涵，只有这样，才能在此基础上探寻教师专业伦理建构的新路径。"对伦理概念的理解首先要从分析'伦'和'理'这两个字的含义入手。""伦理中的'伦'所指的秩序或序次乃是对人与人的相互关系的一种界定。而伦理中的'理'，又作何解呢？望文生义，'理'即道理……'理'的实质事实上表达的就是我们在社会生活中怎样处理好与自己相关的各种人伦关系，表达的是我们在社会生活中'做人'的道理。"①结合教师专业生活的实际，教师专业伦理，一方面是指教师专业生活中的"伦"，即教师专业伦理关系，是教师在专业生活中结成的与学生、与同事、与领导、与家长等之间的伦理关系；另一方面是指教师专业生活中的"理"，即教师专业伦理精神、规范和素养，是教师在专业生活中所结成的伦理关系必须遵循的伦理精神、规范和必须具备的素养。现有研究所形成的理论认识表明，研究者们目前更多关注的是教师专业伦理规范，而对教师专业伦理关系的探讨有所忽视。"事实上，'伦'是'理'产生的原因和根据，'理'源于人与人之间的复杂的社会关系；而'理'是为'伦'服务的，'伦'的和谐融洽有赖于'理'。"②因此，有必要将教师专业生活中的"伦"的含义纳入教师专业伦理的内涵中。综上所述，教师专业伦理，是指教师在从事教育教学专业工作中所结成的基本伦理关系与应该遵守的基本伦理精神、规范及在此基础上形成的素养。教师专业伦理精神是教师专业伦理的灵魂，在专业内表现为专业自律，在专业外表现为公共服务。教师专业伦理规范是教师专业伦理精神在制度层面的展开，也是教师专业伦理精神化为实践的"制度化"保障（教师专业群体的自我立法），表现为教师在自主的专业生活中形成的自律性的群体规范。教师专业伦理关系，是教师在专业生活中依据教师专业伦理精神和规范与学生、与同事、与领导、与家长等结成的基本伦理关系，表现为实体性社会关系（即实践所展现的事实关系）和非实体性社会关系（即伦理精神和规范所指向或评价的价值关系）。具体来说，教师与学生基本伦理关系应该是公正对待和主动关怀的关系，教师与同事基本伦理关系应该是自主自律和团结合作的关系，教师与领导基本伦理关系应

---

① 邹渝．厘清伦理与道德的关系[J]．道德与文明，2004(5)：15-18.
② 韩升．伦理与道德之辨正[J]．伦理学研究，2006(1)：90-92.

该是民主参与和尽责敬业的关系，教师与家长基本伦理关系应该是欣赏沟通和满意服务的关系。教师专业伦理素养，是教师专业伦理精神和规范通过教师专业伦理关系在教师心中的内化，是教师不断超越自身、不断改进教育教学活动的意愿和能力，表现为专业伦理知识、情意和实践反思能力。

教师专业伦理及其建构具有重大的现实意义和理论价值。从现实意义来讲，教师专业伦理及其建构可以为以教师专业化为特征的教育职场中的教师专业发展提供理论支撑，可以为以德立身、以德立学、以德施教、以德育德的教师队伍建设营造良好的专业伦理氛围，可以为全面推进学校师德建设提供新的实践路径；从理论价值来看，教师专业伦理及其建构有利于探索和总结教师专业伦理建构的国内外经验和教师专业伦理生成的客观规律，有利于拓展和深化当代教育职场中学校伦理化建设和伦理化管理的理论研究，有利于推进学校治理学科的发展。

二、教师专业伦理建构面临的困境与原因

随着教师专业伦理研究的深入和人们认识水平的提高，国家所制定的教师职业道德规范的体系越来越完善，如制定了大、中小学教师道德行为规范；教师职业道德规范的可操作性也越来越强，如制定了大、中小学教师违反职业道德行为处理办法。学校所开展的师德建设措施越来越全面，惩防并举，一方面通过培训或经验交流提升教师的专业伦理素养，另一方面又通过划定师德红线或推行一票否决来评价或监督教师的专业伦理精神或素养。然而，大、中小学教师的师德失范现象仍时不时发生，显性的师德失范行为表现为失当、失职和渎职等，隐性的师德失范行为表现为"平庸之恶""不出错"等，教师专业伦理建构面临诸多的困境。因此，从教师专业伦理完整内涵的角度来全面归纳这些困境并深入剖析背后的原因，有助于我们更好地推进教师专业化进程，并提高师德建设的实效性。

(一)教师专业伦理建构面临的困境

1. 精神维度：个人良心与公共服务有差距

精神一般包括两种含义，一是指个体或群体的心理或精神状态，二是指个体或群体的价值追求。教师专业伦理精神主要应从价值追求的角度来理解，包括群体或行业层面教师专业的伦理精神，即教师职业作为一种专业为其服务对象提供

专业服务时所应遵从的价值追求和个体层面教师的专业伦理精神,即教师以教育者的身份在教育教学活动中应遵从的价值追求。教师专业伦理精神,虽然是伴随教师专业化的进程从专业伦理的角度提出的一个新概念或新范畴,但其实指对象——个人或群体或行业的价值追求,是一直伴随教师及其职业的。在这个意义上,教师前专业化时代也是存在教师职业伦理精神的。我国传统上一直强调自我牺牲的教师职业伦理精神,受社会转型与价值观多元的影响,带有崇高特点的群体或行业性的教师职业伦理精神逐渐分化,个人良心取代奉献、牺牲成为教师职业伦理精神的常态。"教师是一份良心事业"被许多教师认同,就足以说明当前教师职业伦理精神的现状。这种说法,既意味着个人层面的坚守,也意味着群体或行业甚至是整个社会层面的纷乱。这种职业伦理精神不仅降低了教师的声誉,而且也阻碍着教师的专业化进程。基于此,我国学者从社会需求的角度,借鉴教师专业化发展进程中教师专业伦理发展的经验,指出,现代教师专业伦理精神从专业之内讲表现为专业自律精神,从专业之外讲表现为公共服务精神。作为传统教师职业伦理精神的个人良心,强调的是个人自律、尽力而为;作为现代教师专业伦理精神的公共服务,强调的是专业自律或专业自律前提下的个人自律、按照专业的要求服务学生或社会的公共利益。虽然价值追求有相似性,但前者主要从个人出发,后者主要从他人(学生)或社会公共利益出发,二者之间有差距。

2. 规范维度:外制与内生的失衡

如果说,教师专业伦理精神是教师专业伦理的灵魂,那么,教师专业伦理规范则是教师专业伦理精神的具体表现形式。从教师专业化的进程和教师专业伦理规范的制定经验来看,"教师专业伦理是本着服务理念,突出专业特征,教师在从事教育教学专业活动中一致认可并自觉遵守的一套行业内部规范和准则,其共同目标是提高职业声誉和社会地位"[1]。

从中,我们可以发现,教师专业伦理规范是教师行业内生的自我立法,是教师个人和群体自觉、自主、自律的产物,是专业服务理念、水平和声誉的规范性保障。我国虽然也建立了不同层次、不同类别的教师专业组织,但大多属于松散的辅助性组织或情感性共同体,难以发挥专业性、服务性、自律性的功能,更不

---

[1] 杨晓平,刘义兵. 论教师专业伦理建设[J]. 中国教育学刊,2011(12):66-69.

用说建立行业性的教师专业伦理规范。我国素有国家或政府主导制定教师职业道德规范(包括相关的政策、制度或规定)的传统，比如，自 1985 年以来，我国于 1991 年、1997 年、2008 年多次颁布和修订了教师职业道德规范，其主体均是国家或政府。在教师专业化实践的推动下，在学术界关于教师专业伦理理论和理念的倡导下，虽然国家和政府所制定的教师职业道德规范在精神实质、内容条款及其可操作性方面有了很大的进步，也更加符合教师专业发展及其教育教学专业实践的要求，但是，由于国家和政府所制定的教师职业道德规范更侧重于政治要求而非专业要求，更侧重于外在约束而非自主自律，因而难以替代行业性的教师专业伦理规范。整体来看，国家和政府所制定的教师职业道德规范比较完善，但是，教师专业组织或行业所制定的教师专业伦理规范比较薄弱，二者有些失衡。

3. 关系维度：现实与理想的失谐

教师专业伦理精神和规范是教师专业伦理关系建构的价值依据。"所谓伦理关系，就是人与人之间由客观关系和主体意识构成、以伦理权利与义务关系为实质和核心内容的一种相对稳定的社会关系。"[1]这就是说，伦理关系首先是指客观的社会关系，是现实活动所结成的社会关系；伦理关系其次是指贯穿教师专业伦理精神和规范规定的社会关系，是现实活动应该达成的理想的社会关系。现实的社会关系是人为了生存或发展而在现实活动中结成的人与人的关系，是伦理关系的基础；理想的社会关系是人为了利于自身生存或发展而应该在现实活动中结成的人与人之间的社会关系，是伦理关系的集中体现。新课程改革以来，学校的教学活动模式、教研活动模式和管理活动模式虽然有所改革和创新，有利于理想的教师专业伦理关系的建构，但是，整体而言，学校传统的教学活动模式、教研活动模式和管理活动模式所结成的现实的教师职业伦理关系仍占据着相当的地位，这导致现实的教师职业伦理关系与理想的教师专业伦理关系难以和谐互生。

4. 素养维度：伦理知识与伦理能力的分离

教师专业伦理素养由伦理知识与伦理能力两部分构成，其中伦理知识是叠加于学科知识、教育学科知识之上的关于教育伦理本质、规律和规范的理性伦理知识。伦理能力是综合运用理性伦理知识与利益相关者建立各种伦理关系、作出专

---

① 朱海林. 论伦理关系的特殊本质[J]. 道德与文明，2008(4)：32-36.

业判断并道德地开展教育的实践能力，是以研究者和批判者的身份对自身教育教学伦理实践进行体悟、反省和慎思的反思能力。①

在我国完善的职前培养和职后培训及相关实践活动中，中小学教师虽然较全面地掌握了教学专业伦理知识，但是，受应试教育偏向、班级规模过大、教学任务过重、教育教学伦理情境复杂多变的影响，教师无暇顾及伦理实践和反思，因而也难以发展伦理能力。这种情况造成了中小学教师专业伦理素养结构中伦理知识与伦理能力的分离。

(二)教师专业伦理建构面临困境的原因

1. 公共服务精神的缺失

从经济社会转型的角度来说，公共服务精神容易被遮蔽。"公共服务精神是指，基于人在社会生活中所具有的群体意识，出于对公共事业负责的理念，所表现出的一种为公共利益努力作出贡献的精神。"②这种精神是人类内聚组织和外聚社会的重要价值追求，包括爱、诚信、责任、关怀、互助、协商、公平、正义等众多的价值理念。虽然在不同时代不同社会，它们的具体内涵会有所不同，但是，作为一种价值追求，它们是任何时代任何社会都非常重视或珍视的精神品质。随着市场经济对人的自利性、个人努力与能力的过度强调，随着社会组织对技术理性和效率观念的过度推崇，公共服务精神在慢慢被遮蔽，这恐怕是各行各业(包括教育行业)道德失范的观念原因。从教师专业化进程的角度来说，以服务学生最大利益为核心的公共服务精神也难以彰显。"伦理型教师能意识到学生的最大利益，恪守这一原则，且把它作为专业的第一原则，即使在复杂的情形中，也能保持警觉，避免用它来为其他私人或意识形态的目的服务。"③"学生最大利益"原则在日常教育教学生活中不容易实现，一方面，教师往往容易以"为人之德"取代"专业之德"，而"为人之德"一般脱离不了直觉或个人好恶情感的本色；

---

①　穆建亚，余宏亮. 教师专业伦理素养：要义、释惑与纾困[J]. 湖南师范大学教育科学学报，2020(6)：104-110.

②　钱冰，刘熙瑞. 论公共服务精神[J]. 教学与研究，2005(12)：19-24.

③　[加]坎普贝尔·伊丽莎白. 伦理型教师[M]. 王凯，杜芳芳，译. 上海：华东师范大学出版社，2011：73.

另一方面，教师专业劳动具有"与服务对象之间信息的不对称性""劳动结果的不确定性""劳动质量评价的不易性""劳动时间、场所和形式的不固定性""专业性岗位对个体的高度依赖性"等诸多特点，"这些因素的结合，就使得日常工作中外人很难对专业人员的工作过程进行监管。这就决定了专业人员在工作过程中有机会、有可能做出专业寻租的行为，利用专业权利、专业资源服务个人私利，损害专业利益和社会公利，滥用专业权利，辜负大众对其的道德期望"①。教师专业劳动所蕴含的"有机会""有可能"应该是教师专业伦理精神难以生成的深层原因之一。

2. 学校管理制度的僵化

在教师专业化的进程中，为了更好地规范和评价教师的教育教学行为，国家或政府制定具有法律或行政规章效力的教师职业道德规范是必要的。但是，教师职业道德规范所能规范或评价的教育教学行为是有限的，而实际的教育教学情境是复杂多变的，这需要不同学段、不同学科的教师不断地在有限的职业道德规范和复杂多变的教育教学情境中作出伦理判断、决策、反思等行为，并在这一过程中生发教师专业伦理规范。学校管理制度本应在教师专业伦理精神的引导下为这一过程提供动力和支持，然而，僵化的学校管理制度无法为教师专业伦理规范的生发提供激励和保障。学校管理制度的僵化，既表现为强调制度及其管理活动的自上而下的垂直控制，又表现为强调学校局部利益和教职工个人利益的短期实现。前者导致教师只管消极被动地完成学校交办的任务，而无须对任务的性质和完成任务的方式进行伦理判断、反思和决策；后者导致教师主动做出亲学校不道德行为、进行功能性交往（为满足某些外在的功能性目的而建立起来的交往关系），进而直接损害专业利益和社会公利。在这个意义上，正是僵化的学校管理制度在纵容默许师德失范行为中消解了教师专业伦理规范的生发。

3. 教育教学活动模式的陈旧

伦理学的研究成果表明，"社会伦理关系作为一种非实体性社会关系，要受

---

① 田爱丽. 专业劳动视角下师德建设研究[J]. 华东师范大学学报（教育科学版），2013（2）：19-24，48.

到实体性社会关系的制约和决定，伦理关系在根本上取决于实体性社会关系的性质，它的根本性改变也取决于实体性社会关系的改变"①。

从教师专业伦理关系来讲，教师在日常的教育教学活动中所结成的与学生、与同事、与管理者等的实实在在的现实关系，就是实体性社会关系，这些实实在在的现实关系本身的性质决定了理想的教师专业伦理关系的建构能否实现。这些实实在在的现实关系，是因现实的教育教学活动模式而结成的，所以，现实的教育教学活动模式直接决定着教师专业伦理关系能否顺利建构。受具体教育教学活动模式陈旧的影响，教师在实际教育教学活动模式中所结成的现实的教育教学活动关系，离教师专业伦理规范所反映的理想的教师专业伦理关系相去甚远。比如"讲授—接受"的教育教学活动模式，是目前教师仍然普遍采用的教育教学活动的稳定程序或方法，它所结成的现实的伦理关系是以教师需求而不是学生需求为中心的，这种特征使得现实的教育教学活动难以建构出"尊重学生"或"服务学生"的理想的教师专业伦理关系。

4. 教师内在的专业情意被消磨

教师专业发展是一个包含技术的、心理的、社会的以及环境的动态协调过程。这一过程中，教师内在的专业情感、意向和态度等心理倾向扮演着核心的角色。② 受应试教育的影响，教师的专业发展被简化为技术性的"学科专长"，甚至是"应试专长"即技术的发展，而心理的、社会的和环境的及其互动的发展都被压制了。久而久之，作为教师专业发展动力的专业情意慢慢就被消磨了，具体表现为：以生为本不如以学生的分数为本更受欢迎，重视学生的全面发展不如重视全体学生的排名更受承认，民主协商不如简单粗暴更有秩序，社会发展、个体发展不如自身生存更为迫切……职前树立的教育理想、职后积累的伦理知识，难以满足现实教育教学实践的需要，而现实教育教学实践的需要才是教师专业情意形成和发展的基础。缺少了教师专业情意的教育理想和伦理知识，只能被束之高阁，更不要说转化为伦理判断、决策或实践能力了。

---

① 焦国成. 试论社会伦理关系的特质[J]. 哲学研究，2009(7)：106-110.

② Day, C. A Passion for Quality：Teachers Who Make A Difference [J]. Tijdschrift voor Lerarenopleiders，2009(3)：4-13.

三、教师专业伦理的建构策略

(一)教师专业伦理建构的总体思想

教师专业伦理不同于传统的教师职业道德,教师专业伦理建构不能简单地沿用传统的教师职业道德建设思路。传统的教师职业道德建设更强调国家意志而不是教师个人或群体的公共服务追求,更强调以政策或规章的方式来完善教师职业道德规范而不是教师自身或群体内生教师专业伦理规范,更强调以制度或规范的方式来设定教师职业道德关系而不是教师个人或群体通过参与、协商或沟通来建构教师专业伦理关系,更强调以专门时空培训或评价的方式来提升或品评教师的职业道德品质而不是教师个人或群体在专业生活中不断反思或超越的意愿或能力。当然,教师专业伦理建构不排斥传统的教师职业道德建设资源,尤其是在我国教师个人缺乏自主性、群体缺乏自律性的前提下,更是如此。正确且有效的教师专业伦理建构的总体思想是:第一,充分利用传统的教师职业道德建设所形成的伦理道德资源,比如,引导教师将符合专业生活要求的教师职业道德规范内化自身的专业伦理要求,并择机通过各种形式的正式或非正式组织转化为教师专业伦理规范;第二,全面挖掘教师个人、群体、学校所潜藏的内在伦理动力和力量,比如,健全学校管理制度,创新教育教学活动模式,激发教师个人自主、群体自律的内在需要,赋权增能,增强教师的教学效能感;第三,主动营建学校、学区或行业的公共生活,比如,学校、学区或行业切实推行协商治理的管理方式,帮助教师在群体生活、学校生活、行业生活,尤其是专业生活中获得归属感、尊重感和自我实现感,培育以服务学生为中心的公共精神。

(二)教师专业伦理建构的实践路径

教师专业伦理的建构,包括精神层面的建构、规范层面的建构、关系层面的建构和素养层面的建构,虽然这些不同层面的建构也是相互关联的,但是,不同层面的建构所依赖的实践路径也相对独立。所以,以下分别从四个层面来分别建构实践路径。当然,每一个实践路径也都服务于教师专业伦理其他层面的建构。

1. 实践公共生活，生成教师专业伦理精神

教师专业伦理精神是以服务学生为中心的多种公共精神的集合。"公共精神是孕育于公共生活领域的精神观念，它是人们在积极参与公共事务、维护公共秩序、追求公共利益的过程中所生成和发展起来的道德意识和精神状态。"①实践学校公共生活，过有道德的学校公共生活，是生成教师专业伦理精神的首要路径。学校公共生活，既是一种理想状态的教育教学生活，也是一个分析性的概念和视角。在这个意义上，它不是外在于教师的教育教学生活的，而是要将公共生活的精神或原则融入教师日常的教育教学生活，并在这一过程中生成以服务学生为中心的公共精神。在精神层面，就是要将公共参与精神、公共关怀精神和协商治理精神融入教师日常的教育教学生活；在原则层面，就是要将平等的权利、多元价值下的和谐共识、公共美德、诚实与正直②融入教师日常的教育教学生活。

2. 健全学校管理制度，催生教师专业伦理规范

教师专业伦理规范是教师在自主的专业生活中形成的自律性的群体规范，它可以是行业性的，也可以是学校性的或团队性的。从学校性的或团队性的程度上讲，教师专业伦理规范的催生依赖学校管理制度的健全。学校或团队之内，三种主要规范调节着教师的专业生活，一种是政策引导性的教师职业道德规范，一种是保障支持性的学校管理制度，一种是约定保护性的群体规范(可能是保护公共利益的群体规范，也可能是保护小团体实质上也是个人私利的群体规范)。随着政策引导性的教师职业道德规范日趋合理，约定保护性的群体规范是否符合教师专业伦理的精神、是否能真正成为教师专业伦理规范，保障支持性的学校管理制度起着决定性的作用。学校管理制度健全的方向或目标是形成民主管理体制或机制。在民主管理体制上，要保障包括师生及利益相关者在内的多元主体共同参与学校公共事务治理权利的履行，尤其要保障师生教育教学的自主权的实现；在民主管理机制上，要通过各种议事机构、协商或申诉平台的建立来健全民主对话或协商共治机制。

---

①　叶飞. 学校公共精神教育的公共性困境及其超越[J]. 中国教育学刊，2019(6)：89-93.

②　杨清荣. 公共生活伦理研究——以中国的社会转型为背景[M]. 北京：人民出版社，2016：64-87.

3. 创新教育教学活动模式，形成教师专业伦理关系

创新教育教学活动模式，改善现实的教育教学活动关系，是教师专业伦理关系建构的基本策略。如果现实的教师专业生活(即各种形式的教育教学活动)本身就缺乏(如以教师为中心)或排斥(如崇尚权威)道德性(如以生为本、崇尚民主)，那么，由现实的教师专业生活所结成的现实的教师专业伦理关系，也难以生成理想的教师专业伦理关系。因为，从逻辑上讲，理想的教师专业伦理关系肯定是从现实的教师专业伦理关系中可以"生长出来"或"生发出来"的一种"好"的可能性。要改善现实的教育教学活动关系，就必须创新教育教学活动模式。根据新课程改革的理念要求和实践探索，引导学生"主动探究"或"合作学习"的教学活动模式，支持教师"团队学习"或"知识共享"的教研活动模式，帮助教师"规划生涯"或"享受成才、成功、成就"的管理活动模式，是教育教学活动模式创新的努力方向，也是建构理想的教师专业伦理关系的可行之径。

4. 培养教学效能感，丰富教师专业伦理素养

教师专业伦理素养并不简单地等同于伦理知识和在伦理知识运用基础上形成的伦理能力，而是建基于学科知识和技能、教育学科知识和技能等之上的。在这个意义上，教师专业伦理素养可以看作不断超越自身、不断改进教育教学活动的意愿和能力。相关研究成果显示，教师专业伦理素养的高低与教师效能感的高低密切相关。教师效能感是教师相信自己有能力对学生的学习产生积极影响的信念。效能感高的教师对学生的失败表现出更多的耐心，而效能感低的教师则缺乏帮助学生的耐心且回避超过自己教学能力的活动。[1] 这就是说，可以通过培养教师的教学效能感来丰富教师专业伦理素养，而仁慈和德行领导方式及教师自身的教育教学活动的成功经验，会直接或间接影响教师的教学效能感。就领导方式来说，领导者的仁慈，会使教师觉得有所亏欠而愿意以更大的"人情"回报；领导者的德行，会让教师觉得有学习的榜样而愿意去模仿。[2] 就教师自身的经验来说，"教师就是教育的化身，多次的成功经验不但能使教师对自己的能力充满信心，

---

① 李晔、刘华山. 教师效能感及其对教学行为的影响[J]. 教育研究与实验，2000(1)：50-55.

② 柴江. 影响教师教学效能感的两个场域——家族取向式学校与教师的家族式心理[J]. 上海教育科研，2012(3)：16-19.

而且也会对自己扮演的角色充满信心；反之，若教师试图影响学生的行为多次失败，那么教师不但会对自己的能力产生疑问还会怀疑所从事的职业的价值"①。所以，通过"改变领导方式"，通过"帮助教师成才、成功和成就"，来提高教师的教学效能感，是丰富教师专业伦理素养的必经之途。

第四节　师德师风(综合关系)视域下师德失范行为的归因与治理

师德师风是由相辅相成的师德和师风两个概念构成的复合概念，是指个体师德态度和行为作风的总和及互动形成的总体风气。从内与外来看，师德强调教师内在的德性，指教师从事教育教学活动时必须具备的道德观念、情操和品质；师风强调教师外在的行为作风，指教师在从事教育教学活动中所表现出来的一贯的态度和行为风格。从个体与群体来看，师德一般指教师个体的职业或专业道德品质，师风则既可指教师个体一贯的师德态度和行为作风，也可指教师群体(即部门或学校的教师整体或教师行业整体。本章节所言师德师风主要是指部门或学校的教师整体)所形成和保持的风气，即个体师德态度和行为作风的总和及互动形成的总体风气。在这个意义上，建设师德师风既包括支持教师个体内在德性的修养及其相应态度和行为作风的养成，也包括在此基础上，扶助部门或学校的教师群体整体风气的形成。

从逻辑上讲，教师个体内在的德性好，教师个体外在的作风就好；教师个体内在的德性好，教师群体内在的德性就好，教师群体的风气就好。然而，相关理论研究表明，教师个体内在的德性好，外在的作风却不一定好。"在一些日常生活情境里，人们对道德责任的认知水平较高，但是道德行动水平较低。学术界较为一致的观点是，道德环境是道德认知与行动脱节的重要影响因素之一。"②教师个体的德性和作风好，教师群体的德性和风气也不一定。"个人进入群体之后，

①　李晔，刘华山. 教师效能感及其对教学行为的影响[J]. 教育研究与实验，2000(1)：50-55.

②　贾金平. 群体履行道德责任的演化博弈及对道德责任教育的启示[J]. 教育研究与实验，2018(5)：16-20.

受到削弱的不仅是自我超越能力，同时还有道德责任感。一个独立行为时温良谦卑的人在群体之中可能会表现出空前的残暴，这是因为他进入群体时通过把责任转嫁给整个群体或分散给群体的每一成员而消减了个人的责任感。"①正因为师德养成和师风形成存在着复杂的机理，所以，师德师风建设不是一蹴而就的工程。正如 2019 年 12 月教育部等七部门印发的《关于加强和改进新时代师德师风建设的意见》所指出的那样，"经过 5 年左右努力"，才能"基本建立起完备的师德师风建设制度体系和有效的师德师风建设长效机制"。本章节欲从群体内个体师德行为作风的"丰富多样"且"参差不齐"形态和群体内个体师德行为作风互动的理论视角，来探讨师德师风形成的障碍及其治理之道，以期为完备的师德师风制度体系的建设和有效的师德师风建设长效机制的建立提供理论资源和实践思路。

一、"丰富多样"且"参差不齐"的个体师德行为作风：群体条件下师德师风的构成

随着现代教师资格制度和招聘制度的完善，刚进入学校的教师，绝大部分应该都拥有良好的师德态度；入职之初，他们也都会表现出良好的师德行为作风；入职之后，排除群体、制度或组织的压力，在单独面对领导、同事、学生、家长时，他们也都会表现出良好的师德行为作风。如果每一位教师都表现出良好的师德态度和行为作风，那么，作为教师个体师德态度和行为作风总和或互动的群体性师德师风也应该是良好的。但是，这种逻辑推断结论与现实生活状况不完全相符。人们所感知到的教育行业的整个教师群体呈现的师德师风和人们所感知到的相当多的部门或学校的教师群体展现的师德师风，离政策预期、公众期待和管理者期望相去甚远，用"师风日下"来描述似乎有些过头，但至少是不尽如人意的。究竟是人们的感知不全面，还是人们的预期、期待或期望过高，有赖于我们对师德师风的整体状况作进一步分析。

从师德师风最简单的认知层面来讲，师德师风作为教师个体师德态度和行为

---

① 刘时工. 道德的个人与邪恶的群体——尼布尔对个人道德和群体道德的区分[J]. 华东师范大学学报(哲学社会科学版)，2001(2)：38-43，126.

作风的总和这一描述性的概念应该是没有问题的，问题出在纳入总和的教师个体的师德态度和行为作风上，在群体、制度或组织条件下，尤其是广义的群体条件(包括正式群体、非正式群体)下发生了分化，乃至变异。正是这些分化、变异及其互动作用影响着群体师德师风的整体状况及其好坏，认识这些分化或变异是分析和诊断群体师德师风整体状况的基础(关于互动，在后面阐述)。师德视域下教师个体的行为作风的分化或变异表现如下：

从师德修养水平高低的角度，个体师德行为作风可以分为三个层次：职业生存层次、专业发展层次和事业追求层次。一般来说，教师的师德修养境界越高，其师德水平就越高，其工作动机、责任心、进取心和奉献精神就越强，其师德行为作风就越好。① 职业生存层次的师德行为作风，是指教师主观上没有较强的成就动机，客观上只要能够基本完成教育教学任务且不出问题即可的态度和行为风格；专业发展层次的师德行为作风，是指教师主观上有较强的责任心、进取心和奉献精神，客观上要求达到高效教学和高质量教育的态度和行为风格；事业追求层次的师德行为作风，是指教师主观上源自强烈的教育信仰和教育热爱，客观上沉浸于立德树人、一切为了学生发展的事业追求之中的态度和行为风格。纵向看是分层，横向看则可以看作分类，也就是说，个体师德行为作风按照师德修养水平的高低，可以分为三种类型，包括职业生存行为作风、专业发展行为作风和事业追求行为作风。

从师德是否符合师德规范的角度，个体师德行为作风可以分为三种类型，包括师德示范行为作风、师德规范行为作风和师德失范行为作风。所谓师德示范行为作风，就是部分优秀或模范教师在教育教学活动中所表现出的以自身为载体、以师表人格为隐性工具开展的全方位影响学生身心发展的师德态度和行为风格。② 所谓师德规范行为作风，就是大部分教师在教育教学活动中所表现出的按照《中小学教师职业道德规范(2008 年修订)》来影响学生身心发展的态度和行为风格。所谓师德失范行为作风，就是极少部分教师在教育教学活动中所表现出的

---

① 王毓珣. 师德分层：师德建设中一个值得重视的问题[J]. 中国教育学刊，2004(12)：12-15.

② 周宏. 师德示范特征与教师性道德修养检讨[J]. 江苏高教，2019(7)：69-73.

违反师德观念、原则和具体规范致使学生身心受到伤害的态度和行为风格，师德失范行为作风包括教师专业失当行为作风（即教师不符合师德规范的要求且错误性质较轻的行为作风）、教师失职行为作风（即教师不符合师德规范的要求，因缺乏责任心而造成学生身心受损的行为作风）和教师渎职行为作风（即教师不符合师德规范的要求，利用职权之便谋取私利的行为作风）。①

师德修养是师德规范的内化，师德规范是师德修养的外在准则，所以，两种分类也密切相关。一般来说，师德示范行为作风，往往与事业追求行为作风相当；师德规范行为作风与职业生存行为作风和专业发展行为作风相当。在一定的内部条件下，师德示范行为作风可以升华为职责外示范行为作风，即教师组织公民行为。教师组织公民行为，是指"教师以超越学校正式规定的绩效标准，自发地表现出有利于学校、同事与学生的美德行为，包括组织公益行为、人际利他行为及教学公益行为三部分"。② 在一定的外部条件下，职业生存行为作风很容易滑落为师德失范行为作风。它既可以表现为显性的师德失范行为作风，即失当行为、失职行为和渎职行为，也可以表现为隐性的师德失范行为作风，即"不出错"行为作风和教师平庸之恶行为作风。所谓"不出错"行为作风，就是部分教师在教育教学活动中所表现出的简单的"在场"（侧重完成教书育人任务的显性可查层面）和有意的"缺场"（理性确立较少产生教育事务的观念或情境）导致学生身心发展受到限制的态度和行为风格。③ 所谓教师平庸之恶行为作风，是指教师因各种内在或外在诱惑屈从于一定的学校制度或只按制度规定来进行教育教学而推卸自身责任或无视学生身心发展的态度和行为风格。④

正是以上这些师德修养水平高低不同、师德规范合乎与否的个体师德行为

---

① 程红艳，陈银河. 超越纵容默许与重拳出击：师德失范行为治理的对策研究[J]. 中国教育学刊，2019(2)：64-69.

② 郭维哲，方聪安. 学校组织公平对教师组织公民行为影响之研究：以信任及承诺为中介变项[J]. 教育经营与管理研究集刊，2006(2)：145-174.

③ 孔祥渊."不出错"的师德观：表现、原因及其破解[J]. 教育科学研究，2019(4)：66-72.

④ 闫兵. 学校竞争情境中教师"平庸之恶"的催生及其超越——基于"零件理论"的审视[J]. 教育发展研究，2020(18)：70-74.

作风差异,构成了群体师德师风形成与建设的"丰富多样"且"参差不齐"的"原材料"。

二、个体师德行为作风的效仿、抑制与催生:群体师德师风形成的障碍性互动

从最简单的意义来讲,群体师德师风就是师德示范行为作风或者事业追求层次的师德行为作风、师德规范行为作风或者职业生存层次的师德行为作风与专业发展层次的师德行为作风和师德失范行为作风(表现为失当行为、失职行为、渎职行为等显性的师德失范行为作风和"不出错"行为、教师平庸之恶行为等隐性的师德失范行为作风)的总和。群体动力的研究成果表明:群体内的个体行为作风并非简单地各自表现各自的,而是动态的、互动的,相互作用或相互影响甚至是相互转化的。"一般来说,一定社会风气的形成,大体要经过这样一个过程:动机引起行为,行为实现目的,目的的实现导致更多的行为主体效法前者,相互因袭而成风气。"[1]师德规范或示范行为作风可以通过群体互动形成优良的群体师德师风,师德失范行为作风也可以通过群体互动形成不良的群体师德师风。目前学术界对优良师德师风形成的群体互动机理(如,以师德环境的净化立德、以师德制度的优化立德、以师德教育的强化立德、以师德实践的深化立德)探讨较多,而对不良师德师风形成的群体互动障碍探讨较少。

(一)个体师德行为作风的效仿:师德失范行为在群体中的扩散

个体师德行为作风的效仿主要表现为个体条件下师德失范行为的传染效应。师德失范行为的传染效应是指在没有外界监控的条件下同事的师德失范行为通过语言或行动引起个体相同或相似的社会心理和行为的现象或问题。美国学者关于非伦理行为(本质上是违反社会道德规范的不道德行为的一种类型)传染效应的理论研究指出,间接学习、群体身份匹配感知和相对剥夺感是他人的不道德行为影

---

① 郑仓元. 论社会风气和风俗习惯的差异性[J]. 中共浙江省委党校学报,1997(4):3-9.

响个体不道德行为的三个中介变量。① 具体而言，教师同事的师德失范行为为个体树立了师德失范行为的负面"榜样"，从而引发了个体的间接学习，并进一步导致个体从事师德失范行为；当群体中普遍存在某种师德失范行为时，这种师德失范行为逐渐成为一种群体气氛，为了融入群体气氛，个体往往也会参与到师德失范行为当中；当某个或某些教师同事因为师德失范行为"获益"（如减少教学付出但能够获得基本的薪酬水平）时，个体会产生相对剥夺感，为了消除这种感受，个体可能会采取类似的师德失范行为。有研究者结合普通教师的师德常态曾指出，在现实教育生活中，"不出错"的师德观及其师德行为作风已经出现并逐渐蔓延，而这既是理论研究的"盲区"，更是教育实践的"空白区"。② 可以合理推论，如果群体中某个教师践行了"不出错"的师德观及其师德行为作风，又没有受到群体或组织的监督和惩处，那么，就有可能传染给其他的教师，甚至传播到整个组织，并恶化群体或组织的师德师风。

（二）个体师德行为作风的抑制：师德规范与示范行为在群体中的减少

个体师德行为作风的抑制主要表现为群体条件下个体师德行为作风的责任分散效应。个体师德行为作风的责任分散效应，是指当具有一定师德修养水平的教师个体对群体活动的贡献不能或不被衡量时，个体往往会表现出比单独活动时更不尽力的现象或问题。"当个体觉得没有人知道他做得好不好时，觉得不需要为自己的行为负责任时，就会在群体中松懈下来。"③教师的教育教学活动是在班级中进行的，教师的教研活动是在备课组、教研组或年级组中进行的，教师的参与管理活动也是以各种群体或组织形式为载体，教师大量的活动投入及其成果难以被衡量或评价，这些都可能导致教师的师德行为作风低于其真实的师德修养水平。"教师是个良心活"的说法，就充分说明教师的教育教学和管理行为不易被衡量或评价，道德自律水平高的教师凭借自己的努力和意志可以克服责任分散效应

---

①　舒晓村. 组织内非伦理行为传染效应研究[D]. 杭州：浙江大学，2015：19.

②　孔祥渊. "不出错"的师德观：表现、原因及其破解[J]. 教育科学研究，2019（4）：66-72.

③　孙健敏，张德. 组织行为学[M]. 北京：高等教育出版社，2019：104.

带来的消极影响，而道德自律水平一般的教师则可能陷于应付或敷衍的困境。"教师专业活动敷衍主要与教师劳动的个体性(在教室内，教师投入多少、付出如何严重依赖于教师个体的努力和能力——笔者注)，时间、场所和形式的不固定性，劳动质量评价的不易性相联系。教师劳动的个体性，时间、场所和形式的不固定性决定了人们无法利用群体的力量对个体进行有效监督。专业劳动的特性决定了专业人员在从业过程中需要对各过程与环节的重视，需要专业人员在从业过程中高度的自律和自觉。"①

(三)个体师德行为作风的催生：师德规范行为在组织中被拉低

个体师德行为作风的催生主要表现为组织制度条件下个体平庸之恶行为催生的道德推脱效应。个体平庸之恶行为催生的道德推脱效应，是指当教师做出弃学生身心全面发展于不顾而埋头于利益牵扯下考试分数的教育教学行为时，个体倾向于将全部责任推卸给所在组织或制度要求，而规避自身道德责任的现象或问题。在日常学校实践中，教师既是专业人员，也是以教师为职业谋生的平常人。教师究竟是表现出职业生存的师德行为作风，还是专业发展或事业追求的师德行为作风，既与个人自身的师德修养水平密切相关，也与所在组织领导的追求与制度的要求密不可分。受物质利益和精神荣誉的普通人性追求的影响，如果非要在自律人与组织人或制度人中选择，教师一般首先选择做一个组织人或制度人。简单地说，教师会因各种内在或者外在的诱惑而屈从于一定的学校制度，按照制度规定开展教育教学活动。当学校制度存在一定的局限时，比如，不以学生身心全面发展为最大利益追求时，教师也会配合制度要求来完成自己的教育教学行为。"当学校制度为现实功利所驱使，放弃自身的道德操守，为应试教育等所裹挟参与'恶'的制造时，制度规约下的、平庸的教师就只会沦为教育系统的一个构件，成为功利的走卒，参与'恶'的进程。"②

---

① 田爱丽．专业劳动视角下师德建设研究[J]．华东师范大学学报(教育科学版)，2013(2)：19-24，48.

② 傅淳华，杜时忠．论学校制度情境中的教师平庸之恶[J]．教师教育研究，2013(4)：1-6.

三、平凡之善、团队合作、双环学习：群体师德师风优化的治理之道

如上所述，受个体师德行为作风的效仿、抑制与催生等互动的影响，群体师德师风构成中的师德失范行为作风在群体中容易扩散，师德规范与示范行为作风在群体中倾向于减少，师德规范行为作风在组织中往往被拉低。群体师德师风形成的障碍预示着师德师风建设主动干预的必要性和迫切性。

(一)完善考惩树措施，高扬教师个体的平凡之善

当前等待师德失范行为被举报，并过度依赖惩戒来治理师德失范问题的做法，一方面，不能及时处理师德失范行为已经造成的扩散影响，不能及时处理潜在的、还未被举报的师德失范行为及其造成的扩散影响；另一方面，简单的惩戒只能针对不好的师德失范行为，最大限度地减少乃至消除它，好的师德规范或示范行为无法通过惩戒来完成，而师德师风建设的本义就是弘扬群体内好的师德规范或示范行为作风并使之成为风气。所以，要建设好群体师德师风，单纯依赖惩戒来治理师德失范行为的做法是不够的，还必须通过"完善考惩树措施，高扬教师个体的平凡之善"来配合。

首先，建立常态性的师德考评制度。教师日常的教育教学行为，是师德行为作风的载体，师德考评是日常教育教学考评的一个基本组成部分。在实践中存在两种倾向：一种倾向是，学校在日常教育教学考评中，忽视或忽略常态化的师德考评；另一种倾向是，等到师德失范行为被举报后再专门进行师德考评。前者不利于管理者或教师审视自身的师德行为作风是否合规，后者不利于及时发现或阻止师德失范行为的扩散，这两种倾向性做法都可能是师德师风建设效果不佳的重要原因。此外，师德考评不仅要以预防或发现师德失范行为作风为目的，而且更要以发现或选树师德规范或示范行为作风(包括平凡之善和榜样之善)为目的。毕竟，师德规范或示范行为作风是师德师风建设的依靠。

其次，充分挖掘惩戒的弥补性作用。教师群体中出现师德失范行为，及时惩戒、避免其扩散是师德师风建设的重点。但是，师德失范行为者(尤其是当隐性的师德失范行为者占有相当的比例时)既是被惩戒的对象，也是师德师风建设的

主体，为充分发挥师德失范行为者的师德师风建设功能，必须充分挖掘惩戒的弥补性作用。具体来说，对于那些没有触犯法律的师德失范行为者，在给予相应惩戒的同时，学校或教师群体必须创设情境或相关的条件，帮助师德失范行为者采取各种措施来弥补自身原有行为给学生、家长、同事或学校带来的不利或有害影响，比如真诚道歉、赔偿损失、志愿服务等。

最后，选树和高扬教师的平凡之善。学校在学期或学年评先评优活动中，选拔和树立师德榜样是不可缺少的。然而，选树和高扬优秀教师的榜样之善是不够的。一方面，榜样之善是师德行为中最好的行为作风，与优秀教师的专业发展水平、专业态度或价值观紧密相联，不容易被一般普通教师模仿；另一方面，每名普通教师在实际的教育教学活动中也存在着大量的平凡之善，如一个主动的关切或问候、一个温暖的笑容或耐心的讲解、一个真心的鼓励或开放的分享等日常的细小之善，如果教师不能发现自身或相互的平凡之善，那么，榜样之善的学习也缺乏根基。从目的与手段、动机与效果两对范畴或四种要素出发来评价教师的师德行为，师德行为中的榜样之善，是指行为的目的善，并同时效果好、手段正当、动机好的师德行为，这种师德行为当然是"最有正面道德价值的行为"；师德行为中的平凡之善，是指行为的目的善，但效果、手段、动机中的一项、两项或者全部与最好行为不同，这种师德行为属于"比不上最好行为的其他等级的好行为"①。以往，我们大量尝试通过少数优秀教师榜样之善的选树和高扬来建设师德师风，效果并不显著；在以后，我们何不试试通过所有普通教师平凡之善的选树和高扬来建设师德师风，或许，这是真正的破局之举。

(二)健全群体组织方式，促进教师群体的团队合作

"现代学校的理性分工决定了教师的日常行为更多地呈现为一种集体行动，而不是一种私人行动……在私人行动中，人们需要为自己行为负责的道德约束力，在集体行动中，则因裹挟着利益计算、习俗惯例、博弈策略而变得稀释和分

---

① 韩东屏．论对行为的道德评价方法[J]．华中科技大学学报(社会科学版)，2011(4)：10-14.

散。"①处理责任分散的一般性结论是：明确的分工和清晰的责任，再辅之以严格的检查、验收和反馈。这一结论难以适用于学校组织的教师的教育教学活动。实践经验表明：健全群体组织方式，依靠群体成员及其互动力量的调动，在团队合作中可以较好地解决责任分散问题。在这个意义上，健全班级教师群体和学科教研群体的组织方式，加强团队合作，是保持和助长教师个体优良行为作风或群体师德师风的群体路径或策略。

首先，组建以班主任为主导的班级教师团队。团队合作是教师教育教学行为良性互动的产物，是优良群体师德师风形成的实践基础，它依赖于群体组织方式的健全。通常情况下，班级教师群体的形成是自然分工和组合的产物，它意味着某个班主任在上级管理部门的任务分配下负责某个班级的日常教育和管理事务，意味着某个科任教师在上级管理部门的任务分配下负责某个班级的学科教学与管理工作。虽然学校倡导甚至规定班级教师群体之间要团结合作，但是，这种教师群体的组织方式难以保证班级教师群体内真正的团结合作。新课程改革生成了许多好的班级群体组织方式，组建以班主任为主导的班级教师团队就是其中的一条好经验。具体来说，学校遴选委员会、选聘年级组长，年级组长选聘班主任，班主任选聘科任教师。这种选聘方式组建的以班主任为主导的班级教师团队，往往能够达成真正的团队合作。对班主任而言，他或她选聘的标准必然是科任教师专业发展好且愿意参与团队合作，不符合这个标准的科任教师要么不被选入，要么下次不被选入；对科任教师而言，他或她被选入，承载着班主任和其他科任教师的期待，他或她必然以优良的师德行为作风来满足这种期待。当每个班级教师团队都表现出优良的师德师风时，整个学校的教师群体当然也会表现出优良的师德师风。

其次，组建以任务互依为特征的学科教研团队。通常情况下，学科教研群体（一般是由同学科、同年级的教师组成）是学校管理部门分工和管理组合的产物，它虽然被赋予集体备课、评课、研讨等诸多的职能，但是，由于科层分工模式下教师的教研任务互依性不强，因此，学科教研群体的合作往往形式大于实质。新课程改革催生了许多好的学科教研群体组织方式，组建以任务互依为特征的学科教研团队就是其中的一条好经验。具体来说，以某一级段的语文学科为例，如果

---

① 高晓文、于伟. 教师行动中的"责任分散"问题研究[J]. 教育研究，2016(2)：57-62.

担任这一级段的语文教师共由 5 位教师构成，那么，可以将语文学科的教学设计分为五个部分；每位教师根据自身特长从中选出一个部分作为自己的教学设计任务，在规定的时间内，自己作充分准备(包括教材理解、教学设计思想、教案、上课所用的 PPT、课后习题等)；在每周固定的时间点(比如星期五下午)，准备好自身教学设计任务的教师给其他四位教师说课或讲解，其他四位教师共同参与研讨，形成下周五教师共同使用的教学设计方案，轮流进行……这种任务互依的教研任务设计必然能够带来高水平的团队合作，因为，每名教师在课堂教学中都不得不使用其他教师开发设计的某单元课程方案。不难想象，某教师如果完全没有参与研讨，就难以理解同事设计的方案，也就难以实施同事设计的方案；也不难想象，某教师如果经常不认真参与，就难以得到其他教师的认同，也就难以在这个紧密合作的团队中生存和发展。

(三)优化学校制度设计与执行，推进学校组织的双环学习

为保证教师能够在各自的岗位上各司其职，各负其责，学校建立了组织结构，制定了规范教师职责和部门职责的制度。然而，现行学校制度的设计与执行，受科层制的服从通病和学校制度伦理的缺失的制约，往往会导致教师"就职责论教育教学"的倾向——用规定的职责替代立德树人的目标和学生最大利益原则，像"零件"一样用"无思"和"惯例"等平庸之恶的行为方式来履行规定的职责。为避免这种情形，学校必须组织和鼓励教师进行双环学习，重塑学校制度设计与执行的德性立场，重拾学校立德树人的目标和学生最大利益原则的立场，激活教师个体优良的师德行为作风，并形成教师群体优良的师德师风。

阿吉里斯认为，任何一个行动逻辑涉及支配的假设或价值观、行动策略、行动结果三个要素。一般来说，支配的假设或价值观影响行动策略，行动策略影响行动结果；当对行动结果不满意时，如果只是根据行动结果的要求来简单反思或调整行动策略，这种思考或行动模式被称为单环学习；当对行动结果不满意时，既反思或调整行动策略本身，又反思或调整行动策略背后的支配假设或价值观，这种思考或行动模式被称为双环学习。①

---

① 张钢．管理学基础文献选读[M]．杭州：浙江大学出版社，2008：189-207.

结合学校来说,"理想层面立德树人与学生最大利益原则及利于教师专业发展的价值观和现实层面学校制度设计与执行所强化的价值追求—教师无思或惯习的行动策略—教师平庸之恶的行为作风"是教师平庸之恶行为的基本逻辑。以双环学习的理论观之,只从教师无思或惯习的行动策略来反思或调整教师平庸之恶的行为作风基本上是于事无补的,学校所采用的诸多师德管理及奖惩措施实效不高就足以说明这一点。换言之,要想提高师德管理及奖惩措施的实效,还必须从理想层面立德树人与学生最大利益原则及利于教师专业发展的价值观来反思现实层面学校制度的设计与执行所强化的价值追求。

首先,在学校制度设计方面,从立德树人与学生最大利益原则及利于教师专业发展的价值观和现行学校制度设计所强化的价值追求的差距,来反思现行学校制度的设计,并逐渐确立现代学校制度设计合理性的评价标准。具体来说,以立德树人与学生最大利益原则及利于教师专业发展为教育目标设定,来超越和扬弃异化的现行教育制度及其管理;以反映个人和谐发展、学校有效发展和社会可持续发展的公共意志或利益为价值追求,来激发师生和所有利益相关者对制度规范的普遍认同和接纳;以广泛参与的多元治理为决策方式,来吸纳利益相关者关于制度变革的意见或建议;以制度制定的公正的程序安排为实施方式,来保证学校制度正义性配置权利和义务的实现。只有学校制度本身是公正合理的,才能产生以生为本的、教师全身心投入的、规范有序的教育教学行为。

其次,在学校制度执行方面,从学校制度设计(理想的行动策略)与教师无思或惯习的行动策略的差距,来反思现行学校制度的执行,并逐渐形成建立在"利益整合"基础上的领导示范、全员参与的高效学校制度执行机制。学校制度执行与学校制度设计、行动策略存在着偏差的根本原因,是上级政府及教育行政部门、校长及管理团队和教师之间存在着利益冲突。要消除这种冲突,必须在学校制度执行过程中以学生全面发展的实绩来整合上级政府及教育行政部门的政绩、校长及管理团队的功绩和教师的业绩等各方利益。在利益整合的基础上,学校制度的执行还要突出建立教师权利保障机制,唤起教师大写的"人"的存在而不是做制度的附庸,鼓励教师全面系统地反思立德树人、日常行动策略与学生全面发展的关系,为教师选择道德的生活保驾护航,使学校制度的执行过程成为教师主动负责的追求过程。只有领导示范、全员参与,才能真正建立起制度公正合理且道德清明的学校伦理氛围。

综上所述，群体师德师风的形成有其自身的内在机理，个体师德行为作风的互动是理解内在机理的关键。个体师德行为作风的互动，既可以表现为师德规范或示范行为作风的相互模仿，也可以表现为个体师德行为作风的效仿、抑制与催生(包括师德失范行为在群体中的扩散、师德规范与示范行为在群体中的减少、师德规范行为在组织中被拉低)。前者是群体师德师风形成的良性机理，后者是群体师德师风形成的恶性障碍。要建设群体师德师风，既要以良性机理为遵循法则，健全和完善目前师德管理的多样化举措；也要以恶性障碍为治理依据，高扬教师个体的平凡之善、促进教师群体的团队合作、推进学校组织的双环学习。

第四章 师德失范行为组织层面影响因素的组织伦理归因与治理

教师个体的师德行为(师德失范行为是一种不道德的师德行为),是教师个体知识、技能、能力,个体情绪、态度、价值观的产物,也是教师所处群体环境的产物,更是教师所在组织环境的产物。这里所指的教师所在组织环境,包括学校组织结构、学校组织文化、学校组织领导与管理。

就当前的理论研究而言,学术界对师德管理与师德行为关系的研究多一些,对学校组织与师德行为关系的研究少一些。本书拟探讨如下主题:学校组织结构视域下师德失范行为的归因与治理、学校组织文化视域下师德失范行为的归因与治理、师德教育视域下师德失范行为的归因与治理(本质上属于学校组织管理与领导起点视域下师德失范行为的归因与治理)、师德问责视域下师德失范行为的归因与治理(本质上属于学校组织管理与领导过程视域下师德失范行为的归因与治理)、师德惩处视域下师德失范行为的归因与治理(本质上属于学校组织管理与领导反馈视域下师德失范行为的归因与治理)、学校道德氛围视域下师德失范行为的归因与治理(本质上属于学校组织管理与领导状态视域下师德失范行为的归因与治理)。

第一节 学校组织结构(结构)视域下师德失范 行为的归因与治理

师德首先是指教师在教育教学活动过程中处理各种关系时应遵循的行为规范,即师德规范;师德其次是指教师将外在的师德规范内化为自身的道德品质,即师德品质。然而,师德既不能止于教师处理各种关系时应遵循的师德规范,也不能止于教师的师德品质，而应该体现在其本体性的教育教学活动之中。"从功能的角度看，教师的职业道德一定是体现在'职业'之中，体现在与学生打交道的教育教学功能活动之中。"①在这个意义上，师德失范行为可以理解为教师在教育教学活动中处理各种关系时背离或违反师德规范的行为。师德规范的不完善和师德品质有偏差都可能导致师德失范行为的发生，所以，国家或学校在师德建设中既重视通过制定师德政策或制度来不断完善外在的师德规范，也重视通过实施师德培训来不断提升教师内在的师德品质。然而，师德失范行为不只受师德规范和师德品质的影响，仅仅从国家或学校层面来完善师德规范，仅仅从个人层面来提升师德品质，想要矫正师德失范行为，是不够的。学校社会系统理论认为："可将一所学校视为个体、结构、文化、政治等要素构成的整体。但是，组织行为并不单单是这些要素与环境力量的函数，而是这些要素互动产生的函数。因此，组织行为是这些要素的动态变化关系的结果。具体来说，行为是结构、个体、文化、政治诸要素在环境力量约束下互动的函数。"②从逻辑上来推理，学校组织结构既然是影响教师教育教学活动的重要因素，当然也就可能是造成师德失范行为的重要原因。因此，从学校组织结构层面对师德失范行为进行归因与矫正，非常必要。

一、文献回顾与分析框架：师德失范行为归因与矫正视角的回溯与建构

（一）文献回顾：师德失范行为归因与矫正视角的回溯

学术界关于师德失范行为归因与矫正的研究已经相当丰富，既有文献主要体现出如下几种视角：

第一种视角是师德失范行为的个人归因与矫正。此观点认为，师德失范行为的主要原因在于教师个人师德认识偏差，矫正的主要措施是提升师德修养或加强

---

① 刘次林. 师德之反思：德性的视角[J]. 教育发展研究，2015(15-16)：100-103.
② ［美］韦恩·K. 霍伊，塞西尔·G. 米斯克尔. 教育管理学：理论·研究·实践(第7版)[M]. 范国睿，译. 北京：教育科学出版社，2007：28.

师德培训。①

　　第二种视角是师德失范行为的学校制度归因与矫正。此观点认为，师德失范行为的主要原因在于学校制度缺陷，矫正的主要措施是重建学校制度。②

　　第三种视角是师德失范行为的个人与学校制度并重归因与矫正。此观点认为，师德失范行为既源于教师个人师德的不足，也源于学校制度的缺陷，师德建设要将二者结合起来。③

　　第四种视角是师德失范行为的内在与外在多重归因与矫正。此观点认为，师德失范行为是内在的师德、师能与外在的社会观念、学校制度等多种原因综合作用的结果。有研究者指出，"教师的专业失当行为主要不是由于个人道德素质低下或玩忽职守而造成的，更多是由于专业素养不高、师生沟通技能欠缺而引起的偶发问题"④。此外，师德失范的原因还包括，"一是受社会不良因素影响"，"二是一些学校管理出现盲区"，"三是一些教职工忽视了自身的学习、反思和修身"⑤。与师德失范的多种原因相对应，矫正措施也应该多样化，"推进多元主体参与的社会共治"，"成立教师自律的同行认定组织"，"慎重处理师德热点及难点问题"⑥。

　　现有的典型文献梳理，一方面揭示了师德失范行为的一些可能性的原因，并为其矫正指明了一些正确的方向，另一方面也显示了师德失范行为归因与矫正的盲点，在研究深度、研究视角和研究结论上仍需进一步探讨。其一，在研究视角上，现有文献要么针对教师内在的师德、师能，要么针对外在的社会观念、学校制度，忽略了教师日常教育教学活动的职场——学校环境，尤其是学校组织结

---

①　蔡辰梅.中小学教师的偏差性师德认知及其重建[J].中国教育学刊，2019(6)：83-88.

②　申明.师德失范的制度原因及其重建[J].广西师范大学学报：哲学社会科学版，2009(4)：81-84.

③　刘磊.我国师德建设主导形态转向与突破路径[J].中国教育学刊，2017(3)：83-88.

④　程红艳，陈银河.超越纵容默许与重拳出击：师德失范行为矫正的对策研究[J].中国教育学刊，2019(2)：64-69.

⑤　张竹林.对中小学师德失范现象的调查及对策思考[J].思想理论教育，2013(12下)：24-26.

⑥　程红艳，陈银河.超越纵容默许与重拳出击：师德失范行为矫正的对策研究[J].中国教育学刊，2019(2)：64-69.

构。其二，在研究深度上，除渎职外的大部分师德失范行为既然不是教师失德或败德的一贯行为，而是带有情境性的兼有能力欠缺的偶发行为，那么，究竟是什么情境可能诱发师德失范行为，有必要深入探讨。其三，在研究结论上，提出的对策具有笼统性，讲究大而全，包括加强师德修养、增加师德培训、严肃师德管理、推行师德共治，难以提出预防或解决问题的针对性建议。

(二)分析框架：师德失范行为归因与矫正视角的建构

专门化、部门化和层级化，是一般组织结构的三个基本特征。现代社会组织的目标或任务，绝不是一个人就能够完成的，这就需要对大的目标或任务进行分解，让每个人各司其职、各负其责，这个分工的过程就是专门化；为提高活动和合作的效率，需要对任务相似或职能相同的人员进行分部门的组合，这个组合的过程就是部门化；为促进人员和部门之间的协调，需要纵向的沟通、命令和正规化(标准化)，这个协调过程就是层级化。正是在这个意义上，有研究者曾指出，"组织结构(organizational structure)界定了对工作任务进行正式分解、组合和协调的方式"①。

学校组织的专门化、部门化和层级化，是学校组织结构的三个基本特征。学校组织的专门化，是指对学校工作任务进行分解的程度，如将学校工作分解为教学工作、德育工作、管理工作和后勤服务工作，再将各类工作分解为具体职位等。学校组织的部门化，是指对正式分解后的工作任务(尤其是职位)进行组合的程度，如学校设立战略顶层部门(校务委员会、党政联席扩大会)、中间层部门(教务处、政教处)、技术结构部门(教科处或课程资源开发处)、操作核心部门(教研组、年级组等)和支持人员部门(财务部门、基建与维修部门)。学校组织的层级化，是指对各职位与各部门进行协调(主要是指纵向协调，层级化程度高就是科层，层级化程度低就是扁平)的方式和程度，包括"相互调节"(通过简单的非正式沟通过程进行协调)、"直接监管"(通过个人命令进行协调)、"工作标准化"(通过计划工作内容或将其具体化来实现)、"技能标准化"(通过知识、技

---

① [美]斯蒂芬·P.罗宾斯，蒂莫西·A.贾奇. 组织行为学(第12版)[M].李原，孙健敏，译.北京：中国人民大学出版社，2008：461.

能及其培训来实现)、"产出标准化"(通过对工作成果的基本方面或要列举的工作绩效的具体描述来实现)。①

学校组织的专门化、部门化和层级化构成了学校组织结构分析的三个基本视角。目前来看,师德失范行为的学校组织结构归因与矫正,在实践上存在盲点,理论上研究也不够。我们认为,学校组织的专门化、部门化和层级化的程度与好坏,不仅会直接影响教师的教育教学活动的有效性,而且会导致教师产生师德失范行为。

二、师德失范行为的专门化、部门化和层级化分析:学校组织结构视角下的师德失范行为归因

(一)狭窄的专门化容许师德失范行为

在专门化方面,我国中小学普遍的做法是:将学校工作分解为教学工作、德育工作、管理工作和后勤服务工作,将各类工作分别落实为相应的职位,对各类职位具体所要完成的任务进行描述。以教师的职位为例,我国有论者曾对任课教师的职责进行过描述,"教师的任务是教书育人,要按照教学计划、教学大纲和教材的要求进行教学,使学生掌握基础知识,培养能力,发展智力;要管教管导,寓思想教育于教学之中,促使学生健康成长"②。

在实际运行过程中,学校组织在专门化方面存在着"狭窄的专门化"问题,主要表现为教学、德育与管理工作的分类往往被误解为职责上的分工,即任课教师只管教学,班主任只管德育,各级管理者只负责行政。以任课教师为例,虽然只管教学或只教书,既违反了教学自身的规律和教师自身专业发展的内在要求,也不符合学生学习的规律和学生全面发展的内在需要,但是,它契合了"效率至上"的传统教学价值观和"排名或排位优先"的惯习班级或学校目标的要求,所以,即使教师偶尔使用了一些失范性的教育教学手段(实质上就是政策或制度上禁止、

---

① [美]韦恩·K. 霍伊,塞西尔·G. 米斯克尔. 教育管理学:理论·研究·实践(第7版)[M]. 范国睿,译. 北京:教育科学出版社,2007:103-105.

② 孙灿成. 学校管理学概论[M]. 北京:人民教育出版社,1993:118.

反对的师德失范行为,如歧视、侮辱学生,虐待、伤害学生)来完成目标,教师们也见怪不怪,甚至某种程度上心安理得地为之。关于组织情境下道德推脱与不道德行为之间关系的理论研究成果,可以用来解释这种机制。其一,每个教师都拥有道德自我调节系统。教师在个人成长、职前专业学习、任职资格认定和职后师德培训中,的确可以建立自我监督、判断和反应的道德自我调节系统,即以内部师德标准和外在任务环境为基础的一个评估系统。当教师的行为符合内部的师德标准并获得任务环境的支持时,他们就会产生自我奖赏或自我满足的反应,当教师的行为违反了内部的师德标准时,他们就会产生预期性的自我谴责和其他苦恼的思虑,这些体验通常被作为针对该类违反师德标准行为的自我制止物。其二,任务环境会影响教师道德自我调节系统的激活。一般情况下,教师会抑制那些会产生自我谴责后果的行为,而追求那些可生成自我奖赏或满足的活动,但是,这个系统不是固定不变的控制机制;当教师发生原本应该自我谴责的行为(如师德失范行为),但其结果恰恰符合任务环境的要求时,教师的道德自我调节系统就会慢慢失效,因为,教师会做出与自身原有的道德自我调节系统不一样的认知解释,进而继续发生师德失范行为。其三,道德推脱是对道德自我调节系统失效使得教师即使做出了师德失范行为也不会有明显的内疚与自责的现象的解释。"Moore(2008)从理论的角度分析了组织情境下的道德推脱现象,在 Bandura (1986)提出道德推脱概念的基础上,将道德推脱界定为个体唤起认知的一种倾向,即重新构建自己行为(实质上是重新解释自己的行为——笔者注),使行为的伤害性显得更小,最小化自己在行为后果中应该承担的责任,减少对自己行为可能引起他人痛苦的感知,进而使得自己能够摆脱因该行为违反道德标准而产生的自我谴责。"①

(二)漏置的部门化可能滋生师德失范行为

在部门化方面,我国中小学普遍的做法是:将"综合行政或协调类职位"部门化为校长办公室,将"教学管理类职位"部门化为教务处,将"德育管理类职位"

---

① 张艳清,王晓晖,王海波.组织情境下的不道德行为现象:来自道德推脱理论的解释[J].心理科学进展,2016,24(7):1107-1117.

部门化为政教处，将"教研管理类职位"部门化为教研处，将"后勤服务类职位"部门化为后勤管理处，将"同年级但不同学科的教的职位"部门化为年级组，将"不同年级但同学科的教的职位"部门化为教研组，将"同年级同学科的教的职位"部门化为备课组……

在实际运行过程中，学校组织在部门化方面存在着"漏置的部门化"问题，主要表现为教师教的职位在班级中的漏置。虽然我们普遍设置了包含若干学生学的职位的班级，但班级这个部门的设置一般没有体现出教师教的职位（班主任职位设置除外），更准确地说，从组织结构的建制来看，学生学的职位与教师教的职位没有同时在班级的部门化中体现出来。既然教学活动包含着教师的教和学生的学，教师的教离不开学生的学和学生积极性的调动，那么，作为最能集中体现学校基层操作核心的班级，应该将任课教师教的职位与学生学的职位统一起来，即班级应该由班主任职位、班级任课教师职位和班级学生职位共同构成。漏置了任课教师职位的班级，必然会导致教师与学生关系的疏离，而这可能会滋生师德失范行为。关于社会网络关系强度与道德行为关系的理论研究成果，可以用来解释这种机制。"个体倾向于根据彼此在关系网中的关系强度来选择性地做出道德或不道德行为。"①具体来说，不经常相互交往和交往结果无关紧要的教师与学生之间的关系被定义为弱关系，弱关系的教师与学生之间因为从事不道德行为所带来的后果是很小的，所以，产生师德失范行为的可能性大；经常相互交往和交往结果非常重要的教师与学生之间的关系被定义为强关系，强关系中，双方互相合作、信任，产生亲密性和同情心，每一方都从信任关系中互惠并从他人那里获得积极的回应，从事不道德行为的成本是很高的，所以，产生师德失范行为的可能性小。②

（三）官僚的层级化助长师德失范行为

在层级化方面，我国中小学普遍的做法是：设置自上而下的较为固定的权力

---

① 叶敏. 组织中社会关系网络对员工道德行为的影响研究[J]. 现代管理科学, 2006（7）：93-95.

② 杨炎轩. 学校组织伦理视角下的教师道德成长[J]. 中国教育学刊, 2011（9）：38-41.

等级体系，一般体现为如下链条，地方政府及其教育行政部门(对学校办学提出各种要求，其中包括优秀率、及格率、升学率等)—校长—副校长—教务主任、政教主任—年级组长、教研组长—班主任、教学人员、教辅人员—学生；校长把管理教学及相关的工作交给管理教学的副校长并委以权力和确立责任、把管理德育及相关的工作交给管理德育的副校长并委以权力和确立责任；教学副校长把管理教学的工作交给教务主任并委以权力和确立责任、德育副校长把管理德育的工作交给政教主任并委以权力和确立责任；依次类推……比较而言，校长、副校长、教务和政教主任的权力多一些、大一些，主要体现出集权特征。对每个部门或每类职位的工作职责与技能、工作内容与步骤、工作数量与质量标准制定详尽而明确的制度。

　　典型的官僚结构在层级化方面普遍存在着"官僚的层级化"问题，主要表现在两个方面：一方面，在目标上，"职能部门的目标有时会凌驾于组织的整体目标之上"；另一方面，在实现目标的手段上，"过分关注遵守规则"①。在实际运行过程中，我国中小学也存在着"官僚的层级化"问题，具体表现为：在目标方面，为了争取更多的资源，校长及其管理团队会照搬，甚至放大地方政府及其教育行政部门要求的容易操作的应试指标来替换学校真正的办学目标或教育目标；在实现目标的手段方面，校长及其管理团队虽然在正式场合也强调新课程改革、教育教学的创新和教师团队合作等，但在日常生活中却更倾向于通过命令或监管而不是沟通或指导的方式，通过结果标准化而不是技能或过程的标准化的方式来管理教师，教师为了达成结果(实质上是指高应试指标要求)不得不采取非常规的教育教学行为，其中也包括师德失范行为。这就是说，应试性的目标替代与只问结果不问手段的目标实现方式助长了师德失范行为，比如，为了达到班级或学校各种"率"的指标，教师会采用节假日有偿补课或题海战术的方式；为了完成学校规定的科研任务，教师会采取某些不正当手段来完成科研论文指标。关于高绩效要求和亲组织不道德行为关系的理论研究成果，可以用来解释这种机制：校长及其管理团队为了学校能够更好地"生存"和"发展"，往往制定出高于平均水平的应试

---

① ［美］斯蒂芬·P. 罗宾斯，蒂莫西·A. 贾奇. 组织行为学(第12版)[M]. 李原，孙健敏，译. 北京：中国人民大学出版社，2008：461，468-469.

指标要求甚至追求名列前茅，而这些应试指标要求最终会转化为每个部门及其教师的工作任务，并可能成为教师的一个主要压力源。当教师觉得校长及其管理团队的要求已经超过了其能力和资源的范畴时，为了维系与学校的聘任关系或避免因无法达到要求而带来的负面结果，教师必然会采用某些有违常规的方式去实现校长及其管理团队要求的高应试指标要求。高应试指标要求会导致教师采取亲组织不道德行为，即教师为了维护、达成所在学校或部门的利益，做出虽然有助于提高工作效率但却违反法律法规或师德规范甚至是有损学生全面发展利益的行为。①

三、职位再设计、部门重置和层级再造：学校组织结构视角下的师德失范行为矫正

(一)教师职位再设计：以学生发展的责任为旨归丰富教师的工作任务

专门化是现代社会组织的基本特征，学校再怎么变革也不可能丢掉劳动分工，但是，教学、德育和管理的分工不等于完整教育责任的分工，学科教师的分工也不等于完整教育责任的分工。作为一名教师，他或她必须履行完整的教育责任，这些完整的教育责任是所有教师职位的基本职责。从学生的角度看，完整的教育责任就是学生发展的责任。

为矫正狭窄的专门化及其所带来的师德失范行为问题，有必要以学生发展的责任为旨归来丰富教师的工作任务。美国学者纳卡穆拉从健康课堂管理而不是学科教学分工的角度，将教师分为独裁控制型教师(极其努力，疲惫于每天工作的细枝末节，不给学生任何自由空间，不给学生承担责任的机会，专制地控制一切)、纵容型教师(不知道怎样承担责任，很少给学生生活和学业方向上的指导，很少做决定)和健康型教师(成事与成人并重，给学生展示自我的机会，帮助学生自我管理，给予学生充分自主权)，并力主健康型教师的做法，值得借鉴。健康

---

① 陈默，梁建．高绩效要求与亲组织不道德行为：基于社会认知理论的视角[J]．心理学报，2017，49(1)：94-105.

型教师在课堂内外的主要职责是：首先，为学生提供展示个性的机会，包括提供一个安全且宽松的环境、倾听和重视他们、随时让他们有被接纳和关注的感觉、提供选择的机会、相信他们完全有能力解决责任限度内的问题等；其次，帮助学生学会自我管理，包括让他们承担重大的责任、鼓励他们每个人都接受和相信自己、允许学生参与决策过程、对课程做充分的组织和计划、制定公平的纪律条款等；最后，发挥课堂之外的主导作用，包括与孩子的家长或家庭及时沟通并共同商议如何帮助孩子取得学业上的进步、及时了解学生们应该知道和可以知道的信息、促进自身的专业发展、与其他教师合作、指导与帮助新教师、参与学校的各种决策、与社区和商业团体发展伙伴关系、参与专业性的教师组织等。① 考虑到我国的实际状况，建议我国各地区教育行政部门或学校管理者，在设置教师职位时，以健康型教师的主要职责为蓝本，重新设计教师的职位，核心是调整目前教师工作任务的比重，丰富教师传统的学科教学以外的工作任务。

(二)学校基层部门重置：重建学生、班主任和任课教师三位一体的班级团队

年级组、教研组或备课组，是学校中以教师职位为基础构建的重要部门形式，也一直是学校组织结构中部门化的重心。进入 21 世纪以来，围绕按流程来重置部门(如通过建设年级管理委员会或第一负责人制来完善年级组)和落实部门职能(如通过建设合作性的教研团队或备课团队来改善教研组或备课组)，教育管理学术界和实践界进行了持续的探讨和改革。相较以前，部门的职能发挥及其设置方式取得了很多的成效，但是，这些部门化形式仍然很少将学生与教师的职位同时纳入进来考虑。

为矫正漏置的部门化及其所带来的师德失范行为问题，有必要重建学生、班主任和任课教师三位一体的班级团队。这不仅意味着要将任课教师视为班级的一员，而且意味着要将班级中的学生、班主任和任课教师建设成紧密合作的共同体，更意味着要将班级团队作为学校真正的基层部门。因为，任课教师虽然可以

---

① ［美］纳卡穆拉. 健康课堂管理：激发、交流和纪律［M］. 王建平，译. 北京：中国轻工业出版社，2002：27-34.

在年级组、教研组或备课组中进行教学设计，包括备理念、备理论、备教材、备教法和备学生，但有效的教学实施离不开班级团队，所以，只有重视班级团队建设，才能真正调动学生个体、群体和班级组织的积极性，才能充分调动任课教师、班主任的积极性，才能圆满完成完整的学校教育教学任务。美国学者曾指出，课程、教学和管理密不可分，有效教学常常发生在管理好的课堂中，不管教师知道多少教学理念、多少儿童心理学的理论，多么熟悉教学内容，教学中的许多管理问题都须考虑周全，否则，就会影响有效教学的实施。[①] 考虑到我国的实际状况，建议我国各地区教育行政部门或学校管理者，在设置班级团队时，既要将任课教师吸纳进来进行传统的以班主任为主导的班级建设，也要将"了解并满足学生多方面需要""师生共同过好班级生活""建立一个良性运转的课堂环境""营造班级氛围""做好课堂管理"等与班级教学直接相关的任务规定为班级师生共同的职责，重建班级团队，重置学校基层部门。

(三)学校层级再造：以班级团队为核心提供领导、支持和服务

学校教育教学任务的完成，必然涉及多种职位、多个部门，欲正常运转，必须建造学校层级。为适应新课程改革带来的全方位挑战，学校层级扁平化成为教育管理理论界研究的焦点和学校改革的中心。虽然实际的学校改革在认识和探索方面正不断深入或深化，但是，学校层级的官僚化问题并没有得到很好的解决。

为矫正官僚的层级化及其所带来的师德失范行为问题，有必要再造网络性的学校层级，即以班级团队为核心，其他部门包括决策部门、技术部门、服务部门，紧紧围绕班级团队，共同提供领导、支持和服务职能。在这里，非正式沟通和直接监管等层级协调方式转变为直接指向班级团队发展的领导和服务，工作技能、过程和结果标准化等层级协调方式转变为直接指向班级团队发展的支持和服务。北京市燕山区向阳小学所践行的同心圆式组织结构值得借鉴：圆心是教师的专业发展(核心目标)，中间层是两个中心，即教师发展和学习研修中心(副校长是两个中心的发起人和主持人，其他成员包括教学主任、科研主任在内的区级学

---

① [美]查尔斯，森特. 小学课堂管理(译者序)[J]. 吕良环，译. 北京：中国轻工业出版社，2003：1.

科带头人和骨干教师，分别来自不同的年级、不同的学科，职能是提供支持和服务），最外层是校长及其决策部门（成员是校长、书记及其学校内外成员的代表，职能是提供办学理念和远景目标的引领、指导，人力、物力和财力的保障）。①从表面来看，同心圆式组织结构仍然存在着圈层，但是，因为圆心、中间层和外层的成员是相互渗透的，功能是相互领导、支持和服务的，所以，可以看成是网络性学校组织结构。考虑到我国的实际状况，建议我国各地区教育行政部门或学校管理者，在再造学校层级时，将圆心换成班级团队，因为班级团队建设中包含教师的专业发展，包含教师合作，包含师生互动，包含有效教学的一切方面，同时，加强圆心、中间层与外层的多元互动，实现相互领导、支持与服务。

第二节　学校组织文化（文化）视域下师德失范行为的归因与治理

中小学教师师德失范行为的已有研究表明：师德失范行为，尤其是实际生活中比较常见的专业失当行为，既可能是教师纯粹个人师德品质不高所致，也可能是教师纯粹所处环境不良使然，更可能是教师个人与所处环境交互作用导致。交互作用的机制解释是有效治理师德失范行为的理论依据。一般来说，教师个人的想法或观点，影响教师个人的态度，进而影响教师个人的行为。如果教师个人的想法、观点或态度，与周围的环境，尤其是教师群体的想法、观点或态度格格不入，那么，师德失范行为应该是容易得到治理的。因为，"教师最终的行为往往受到来自同伴态度、群体压力的影响，即从众心理"②。问题是，如果引发教师个人产生师德失范行为的想法、观点或态度，也是周围环境，尤其是教师群体的想法、观点或态度，哪怕是教师群体中极少部分教师的想法、观点或态度，那么，师德失范行为也是不容易治理的。因为，它意味着教师个人的师德失范行为有一定的文化基础，而文化实质上代表着一种教师群体共有、共享和共行的想

---

① 李春玲. 学校组织变革的理论与实践[M]. 杭州：浙江大学出版社，2014：89-91.
② 汪耀. 教学文化影响师德养成的心理机制探寻[J]. 上海教育科研，2012(1)：52-54.

法、观点或态度，甚至是某种特定的生活方式或行为方式。有研究者曾从师德建设的文化机制的角度指出，"如果师德违规者得不到来自教师群体的主流师德外铄力量的有效监督和遏制，那么其违反师德规范的行为就会肆意蔓延，进而使师德规范蜕变成没有约束力的仅供个人随意选择的自我修养类文化特质"①。文化视角下教师师德失范行为的治理思考，与"实施师德师风建设工程"的政策设计思路不谋而合。2018年，《中共中央　国务院关于全面深化新时代教师队伍建设改革的意见》明确提出"实施师德师风建设工程"：一方面，着眼于"发掘师德典型、讲好师德故事"等行为和价值观层面的引导举措，以聚集教师群体强大的正能量；另一方面，着力于"强化师德考评，体现奖优罚劣"等制度层面的奖惩举措，以消除极少部分乃至个别教师的师德失范行为问题。多管齐下，旨在建立能够通过教师群体的主流师德外铄力量有效监督和遏制师德失范行为者的师德建设文化机制。

对照现实，无论是学校整个教师群体或少部分教师对师德失范行为的纵容默许，还是政府及其教育行政部门对师德失范行为的重拳出击，在某种程度上都源于师德失范行为具有一定的群体认同的文化特性。因此，从学校组织文化的视域来研究师德失范行为，既是学术界从文化的角度来继续探讨师德失范行为归因与治理的理论要求，也是学校学习贯彻落实师德师风建设工程政策的实践需要。

一、中小学教师师德失范行为的学校组织文化分析框架

学校组织文化为重新审视中小学教师的师德失范行为提供了价值观、制度和行为的多层面视角，提供了群体共识、共享、共行的全方位视角，需要从学校常态的精神、制度和行为文化来寻找中小学教师师德失范行为的根源。

(一)学校组织文化的概念及其本质特征

从学校组织文化的概念来讲，学校组织文化是学校组织内全体或部分教师习得且共识(群体认知方面)、共享(群体情感方面)和共行(群体行为方面)核心价

---

① 刘磊. 我国师德建设主导形态转向与突破路径[J]. 中国教育学刊，2017(3)：83-88.

值观，并表现为精神文化、制度文化和行为文化的体系。学校组织文化是一个复杂的概念，不同的学者强调概念的不同方面。从研究的角度来看，主要可分为两类：一类着重强调学校组织文化的内涵，一类着重强调学校组织文化的外延。所谓强调学校组织文化的内涵，就是主要从本质属性的角度来界定学校组织文化，认为学校组织文化是学校组织内全体或部分教师习得且共识、共享和共行核心价值观的体系。① 所谓强调学校组织文化的外延，就是主要从本质属性不同表现的角度来界定学校组织文化，认为学校组织文化是学校借以将学校核心价值观传递给教师的规范、制度、符号、仪式等的总和。② 学校组织文化虽然包含甚广，但有一个共同的核心，即核心价值观；虽然表现形式多种多样，但有自己的结构或层次，即精神层面的学校组织文化(主要是共识、共享和共行的核心价值观)、制度层面的学校组织文化(主要是共识、共享和共行的制度)和行为层面的学校组织文化(主要是共识、共享和共行的互动方式)。学校组织文化概念的内涵与外延是一体的，内涵体现的是学校组织文化不同表现形式背后的共同本质属性，外延体现的是具有共同本质属性的学校组织文化的各种表现形式。

从学校组织文化的本质特征来讲，学校组织文化是学校组织内全体或部分教师习得且共识、共享、共行核心价值观的一种群体现象，群体共识、共享、共行核心价值观是学校组织文化的本质特征。在实践或研究工作中，人们往往将核心价值观等同于精神文化，将制度等同于制度文化，将行为等同于行为文化，这是片面的。在严格意义上，只有学校全体或部分教师习得且共识、共享、共行的核心价值观，才构成精神层面的学校组织文化，简称为精神文化；只有学校全体或部分教师习得且共识、共享、共行的符合核心价值观的制度，才构成制度层面的学校组织文化，简称为制度文化；只有学校全体或部分教师习得且共识、共享、共行的符合核心价值观和制度、规范的行为，才构成行为层面的学校组织文化，简称为行为文化。

---

① ［美］韦恩·K.霍伊，塞西尔·G.米斯克尔．教育管理学：理论·研究·实践(第7版)［M］.范国睿，译.北京：教育科学出版社，2007：171.

② ［美］韦恩·K.霍伊，塞西尔·G.米斯克尔．教育管理学：理论·研究·实践(第7版)［M］.范国睿，译.北京：教育科学出版社，2007：160-161.

(二)学校组织文化的常态及其表现形式

学校组织文化的常态是应然形态(即学校所倡导的文化)与实然形态(即学校实际存在的文化)共存的复杂体。正如有研究者指出,组织文化实际上包括两个方面,一是组织所倡导的文化,一是组织实际存在的文化,它们经常是不重合甚至是矛盾的。① 从应然形态来说,学校组织文化源于创始人或领导者所倡导的核心价值观及其示范的行为方式,为学校全体教师所共识、共享与共行。从实然形态来说,一方面,经济社会发展的要求是变化的,学校发展的需要是变化的,学校的创始人或领导者是变化的,学校所倡导的核心价值观及其示范的行为方式也是发展变化的;另一方面,学校教职员工共享核心价值观与维系行为方式的范围和程度是有差异的,有的是全体的形态,有的是部分的形态,有的是应然的形态,有的是实然的形态。所以,日常生活中,学校组织文化不是单一的形态,而是应然形态与实然形态共存的复杂体,见表4-1(具体解释见下文——学校组织文化常态的表现形式)。

表4-1　　　　　　　　　　应然形态与实然形态共存的学校组织文化

学校组织文化的 表现 \ 层次	精神文化	制度文化	行为文化
应然形态的 学校组织文化	应该得到共享的创始人或领导者倡导的核心价值观	应该得到共享的符合倡导的核心价值观的制度设计	应该得到共享的符合倡导的核心价值观和制度设计的行为模式
实然形态的 学校组织文化	全体或部分教师共享的核心价值观	全体或部分教师共享的规范运行	全体或部分教师共享的行为习惯

说明:表中共享代表共识、共享和共行。

学校组织文化常态的表现形式包括学校常态的精神文化、制度文化和行为文

---

① 徐志勇,张东娇.学校文化认同、组织文化氛围与教师满意度对学校效能的影响效应:基于结构方程模型(SEM)的实证研究[J].教育学报,2011(5):116-128.

化三个方面。学校常态的精神文化是应该被学校全体教师共识、共享、共行的核心价值观与实际被学校全体或部分教师共识、共享、共行的核心价值观的复杂体。学校常态的制度文化是渗透于学校各种组织机构和规章制度设计之中、应该被学校全体教师共识、共享、共行的核心价值观及其行为模式,与渗透于学校各种组织机构运行和规章制度执行之中、实际被学校全体或部分教师共识、共享、共行的核心价值观及其行为习惯的复杂体。学校常态的行为文化是渗透于学校教育教学和管理活动之中、应该被学校全体教师共识、共享、共行且对应于学校所倡导先进核心价值观和制度的行为模式,与渗透于学校教育教学和管理活动之中、实际被学校全体或部分教师共识、共享、共行且对应于学校实存核心价值观和规范的行为习惯的复杂体。

从学校组织文化的整体来看,无论是应然形态的学校组织文化,还是实然形态的学校组织文化,都会影响教师的行为。如果教师的行为只受应然形态的学校组织文化的影响,那么,教师的行为应该都是师德示范行为,至少也应该是师德规范行为,这显然与实际情况不相符。事实上,教师的行为不仅受应然形态的学校组织文化的影响,而且也受实然形态的学校组织文化的制约。在自律不够和他律不足的条件下,极个别教师受实然形态的学校组织文化的制约更多,并表现出师德失范行为。在这个意义上,应然形态与实然形态共存并在某些条件下偏向实然形态的学校组织文化常态,是师德失范行为的根源之一,也是本章节拟分析师德失范行为的基本框架。

二、学校组织文化常态的偏向影响师德失范行为的心理机制

学校组织文化常态的偏向表现为学校精神文化的偏差、学校制度文化的偏移和学校行为文化的偏离,这些偏向为"对落后核心价值观的认同""为达目的而不择手段的非正式规范或潜规则的盛行""具有管理功能的传统教育教学行为习惯的沿袭"等心理机制的激活提供了"生存土壤",进而分别"滋生""助长"和"诱发"了师德失范行为。

(一)学校精神文化的偏差滋生师德失范行为

学校精神文化的偏差,是指学校少部分教师虽认知转变但情感仍然认同、行

为仍然延续的落后的核心价值观与学校创始人或领导者倡导的先进的核心价值观不一致的情形。在学校组织中，我们不难观察到，同事关系中存在着共享（包括共识、共享、共行三个方面）竞争观与设计合作观（可能只有共识，没有共享与共行；也可能只有共识与共享，没有共行）的偏差，师生关系中存在着共享权威观与设计平等观的偏差，管理者与教师关系中存在着共享专制观与设计民主观的偏差。无论从历史还是从形成的角度看，这些偏差的产生或存在，都是正常的。从历史的视角来看，随着经济社会发展不断提出更高的要求和提供更多的可能，人的发展需要也呈现出逐步多样和趋高形态（归属需要、尊重需要和自我实现需要的比重增大）的特征，学校及其教育要满足这些要求或需要，就必须与时俱进，追求新的价值，形成新的先进核心价值观；从形成的角度来看，一种新的先进的核心价值观，要想转变成学校组织文化，必然要经历一个漫长的价值认同与遵从的过程，通过信念（对价值观的确信，即共识）、态度（对价值观及所涉相关要素的认同，即共享）与行为（将价值观付之于实践，即共行）互动的文化构建机制①来实现。

学校精神文化的偏差滋生师德失范行为。对落后核心价值观的认同是这种滋生作用的心理机制。学校精神文化偏差的客观存在，导致少部分教师在相当长的时期内处于认知失调（对落后价值观既有认可又有认同，对先进价值观暂时只有认可没有认同）的状态：一方面，从理性上或认知上，他们认可学校倡导的先进核心价值观；另一方面，从情感上或行为上，他们仍然认同落后的核心价值观或践行本该摒弃的行为习惯。前者提醒教师们要自觉抑制落后的传统观念，后者却常常将他们拉回惯常生活的轨道。个别教师在认知失调心态的驱使下，在某些特定情境（如教师之间的职务竞争或晋升竞争所导致的零和博弈情境、师生之间的教师权威被学生非故意挑战所导致的偶发冲突情境等）的诱导下，可能会引发"造假""故意体罚"等师德失范行为。这些师德失范行为表面上看只发生在个人身上，实质上具有文化性，即这种师德失范行为及其背后潜藏的落后的核心价值观，仍然在情感上或行为上得到少部分教师群体的认同。这种认同既会减轻师德

---

① 李霞. 信念、态度、行为：教师文化建构的三个维度[J]. 教师教育研究，2012(3)：17-21.

失范行为发出者的心理压力,也会形成类似情境下他们仍旧如此的心理定势。在这个意义上,学校精神文化的偏差为师德失范行为的滋生预留了情感和行为空间。要彻底消除师德失范行为,还得从学校精神文化的重塑入手。

(二)学校制度文化的偏移助长师德失范行为

学校制度文化的偏移,是指学校实际执行的规范及其体现的学校特有的核心价值观与设计的学校制度及其体现的学校应有的先进核心价值观错位的情形。在学校组织中,我们不难观察到,规范共识与制度设计存在着偏移——规范共识是主体缺位(教师只是在制度出台时才知晓)、程序缺位(在成立起草小组、调查分析、撰写制度文本、充分审议和民主表决等制度制定程序中,往往只注重撰写制度文本一个环节)和严格监督、控制及惩罚,制度设计注重民主、科学和合作共赢;规范共享与制度本能(本应达到的效能)存在着偏移——规范共享是强制性任务的完成、不合理义务的履行以及相应惩罚条款的高悬,制度本能是任务完成的支持、权益保障的畅通以及相应激励举措的确保;规范共行与制度设想存在着偏移——规范共行是大家各行其道、没有标准,制度设想是分工明确(各司其职、各负其责)、合作有序。① "实名分离"是社会秩序更迭时期制度文化偏移的普遍现象,文化心理学较系统地解释了这种现象:先进核心价值观在理念上的认可或接受,既会宣布许多曾经正式制度的废除,也会带来新的正式制度的建立;新的正式制度虽然具有正当性,但要彻底为人们所认同或践行,可能需要一个较长的过程,而曾经的正式制度虽然话语上"失位",但日常生活中人们仍然保持着在这些规则下形成的惯习(惯习背后的规则,一般称为非正式规范或潜规则,但它实质上就是曾经的正式规则或制度)。"许多传统规则在名义上不再正当,但与这种规则相匹配的惯习却仍然顽强地存在于人们的深层心理结构中;现代性的规则虽然取得正当的话语权和形式上的垄断地位,但并未完全占据人们的全部思维方式。"②

_____

① 王治高.学校制度文化的反思与建构[J].教育研究与实验,2015(5):23-27.
② 汪新建,吕小康.作为惯习的潜规则——潜规则盛行的文化心理学分析框架[J].南开学报(哲学社会科学版),2009(4):133-139.

学校制度文化的偏移助长师德失范行为。为达目的而不择手段的非正式规范或潜规则的盛行是这种助长作用的心理机制。学校制度文化偏移的客观存在，保留了学校非正式规范或潜规则发挥作用的条件，助长了校长及其管理群体不科学、不认真，甚至不道德运行所设计或制定的学校制度的可能性，进而导致师德失范行为。实践经验表明，教师聘任制度与教师评价制度的设计或运行尤为重要，前者意味着教师能否与教育教学工作岗位直接关联，后者意味着教师在教育教学工作岗位上干得怎样，并为聘任提供依据。教师聘任制度是教师与学校契约关系的保证，意味着什么样的教师能够继续留在教育教学岗位上。实际聘任中，只重教师的教学成绩，而不重师德水平和专业能力成长的考察，可能降低教师的职业认同感和组织归属感，进而引发个别教师"为分数而不择手段"的相关师德失范行为。教师评价制度是评价教师专业发展、教学过程和教学结果的常态性制度，意味着什么样的教育教学活动是有效的，是学校期待的；实际评价中，只重结果，而不重过程和专业发展的考核，可能降低教师的教书育人意识，进而引发个别教师"为结果而不择手段"的相关师德失范行为。有研究者曾指出，"在教师层面加强绩效审核产生了反生产力的效果：它流失了必要的信任，毁坏而不是加强了教学质量，教师对结果不再真诚地负责任"①。在这个意义上，学校制度文化的偏移纵容了学校非正式规范或潜规则对落后价值观及其潜藏的师德失范行为的固化作用，破坏了学校制度应有的对先进核心价值观的强化功能。要彻底消除师德失范行为，还得从制度文化的重构入手。

（三）学校行为文化的偏离直接诱发师德失范行为

学校行为文化的偏离，是指渗透于学校教育教学和管理活动之中、被学校部分教师认同并践行的体现学校实存核心价值观和规范运行的行为习惯，与渗透于学校教育教学和管理活动之中、应该被学校全体教师认同并践行的体现学校先进核心价值观和制度设计的行为模式远离的情形。在学校组织中，我们不难观察到，共享的教育教学实施行为习惯（日常的教育教学实施行为表现）与设计的教育

---

① 林小英. 素质教育 20 年：竞争性表现主义的支配及反思［J］. 北京大学教育评论，2019（4）：75-108.

教学实施行为模式(公开课或竞赛课的教育教学行为表现)的偏离——"灌输为主"现象,共享的教育教学管理行为习惯(日常的教学管理行为表现)与设计的教育教学管理行为模式(经验介绍或交流中的教学管理行为表现)的偏离——"惩戒为主"现象,共享的教育教学科研行为习惯(专门时段的临时应付)与设计的教育教学科研行为模式(全过程的行动研究)的偏离——"迎检为主"现象。从表面来看,教育教学行为习惯是教师日常学习、工作和生活中处理教材、面对学生、展开教学各环节的一种相对稳定的行为方式,而从深层来看,教育教学行为习惯是特定传统文化、特定社会历史时期或特定社会发展阶段教育教学观念、思维的反映。"教学习惯最明显的一大文化特质就是保守性,表现为它形成之后就很难改变或中断,如果被改变或者被中断,就会在心理上产生不愉快的情感体验,其消极作用是使教学行为走向呆板和僵化⋯⋯当下,尽管教学改革的呼声一片高涨,而旧的教学习惯中那些与当今时代精神和价值追求不相符合的文化元素形成了现实中对教学改革的文化阻滞力。"[①]可见,教育教学行为习惯,尤其是习惯背后强大的观念和思维,才是学校行为文化偏离的主要原因。

学校行为文化的偏离直接诱发师德失范行为。具有管理功能的教育教学行为习惯的沿袭,是这种直接诱发作用的心理机制。在三种行为文化的偏离中,教师教育教学管理行为文化的偏离尤为突出。在几乎所有师德失范行为的研究中,讽刺挖苦学生、歧视差生、变相体罚等,都是基本内容。仔细观察或探究,我们可以发现,这些行为其实就是教师自觉或不自觉实施着的具有管理功能的教育教学行为习惯,就是其他同事也会自觉或不自觉使用着的教育教学管理行为习惯。这些具有管理功能的教育教学行为习惯,在今天,从设计的行为模式来看,是师德失范行为;但在昨天甚至是今天,从共享的行为习惯来看,那就是"理所当然"的教育教学管理手段或方法。不仅教师这么认为,而且学生也这么认为。有研究者曾描述,很久以前,教师在学校对学生的教导和惩戒随处可见,并不以该生是否为自己正式教授的班级的学生为限,学生也并不认为这样的教师"多管闲事"。[②]

①　肖正德. 教学习惯的意蕴、特质与改变路向:教学文化变革的视角[J]. 华东师范大学学报(教育科学版),2012(3):15-22.

②　林小英. 素质教育 20 年:竞争性表现主义的支配及反思[J]. 北京大学教育评论,2019(4):75-108.

当然，今天这种现象是否普遍很难说，但从许多教师的教育教学行为习惯来讲，这种罔顾学生感受或需要的教导和违背学生发展最大利益原则的惩戒不只是一种行为或方法，更是一种观念或思维。在这个意义上，学校行为文化的偏离具有强大的历史惯性和认同的文化惯性，并为教师不良的教育教学行为习惯的沿袭提供了"生态环境"。要彻底消除师德失范行为，还得从行为文化的重组入手。

三、中小学教师师德失范行为的学校组织文化治理路径和举措

学校组织文化的偏向，是导致中小学教师师德失范行为的重要根源。因此，重塑学校精神文化、重构学校制度文化、重组学校行为文化，就成为治理中小学教师师德失范行为的基本路径。既然对落后价值观的认同、非正式规范或潜规则的盛行、传统行为习惯的沿袭，分别是"滋生""助长"和"诱发"中小学教师师德失范行为的心理机制，那么，通过提升领导者管理水平和领导魅力来增进教师对先进核心价值观的认同、通过赋权和增能来遏制学校非正式规范或潜规则的盛行、通过示范引领和点滴积累及规范约束来改变传统行为习惯的沿袭，就成为相应路径的针对性举措。

（一）通过提升领导者管理水平和领导魅力来重塑精神文化

学校精神文化偏差的主要样态是学校少部分教师虽认知转变但情感仍然认同、行为仍然延续的落后的价值观而与先进核心价值观不一致的情形。价值认同不一致是学校精神文化偏差的根源，教师对落后核心价值观的认同是师德失范行为的主要原因，所以，增进教师对学校先进核心价值观的思想认知，尤其是增强其情感认同或价值体验，进而重塑精神文化，是减少学校精神文化偏差和消除师德失范行为的关键点。"教师的价值观和价值取向是可以被引导和构建的，而这都取决于学校领导者的管理水平和领导魅力。"①

首先，校长及其管理团队要不断提升自身的管理水平，亲自践行学校所倡导的先进核心价值观，增强教师对先进核心价值观的认同。相比于其他更多依靠权力、制度等外在控制的组织来说，学校更多依靠价值观、目标、专业精神、团队

---

① 李国庆，孙二军. 学校教师管理中的价值认同[J]. 教育科学，2005(4)：43-45.

精神、互依性等实现内在的控制。所谓内在控制，就是学校全体教职员工能够自我领导和自我管理，能够自觉按照学校所倡导的先进核心价值观来开展日常的教育教学和管理工作。为达成内在控制，校长及其管理团队必须推行价值领导而不只是科学管理：善于从教职员工的个人价值观、群体价值观和学校所倡导的核心价值观中寻找最大公约数，提炼学校发展愿景，形成学校的价值共识和共同意志；善于营造积极向上的能够回应社会发展要求和学生发展需要的学校精神，鼓励教职员工在学校宏观决策和整体规划的前提下开展团队协作和自主承担职责；善于指导教师在"好教学"的前提下开展"有效教学"，帮助教师取得成功或成就的同时获得专业发展。

其次，校长及其管理团队要不断提升自身的领导魅力，内化和示范学校所倡导的先进核心价值观，增强教师对先进核心价值观的价值认同。"学校管理除了强调对现存人、财、物、时间、空间等具体要素的管理，还需关注价值、精神、道德、需求、心理等要素。"①事实上，学校倡导的核心价值观所包含的积极情感、态度、价值、精神等本身就植根于学校全体教职员工的心目中，这也是学校倡导核心价值观最终能够得到共识、共享和共行的内在原因，它们是学校全体教职员工工作的深层动机。问题的关键是校长及其管理团队能否通过自身的领导魅力来唤醒学校全体教职员工内在的民主、平等、合作等核心价值观并激发他们的深层工作动机。领导魅力是领导者的道德或人格影响力与追随者的心理认同互动的产物，它既强调校长及其管理团队在思想和情感上要主动内化先进核心价值观，与教职员工形成价值观共鸣，也强调校长及其管理团队在日常工作中要积极塑造动员师生的思想魅力、身正令行的道德或人格魅力、继承创新的学习魅力、勤政务实的工作魅力，以真正激发教职员工的全方位追随。

(二)通过赋权和增能来重构制度文化

学校制度文化偏移的主要样态是学校实际执行的学校规范及其体现的学校实存核心价值观与设计的学校制度及其体现的先进核心价值观错位的情形。学校非正式规范或潜规则的盛行是学校制度文化偏移的根源，非正式规范所固化的为达

---

① 彭钢. 学校整体变革：从管理走向领导[J]. 教育发展研究，2010(10)：5-9.

目的可不择手段的潜规则盛行是师德失范行为的主要原因，所以，吸纳教师一同建立和执行公正的学校制度，转变教师的思维或行动方式，进而重构制度文化，是减少学校制度文化偏移和消除师德失范行为的关键点。"学校制度是促进人的发展的工具，作为工具，其公正性必须做到制度本身公正和制度运行公正的统一，前者是一种实质公正，后者是一种形式公正。"①

　　首先，赋予教师全过程全方位参与制度设计与执行的权力，确保制度运行公正的实现。"工作标准化"（通过计划工作内容或将其具体化来实现）、"技能标准化"（通过知识、技能及其培训来实现）和"产出标准化"（通过对工作成果的基本方面或要列举的工作绩效的具体描述来实现）②是以往学校制度设计和执行的主要内容。标准化的目的是保证结果实现的制度管控，然而，缺失了教师主体参与的制度设计和执行，难以保证制度设计和执行所需的价值观认同和情感认同，进而难以在复杂的教育教学和管理工作中实现有效自控。赋予教师全过程参与制度设计（起草小组组建、需求分析、撰写、审议和表决等）的权力，赋予教师全方位参与制度执行（校务决策、课程与教学决策、考核与评价等）的权力，是保证教师在制度框架内履职尽责的动力。

　　其次，建构旨在保障基本自由平等和服务师生发展的制度内容，确保制度本身公正的实现。在现代型学校，教师与学校的关系发生了重要变化，逐渐由指令和服从转变为平等和合作。这意味着，教师的自主性和独立性得到了承认和鼓励。事实上，新时代教师绝不满足于教育教学和管理工作的被动执行，而是强烈要求在教育教学和管理活动中完整体现自身的价值追求，且不断提升自身的专业能力。在这个意义上，学校所建构的制度，必须能够联结学校所倡导的先进核心价值观和教师自身的价值追求，让二者互相融合，共同为社会和个体创造新的价值；必须能够保障师生不受外在不合理强制或干预的自由，保障师生不被忽视或歧视的权利；必须能够为所有学生全面、和谐与个性化发展服务，为所有教师正常教育教学活动的开展及其专业成长服务。

　　① 冯建军．论现代学校制度的公正性[J]．教育科学研究，2008(11)：5-8，13.

　　② ［美］韦恩·K.霍伊，塞西尔·G.米斯克尔．教育管理学：理论·研究·实践（第7版）[M]．范国睿，译．北京：教育科学出版社，2007：103-105.

(三)通过引领、激励与约束来重组行为文化

学校行为文化偏离的主要样态是学校部分教师日常的行为习惯与学校倡导及设计的行为模式远离的情形。传统教育教学行为习惯仍在起作用是学校行为文化偏离的根源,运用具有管理功能的传统教育教学行为习惯来展开教育教学管理是师德失范行为的主要原因,所以,通过引领、激励与约束来转变行为习惯的沿袭,进而重组行为文化,是减少学校行为文化偏离和消除师德失范行为的关键点。"教学习惯的改变是在日常教学生活变革中进行,通过优秀教学文化的示范引领及教学制度文化的惩戒堵塞,从日常教学生活的点滴细微处着手,经由持久的日常教学生活实践陶冶来完成。"①

首先,建立合作机制,帮助教师观察并学习榜样教师所示范引领的新的教育教学行为模式。教学行为的发生学研究成果表明,从学校倡导的先进核心价值观到相应的教育教学行为生发,大致要经历学习理解—认同内化—创新生成—外化实践等环节,其中"创新生成是教学行为转化的关键环节"。②创新生成的两个基本途径是外部促进和内部优化(后面阐述)。外部促进的核心要素是榜样教师的示范引领。受认知能力、理解水平、积极性高低、实践智慧等的影响,总有一些榜样教师(学校中的名师、骨干)率先尝试并形成新的、可操作性强的、有效的教育教学行为模式。为充分发挥榜样教师的示范引领作用,学校应建立校内外的教师合作机制,包括师带徒、影子培训、团队教研、名师工作室等。

其次,改进评价机制,鼓励教师结合自身实际点滴积累新的教育教学行为模式。外部促进真正起作用离不开内部优化,但内部优化有自身的规律。一方面,榜样教师的教育教学行为模式是一个包含观念、思维、方法、操作的复杂系统,里面涵盖着大量的缄默知识,不易为他人直接观察并学习;另一方面,教师倾向于采用熟悉的教育教学行为模式,而不愿意采纳既需要冒风险又需要追加投入的新的教育教学行为模式。所以,现实生活中,教师往往采用点滴积累策略(即在

①　肖正德. 教学习惯的意蕴、特质与改变路向:教学文化变革的视角[J]. 华东师范大学学报(教育科学版),2012(3):15-22.

②　段作章. 教学理念向教学行为转化的内隐机制[J]. 教育研究,2013(8):103-111.

传统的教育教学行为习惯中结合自身的实际慢慢增加一些榜样教师所推行模式的新元素)来渐进转变自身的教育教学行为。根据教师的这种策略,学校应改进评价机制,将过程评价(肯定教师符合要求的"一颦一笑""一言一语""一举一动")与结果评价结合起来。

最后,完善问责机制,促进教师理解新的教育教学行为模式并对可能导致失范的陈旧教育教学行为习惯进行规范约束。积极行为的强化(包括如上所述的对新的教育教学行为模式的外部促进和内部优化)和消极行为的弱化乃至消除(针对陈旧的教育教学行为习惯的惩戒),要想持续并产生效果,离不开正式制度的运行方式的完善,即问责机制的完善。一方面,要常态性地开展参与式的重在解释的教育问责活动,转变教师的行为体验和习惯。问责,从字面上讲,就是询问责任与追究责任的动态活动过程。在学术研究中,研究者们更强调询问责任,即教师本人有责任对与其职位有关的教育教学和管理工作进行各种形式的解释;日常生活中,管理者们更强调追究责任,即上级或其他主体应该对教师的失当、失职或渎职行为进行各种惩戒的责任追究。二者前后相继,密不可分,不能片面强调某个方面而忽视另一个方面。就当前来说,校长及其管理团队应该引导教师及其群体常态性地开展参与式的重在解释的教育问责活动,包括汇报自省(自我问责)、群体相互批评(相互提醒、彼此问责)等。另一方面,节点性地开展参与式的重在追究的教育问责活动,转变教师的行为意向和习惯。对于各方反映强烈的失当、失职或渎职行为,学校要开展惩戒性的责任追究活动。当然,责任追究不能简单出于"平民愤"或"平事态"的矛盾心理,不能仅仅出于落实制度执行或维护制度权威的单一诉求,为惩戒而惩戒,而应该体现惩戒的群体参与性、轻重适宜性、过程公正性和目的指向性。具体来说,惩戒要吸纳广大教职员工、学生及其家长等多主体的积极参与,尤其要给被惩戒教师为自己辩护的权利和机会,不能关门议决;惩戒要以具体的失责行为为依据,提供轻重适宜的处罚,不能被舆论左右;惩戒要建立在公正、平等、公开的程序基础上,不能推行长官意志;惩戒要体现保障学生最大利益的教育管理或学校管理的本质,不能只为息事宁人。①

---

① 程红艳,陈银河. 超越纵容默许与重拳出击:师德失范行为治理的对策研究[J]. 中国教育学刊,2019(2):64-69.

第三节　师德教育(管理和领导起点)视域下师德失范行为的归因与治理

随着近年来师德失范行为偶发性、频发性的加剧和社会关切性的加强，着力于短期效果和事后警示的师德惩处显然更引人注目，而着眼于长期效益和事前预防或事后改正的师德教育在师德建设中的基础性作用相对被忽视。其一，就师德惩处的结果而言，师德惩处只能解决师德失范行为本身的问题，不能解决向哪个方向改变和如何改变的惩后纠正的问题，而后者不得不依靠师德教育作用的发挥；其二，就师德惩处的过程而言，师德惩处必须建立在公平、公正和公开程序的基础上，完善程序的建立与执行肯定离不开教师的参与、学习与教育；其三，就师德惩处的标准而言，《中小学教师违反职业道德行为处理办法》虽然明确了专业失当、失职和渎职等显性师德失范行为的处罚标准，但是，够不上师德惩处标准的"不出错"行为、"平庸之恶"行为和亲学校不道德行为等隐性师德失范行为，只能依靠师德教育来预防和治理。正是在这个意义上，教育部等五部门出台的《教师教育振兴行动计划(2018—2022年)》，将"落实师德教育新要求，增强师德教育实效性"作为首要目标任务，仍然具有很强的现实指导性。为强化师德教育的功能，丰富师德教育的内容，提高师德教育的成效，2021年4月，教育部印发了《教育部关于在教育系统开展师德专题教育的通知》，文件整体部署了师德的教育内容、工作安排和组织领导，并要求"注重融入日常、抓在经常，系统组织、分类指导"。如此看来，师德教育的地位与作用在政策上得到了很好的体现。然而，师德教育的规律在理论中研究不够，师德教育的实施在实践中成效不高，如何深化认识师德教育的规律、如何增强师德教育的成效，以充分发挥师德教育在防治师德失范行为中的作用，值得进一步研究。

一、师德教育：师德失范行为归因与治理的经典视域

师德教育曾经是师德失范行为防治的唯一治理模式。20世纪80年代到90年代中期，虽然政策、理论和实践中没有师德失范的概念，但是，师德失范概念所指的师德问题还是存在的。比如，1984年10月教育部和全国教育工会联合颁发

的《中小学教师职业道德要求（试行草案）》曾明确规定"不歧视、讽刺、体罚学生"，从政策的针对性来讲，这说明当时确实是存在师德失范行为的，哪怕是极少数教师或极个别教师存在这些师德问题。针对这些师德问题，理论界和实践界的共识是开展师德教育。当然，这里所指的师德教育是广义的，是包括师德修养、师德学习、师德培训、师德管理在内的综合性师德治理模式。随着经济社会发展的加速，以学习和指导为主要内容的综合性师德治理模式，显然难以适应时代发展的需要。

顺应时代发展的外在要求和教育发展的内在需要，师德教育后来演变为师德失范行为防治的治理模式之一。20 世纪 90 年代中后期，随着市场经济和改革开放的深入，在社会不良风气等多种因素的影响下，师德失范所指的师德问题逐渐增多并变得愈加复杂。有研究者曾从师德失范表现领域的角度列举了五大类师德问题：教学工作中的师德问题、对待学生的师德问题、教师对待自己的道德问题、教师人际交往中的师德问题、教师日常行为中的师德问题。① 《中小学教师职业道德规范（1997 年修订）》曾从禁止性规范的角度列举了多种师德问题，比如不敷衍塞责、不变相体罚学生、不利用职责之便谋取私利、自觉抵制有偿家教等。面对日益增多和复杂的师德问题，理论界和实践界逐渐认识到，仅使用师德教育这种综合性的师德治理模式是不够的，必须同时探索和使用其他的多种师德治理模式。这些师德治理模式的理论和实践成果在 2013 年 9 月《关于建立健全中小学师德建设长效机制的意见》中得到了集中呈现。该文件列举了七种师德治理模式：师德教育、师德宣传、师德考核、师德激励、师德监督、师德惩处、师德保障。着眼于长效机制的系统的师德治理模式主要以教育和管理并重的方式来防治师德失范行为，但防治是否高效还取决于教育和管理中每一个组成部分是否做到了最优发力。目前来看，师德管理有余，师德教育不力。

师德教育始终是师德失范行为防治的基本或首要治理模式。只有师德教育模式扬长避短，创建一个良好的防治开端，才能为后期管理手段的功效发挥打好基础并排除阻碍，也才能最终打赢防治师德失范行为的攻坚战。师德失范行为不是偶然的，而是主客观多种因素综合作用的结果，其中，师德修养放松和师德能力

---

① 任顺元. 师德概论[M]. 杭州：浙江大学出版社，1996：145-156.

不足是诸多问题出现的内部根源。所以,虽然师德失范行为的防治需要从法治、师德规范、制度建设、行政管理、团队建设、个人自律等多方面来寻求对策并进行系统治理,但是,法治需要深入人心、师德规范需要内化为师德良心、制度建设需要转化为教师专业伦理、行政管理需要自我约束、团队建设需要个人配合、个人自律需要素养提升,所有这些方面都离不开师德教育。

二、分析框架:工具主义、理想主义、形式主义的师德教育

师德教育与师德失范行为之间存在着深层的关联。师德教育、宣传、考核、监督惩处和保障等师德治理模式的系统运用或运行是建立健全中小学师德建设的长效机制。师德教育模式是师德治理模式的基本或首要构成要素,具有促进教师专业道德成长或防治师德失范行为的强大功能。从师德教育的角度来分析师德失范行为的归因与治理,并不是说师德教育直接导致了师德失范行为的发生,而是说师德教育在实践运行中因为自身的不足没有起到防治师德失范行为(尤其是隐性的师德失范行为)发生的作用,所以,探讨师德教育的不足及其如何未能防治师德失范行为发生的内在机理,就成为师德教育视域下防治师德失范行为的当务之急。

要探讨师德教育的不足,首先必须探讨何谓师德教育?有研究者曾从伦理学的角度指出,"师德教育,即教师职业道德教育,是指党和政府、教育行政管理部门及师资培训机构按照社会对教师的职业道德要求,有目的、有计划地对教师施加系统的道德教育和影响,使他们遵循职业道德行为准则,自觉履行对社会对教育事业应尽的义务,养成良好的职业道德品质的活动"[1]。有研究者曾从德育学的角度指出,"教师道德教育是教师道德建设中的一种重要措施"。在师德教育的目标与内容方面,"过多注重的是道德知识、道德条目的传递和道德观念的灌输";在师德教育的方法方面,"往往采用灌输式、说教式的教学方法";在师德教育的管理方面,"教师道德培训仅仅被当作一项必须完成的工作,而对其在实践中有无作用则不管不问"[2]。第一个定义注重理论建构,全面阐述了师德教育

---

[1] 杨燕钧. 教师伦理学[M]. 上海:华东师范大学出版社,1998:127.

[2] 杜时忠. 新世纪 新师德[M]. 武汉:湖北教育出版社,2009:78-79.

的主体、目标和内容及方法，第二个定义注重实践反思，着重强调了师德教育实践中目标与内容、方法和管理等方面实存的问题。由此来分析，完整理解师德教育，离不开师德教育的主体、目标与内容、方法、管理等基本方面。借鉴这些思想，我们认为，师德教育是指教育者(整体上可包括党和政府、教育行政主管部门、师范院校和师资培训机构、学校等教育主体，本文从学校的角度出发，可将教育者理解为学校及其管理者)根据特定经济社会发展的要求、学校发展的实际和教师发展的需要，遵循教师专业道德形成的规律，采用师德培训、师德榜样宣讲等教育方法，借助师德考评、师德惩处等管理手段，丰富教师的伦理道德知识、养成教师的伦理道德情感和提升教师的伦理道德能力的系统活动过程。

明确了师德教育的内涵，就可以运用这个概念来观测师德教育的实践，进而发现师德教育中所存在的不足。师德教育的概念，提供了师德教育目标与内容、师德教育方法、师德教育管理的基本观测视角(其中师德教育主体观测视角隐含在其他观测视角之中)。根据这三个观测视角，结合师德教育实践中的典型情况，可以将当前师德教育存在的不足归纳为师德教育的工具主义、理想主义和形式主义倾向，工具主义、理想主义和形式主义倾向的师德教育是学校及其管理者在肢解完整师德教育和误解理想师德教育后实际开展师德教育的思想方法和工作作风。具体来说：在师德教育目标与内容维度，学校实践中的师德教育存在着工具主义的倾向。所谓工具主义的师德教育，是指学校及其管理者旨在培养不违反师德规范的工具人，只注重伦理道德知识的丰富而忽视伦理道德情感的养成和伦理道德能力提升的思想方法和工作作风。具体表现为：为强化师德的社会示范价值而一味宣扬师德的崇高性、为提高师德的教学价值而一味强调师德的教学功能、为避免有关师德的学校负面形象的出现而一味威胁教师不得违反各种规范。总之，无论是强调师德的社会示范价值、教学价值，还是强调师德的学校考评或营销价值、师德的"个人饭碗"价值，都是强调师德的"工具"价值，而忽视师德的成长价值、专业内需价值和享用价值。

在师德教育方法维度，学校实践中的师德教育存在着理想主义的倾向。在师德教育方法维度，学校实践中的师德教育存在着理想主义的倾向。所谓理想主义的师德教育，是指学校及其管理者旨在告知教师理想做法，简单宣传师德榜样的片段经验而忽视广大教师实际工作情境多样性、复杂性或决策困难性的思想方法和工作作风。具体表现为：大班制且单向度地培训伦理道德基本理论和"美德袋"式的师德规范、无筛宣传且过度抬高师德榜样及其片段经验、漠视同仁不良影响、简单且不加引导地激励教师进行自我教育等。总之，无论是理论讲授、经验介绍，还是对隐性失范行为的默许，都是强调师德的"理想做法"或"理想状态"，而忽视教师师德实际状况的多样化、互动性和师德实际运用的复杂性、两难性。

在师德教育管理维度，学校实践中的师德教育存在着形式主义的倾向。所谓形式主义的师德教育，是指学校及其管理者旨在完成指令或考评任务，片面注重活动开展的种类或数量而忽视实践成效的思想方法和工作作风。具体表现为：机械执行上级安排的师德培训任务、简单宣传师德政策的内容及要求、以教师的师德培训出勤率和实际的学科教学成绩作为个体师德评价的标准、以学校开展师德教育的种类和数量作为学校师德教育成效的衡量标准。总之，无论是任务的临时计划与组织实施，还是教师个人师德的评价标准与学校师德教育成效的衡量标准，都是强调"做了"和"做了多少"，而忽视教师真正的师德成长和学校真正的组织伦理氛围。

三、路径与心理机制：师德失范行为的师德教育三维度归因

师德教育作为一种属人的、社会性的活动，在本体意义上，它不仅是一种事实性的实践形态，而且体现了一定的价值追求。工具主义、理想主义和形式主义倾向的师德教育，既是一种偏差性的实践形态，也是一种诱导性的思想方法和工作作风。虽然任何形式的师德教育都不会直接导致师德失范行为的发生，但是，工具主义、理想主义和形式主义倾向的师德教育会通过其思想方法和工作作风间接地影响教师的道德决策，包括屏蔽教师的道德认知、诱发教师的负面情绪、抑制教师的道德意志等，进而展现出相应的不道德的行为方式。道德决策是指当面临多种可能的目标或行动方案时，个体对目标及其行动方案在善恶和道德程度上作出选择的思维活动。[①] 为解释道德决策与其实际行为方式之间的过程或机理，研究者们基于理性认知、感性情绪及其对道德判断的交互作用三个研究视角提出

[①]　苏启敏. 教师专业道德决策：概念、依据及实践推理[J]. 教育研究，2015，36(1)：90-97，107.

了三种对应的理论模型：理性推理模型、社会直觉模型和双加工模型。一方面，这些理论模型只强调了道德认知、道德情感的作用方式，而忽视了道德意志的作用机理；另一方面，忽视了道德意志对道德决策和道德行为影响的现有理论模型，难以对日益复杂多样的师德困境和失范问题作出全面的解释。基于此，本章节试图从"知、情、意"全方位的研究视角来探讨师德教育的异化实践导致师德失范行为的内在机制。

（一）工具主义师德教育路径与认知偏差机制

工具主义师德教育容易导致教师产生认知偏差，进而可能导致教师出现价值取向型失范行为和目的取向型失范行为。工具主义师德教育注重师德原理、原则和规范等知识的授受及相应技能的训练，是必要的，这有利于教师建构伦理道德知识体系。但是，如果过分重视知识的授受和技能的训练，忽视了知识背后的情感成分，容易导致教师产生认知偏差——师德知识及其技能是不得违反的外在于自身及其活动的国家、社会和学校要求，是政治规训和学校管制的手段，是政治任务实现和学校绩效达成的工具。这种认知偏差消解了自我，消解了道德主体性义务，而没有自我和道德主体性义务的教育教学活动，就可能会导致教师出现价值取向型失范行为和目的取向型失范行为。价值取向型失范行为，是指教师在受到某种特定价值观的影响后无法依靠自主、自觉的道德决策意识来支配自己行动的失范行为，主要表现是，在市场经济浪潮下抵制不住物质和个人虚荣心的诱惑，过分重视经济利益，为了盈利而向学生推荐指定学习用品、辅导资料并经常接受家长的礼品或宴请等。目的取向型失范行为，是指教师在受到狭隘的功利的学校绩效价值观影响后无法以学生整体利益最大化来支配自己行动的失范行为，主要表现是，缺乏"以人为本，以学生为中心"的教育观念，经常占用自习课、体育课或课外活动时间来教授语数外等涉及学生、班级、学校排名的课程，或者为了提高学生的成绩不惜牺牲他们的休息时间和健康而进行"恶补"的行为。

理性推理模型解释了认知偏差导致师德失范行为的道德决策心理机制。"理性推理模型认为，道德决策是一个有意识的推理过程，情绪产生在理性的分析之后；认知系统对道德判断中的信息进行表征和加工，同时对产生的情绪反应进行调控。"①以理性推理模型来推论，师德认知是教师作出道德决策的首要制约因素。受工具主义师德教育所造成的认知偏差的影响，教师会认为，倡导性的师德知识技能只是教育教学活动取得成效可以利用的工具，禁令性的师德知识技能只是教育教学活动避免犯错的工具。师德只是工具的认知偏差的形成，慢慢会消解教师自主、自觉的道德决策意识，而教师如果没有了自主、自觉的道德决策意识，就很容易发出师德失范行为；师德失范行为一旦发生后，教师往往不会自我觉察并向内归因，也较少启动源自社会化或专业化过程中获得的自我道德调节机制，相反，教师会归咎于功利的社会风气和上级唯绩效的政策指向。受认知偏差及其导致的道德推脱的影响，教师即使意识到某种教育教学活动存在着师德失范行为的风险或可能，也事先不预防，事后不补偿或不改变。

(二)理想主义师德教育路径与情绪无感机制

理想主义师德教育容易造成教师产生情绪无感，进而可能导致教师出现情感型失范行为和传统型失范行为。理想主义师德教育注重师德的理想状态、榜样状态，重视师德的纯洁性、崇高性，这些都无可厚非，它们本是师德原理、原则和规范等最集中的形态展示和品质展现，是广大中小学教师学习的对象，模仿的榜样。然而，无论是专家的专题培训，还是师德榜样的经验介绍，一般都基于某种假定的条件和设定的情境来展开。这无疑会脱离每个教师鲜活的、复杂的、多变的日常教育教学生活，二者所存在的巨大鸿沟造成了教师的情绪无感——难以激发教师的道德情绪体验，无法让教师将师德原理或经验与自身的日常教育教学生活结合起来学习、反思。这种情绪无感造成了以下情形的出现：在培训现场，教师们都能感受到和理解师德的地位、作用，都能体会到师德原理或推理的科学性、重要性，都很佩服榜样教师的所作所为及其经验，但一旦回到实践现场，还是有可能做出情感型失范行为和传统型失范行为。所谓情感型失范行为，是指教师以自身心情的好坏作为教育教学安排的依据而做出的不稳定、不公平、不理性的行为，主要表现为，给好学生安排靠前的座位，在与家长的联系中时而热情友

---

① 钟毅平，占友龙，李琎，范伟.道德决策的机制及干预研究：自我相关性与风险水平的作用[J].心理科学进展，2017，25(7)：1093-1102.

好、时而冷淡甚至不尊重，对同事漠不关心，对学校发展不建言献策，等等。传统型失范行为是指教师自身没有主观上的失范构想，仅仅因遵循传统习俗或者习惯而造成的失范行为①，主要表现为，依旧采用僵化的应试教育模式，试图通过填鸭式教学和题海战术等加重学生课业负担的教学方式来提升自己的工作业绩，惯习体罚和讽刺挖苦等变相体罚的手段来管理学生，等等。

社会直觉模型解释了情绪无感造成师德失范行为的道德决策心理机制。"社会直觉模型认为，道德决策是一个由情绪启动的快速的、自动化的直觉过程；有意识的推理过程发生在道德决策之后，只起到一个补充说明的作用。"②以社会直觉模型来推论，个体的道德决策是由情绪和理性推理共同驱动的结果，情绪和体验性经验是道德决策的首要环节，这个环节是直觉加工，快速而直接，不需要认知资源的加工。如果需要的话，理性推理才会缓慢出现并给出理性解释。③ 通俗地说，个体对行为对象的积极情绪体验及其反应是作出道德决策并发出真正道德行为的决定因素，缺乏共情(与他人一起感受)或者对行为对象旁观甚至冷漠视之则难以作出道德决策并发出道德行为。受理想主义师德教育所造成的情绪无感的影响，教师往往会产生这样的情绪体验，师德原理有理但没有什么实际作用，师德榜样有样但自己学不来。一旦教师感受到师德教育的内容与自身的教育教学实际不匹配时，就会觉得这些与自身没有什么相关性，而自我相关性甚至共情恰恰是道德决策的重要引擎，极大地影响着教师在教育教学生活中的道德判断和道德行为。结合理想主义师德教育的实际来看，去个性化的大班制的师德培训，忽视了教师个别化的情绪体验，无法获得教师的心理认可和行为支持，进而降低了日常生活中运用师德原理、经验的学习自觉；"无我、舍我"高标角色的师德宣传，让教师望尘莫及，降低了教师对师德榜样的模仿自觉；各种层次不同规模的师德研讨或考评，因为脱离不了人情社会的禁锢和影响，因为惯习"专业个人主义"或为了保持竞争优势，降低了教师共同体的反思自觉；繁重的教育

---

① 刘百杰. 农村中小学教师职业道德失范现状研究[D]. 太原：中北大学，2012：17.

② 钟毅平，占友龙，李琰，范伟. 道德决策的机制及干预研究：自我相关性与风险水平的作用[J]. 心理科学进展，2017，25(7)：1093-1102.

③ 胡艺馨，何英，王大伟. 道德决策中的情绪作用[J]. 山东师范大学学报(人文社会科学版)，2018(6)：124-133.

教学任务,难以保障足够的时间和精力让教师修养自我的师德品质,降低了教师自我教育的修养自觉。缺乏学习、缺乏指引、缺乏反思、缺乏成长的教师只能在自身所理解的"师德"中来展开教育教学行为方式,依循惯习就有可能沿袭师德失范的做法。

(三)形式主义师德教育路径与意志伪善机制

形式主义师德教育容易强化教师的走过场式的意志伪善和言行不一式的意志伪善,进而可能导致教师发出隐蔽型失范行为。评价和问责作为师德教育管理的重要环节,本意在于发挥诊断、激励和调控的功能。它可以通过鼓舞和强化正向的师德示范或规范行为,调控和惩处负面的师德失范行为,来对师德教育实施全面的质量把控。但是,相当多的师德教育管理实践没有达到期望目标,因为,现行的师德教育管理被形式主义所腐蚀,管理环节内部有选择地执行,管理环节之间衔接不通畅,这些做法直接导致了监督薄弱、问责泛化、惩处失当等情况的出现,而一旦这样,意志伪善就难以避免。意志伪善主要表现为两种形式:走过场式的意志伪善,即假装具有某种师德素养而隐藏真实的师德品质的倾向;言行不一式的意志伪善,即假装具有某种师德品质而实际行为比假装的师德品质低劣的倾向。走过场式意志伪善的外部刺激主要表现为,在专门的师德培训活动中,教师不用付出太多的努力,即使认知有偏差、无情绪体验,也能通过培训考核;在日常的教育教学活动中,教师仍然采用惯常的教育教学活动方式,不用克服困难,即使存在失范行为,只要未被举报,也能通过年度考评。言行不一式意志伪善的发生场景主要表现为,在公开"宣誓"或"表态"的场合,在需要"扮演"或"展示"的场合,教师可以表现出完美的道德认同及其理想样态,但在日常生活中,在自己的课堂中,该怎么干还怎么干,只要不出现极端情况,都不会受到惩处。在意志伪善的驱使下,教师极易做出隐蔽型失范行为。所谓隐蔽型失范行为,是指教师明明知道师德规范所要求的理念及行为,但因意志力薄弱不愿意做出师德行为而导致的失范行为,主要表现为,不出错行为——教师会默许上课不认真学习但不扰乱课堂秩序的学生思想开小差,或者多数老师会积极处理本班学生违规行为而不愿意介入其他班学生违规行为的管理,等等;平庸之恶行为——教师占用学生的休息时间来帮助学生补课的行为,或者为了帮助学校通过上级考评而参与"做材料"的行为，等等。

　　亲组织不道德行为理论解释了意志伪善造成师德失范行为的道德决策心理机制。道德行为是道德决策的结果，道德动机是人们作出道德决策并意志坚定地实施道德行为的动因。亲组织不道德行为正是从一种特殊的道德动机来研究道德决策及其行为意志的理论。亲组织不道德行为，是"旨在促成组织有效运作而违背社会的核心价值观、法律或道德标准的行为"①。亲组织不道德行为的动机主要包括三类："第一类因素通过唤起个体维护或回报组织的动机来影响亲组织不道德行为，例如组织认同、组织承诺"，"第二类因素通过对个体施加内在驱力或外在压力来影响亲组织不道德行为，例如心理特权、绩效压力"，"第三类因素与个体或组织的道德性相关，例如道德认同、企业伪善"②。在三类动机的综合驱动下，个体作出意志伪善（虽然个体明知这些行为只能实现组织的短期利益，且不符合自身和社会的长远利益，但是，迫于压力或利益，自己仍然去做）的道德决策并发出实际的亲组织不道德行为。源于管理者政绩观错位、责任心缺失、被名利思想和懒惰作风支配等的形式主义师德教育，其对亲组织不道德行为的默许、倡导甚至鼓励，既直接助长了意志伪善，让部分教师麻木于用形式主义应付形式主义，养成了敷衍和应对的不良习惯；又间接削弱了师德教育管理本该增强道德意志（即"道德动机战胜不道德动机、排除困难将道德行为进行到底"）的内在功能，让部分教师习惯于用现实利益而不是专业伦理要求或内在良心来作出决策，消解了师德学习、师德自律的意志或精神。前者造成的不良后果是，部分教师表面上维持着对师德教育活动的配合和对道德规范的遵从，一旦脱离师德教育活动的特定场域，教师就放松对自己的要求，并可能在特定条件下做出师德失范行为；后者造成的不良后果是，部分教师认为，反正不出特殊情况（除非举报，这种情况一般不会出现），大家都是"道德合格"，何必花更多的精力、克服更多的困难来用完全道德的手段实现真正的教育目标呢！

---

　　①　王晓辰，高欣洁，郭攀博，李清. 亲组织不道德行为的多层次模型[J]. 心理科学进展，2018(6)：1111-1120.

　　②　程垦，林英晖. 动机视角下的亲组织不道德行为[J]. 心理科学进展，2019(6)：1111-1122.

四、预防与治理：师德失范行为的师德教育防治策略

既然工具主义、理想主义和形式主义的师德教育可能分别通过认知偏差机制、情绪无感机制和意志伪善机制等心理机制消解师德教育防治师德失范行为的功能，那么，要重塑师德教育防治师德失范行为的功能，就必须改进和创新师德教育本身的目标、方法和管理。同时，三种心理机制的分析启示我们，单靠专门时空的师德教育是难以消除认知偏差、情绪无感和意志伪善的。要根本解决这些问题，还必须将师德教育融入学校教育教学活动和管理的全方位和全过程，并将超时空的全方位和全过程的师德教育置于优先地位。

(一)建设学校伦理实体，广泛开展伦理道德决策

工具主义师德教育使教师个体被投入"代理"状态，执行着组织或外在要求等功能性意愿。教师不是在自主状态下进行道德决策和道德行动，就不愿意为之付出全身心努力，而只关注自己是否合规地完成了教育教学任务，进而通过师德认知偏差机制的作用造成了道德责任的转嫁与道德义务的推诿。为改变这种状况，既要在日常教育教学生活中加强学校伦理实体的建设，又要在专门的师德培训中增加伦理道德决策的内容和比重。

首先，要在日常教育教学生活中建设学校伦理实体。师德认知、情绪情感与意志在师德意识中是一体的，不能就师德认知来消除师德认知偏差，为达成这一点，必须着眼于学校伦理实体的建设，为教师的师德学习创造全方位和全过程的场景。"学校只有真正成为伦理实体，教师才能获得自身存在的价值，从而为教师提供安身立命的基地和精神家园。"[①]建设学校伦理实体的要旨，就是要为教师时时刻刻进行无意识师德学习创造条件。为此，建设伦理型班级、课堂、教研室、年级组、学校，就是必要且可行的路径。具体来说，可以在相关场域张贴师德宣传海报、设计文化长廊、免费发放师德宣传手册或播报师德事迹广播等；师生员工之间、教职工之间无论是在教育教学活动中、在工作交流中还是在业余交谈中，都要秉持平等思想(平等思想体现在精神上的彼此尊重与互相理解)、契约

---

① 徐继存. 作为伦理实体的学校[J]. 教育研究，2020(4)：77-84.

精神(契约精神体现在遵守基本的社会道德规范和教师职业道德规范，规范中禁令的事情坚决不做)和师德意识(师德意识体现在即使人们脱离了学校这个道德场域，也应该铭记自己作为教师或教育相关工作者的权利和义务)。

其次，要在专门的师德培训中将伦理道德决策纳入师德教育的目标与内容。学校伦理实体当然是最好的师德学习场景，但是，学校伦理实体的建设有一个过程，在这个过程中，可能会出现一些师德问题，甚至是师德两难。为促进教师的师德学习，可以在专门的师德培训中广泛开展伦理道德决策的活动。"所谓伦理决策，宽泛来说，就是个体或群体对与伦理有关的事项进行感知、作出判断、进行抉择的过程。这个过程通常开始于一个包含着道德问题或难题的情境。"①为此，要在日常师德学习中有意识地收集或积累真实的、典型的师德问题或案例；要让所有的教师体悟师德两难情境，发现其中隐含的师德原则、规范和实践困惑、困难，并对各种可能的问题解决方案进行驳斥或辩护；要在组织者的引导下展开平等对话、深度研讨和实践反思。正是在这一过程中，教师获得了伦理道德素养和专业成长，并能够以更负责、更道德的方式践行日常的教育教学活动。

(二)倡导参与式讨论与实践，激发培训双方教师的共情

理想主义师德教育单向传递师德的"理想做法或状态"而忽视教育生态和教师实际的做法，给教师贴上了自我相关性差的标签，进而造成教师因缺乏道德情绪体验而引发了情绪无感。为改变这种状况，无论是在日常教育教学生活中还是在专门的师德培训中，都需要倡导参与式讨论与实践，并将教师共情置于师德教育方法的中心。

首先，创造团队学习或知识共享的日常教研活动模式。当教师面临道德困境时，要引导教师通过"团队学习"或"知识共享"的教研活动模式来接受同仁影响或者共情他者(师德榜样、校长及教师同仁等)。这种影响或共情过程并非简单的鹦鹉学舌式的仿效过程，而是在与个体、情境、对象的自我交流、场域审思和他者对话的基础上，对他者实践的"观察—领会—理解—创新"的认知演绎和行为建

---

① 程亮，翟金铭.面向伦理决策的师德教育：为何与何为[J].教育发展研究，2021(24)：16-23.

构过程。① 在师德教育活动中，要创设成员基于情感层面的内生性的道德互助、道德归属、道德凝聚的道德学习共同体，这是击垮教师各自为教、专业个人主义以及恶性竞争的有力手段。

其次，营造情境性、互动性和创生性强的专门培训场景。在集中培训中，专家应聚焦教育的客观实际与教师的主体需求，用理论、道德、情感等教育元素来服人、动人及感人，用接地气且实践性强的话语来替换学术且抽象的表达，在解读师德教育内容时穿插鲜活的生活经验并结合现实的具体案例来组织教师群体进行研究和探讨；在师德教育的实践考察中，不能仅限于旁观式考察，而要立足于教育实践现场，真实体验工作场域，切实反思教师角色，推动专业理想信念的内化；在自我教育中，要为教师提供专业及伦理自主发展所需要的时空条件，让教师综合考量自身的基础与特点后，再理性选择最适合自己的学习内容与进度。为激励教师的自我学习，可以借鉴美国的"数字徽章"模式，对完成继续教育任务的教师颁发个性化的"数字徽章"。②

（三）监测并调控学校伦理道德氛围，优化监督、问责和惩处

形式主义师德教育所造成的师德监督不力、问责泛化和惩处不严的状况，导致了教师的"匿名效应"的产生。只要未被监视、未被举报、未被严惩，就存在侥幸和得过且过的敷衍心理，这强化了教师走过场式和言行不一式的意志伪善。为改变这种状况，要全方位全过程监测并调控学校伦理道德氛围，优化监督、问责和惩处等管理举措。

首先，监测并调控学校伦理道德氛围。学校伦理道德氛围是个体伦理道德方式、群体伦理道德作风和学校伦理道德风气的总和，是教师感知到的学校所有成员伦理道德行为的总和，是教师感知到的学校伦理实体的精神面貌的总和。从理想来讲，个体有师德良知、群体有教师专业伦理、组织有优良的制度设计，学校就是一个充满道德精神的伦理实体。从现实来讲，个体坚守师德良知需要克服许

① 罗生全，刘志慧．论教师伦理发展的共同体逻辑[J]．教育研究，2015，36(7)：81-88.

② 朱宁波，崔慧丽．新时代背景下教师品质提升的要素和路径选择[J]．教育科学，2018，34(6)：49-54.

多困难，群体坚守教师专业伦理需要超越"潜规则"，组织的优良制度从设计到执行面临诸多困境。所以，既要将学校建设成为伦理实体，也要监测并调控学校伦理道德氛围，防止理想下滑或现实恶化。在个体师德良知的监测和调控方面，第一，要发挥大众传媒、文学艺术等对师德教育的特殊渗透力和影响力，宣传科学理论，传播先进文化，弘扬社会正气，引导广大教师注重自我道德修养的提升；第二，要客观、真实地宣传师德榜样和光辉事迹，既不能过分加工，将教师道德形象伪圣化，也不能刻意矮化，将教师描述成敛财者、体罚者、变态者；第三，师德教育不能仅仅停留在说教的层面，而更应该引导行为并在必要的时候伸出援手，增强教师物质需求和精神需求的满足感或获得感；第四，在满足教师物质和精神需求的同时，我们还要时刻关注教师的心理健康发展问题，帮助教师解决各种工作、生活中的思想困惑和实际困难，帮助教师获得自我超越的意义感，并在自我提升中自觉抑制各种消极影响。在教师专业伦理的监测和调控方面，要发挥教师同伴的作用，通过关怀与纪律、互助与合作的方式祛除教师道德判断个体化带来的情绪偏执，从而预防由于教师不稳固的个人道德水平而导致的师德失范行为；要增加教师之间的交往与互动，通过文体活动，各类教研、科研活动来建构教师群体的健康群体规范，即教师自身和他者达成有意义的关于内在信念、行为准则以及评价标准的共识性群体规范。① 在学校组织制度设计与执行的监测和调控方面，要将"依法治国"的基本国策贯彻到教育领域中来，做到"依法治教"和"依法治校"，避免"稻草人"效应（稻草人只在初期对农田起到监管和保护的作用，这种威慑力伴随着时间而逐渐降低直至消亡，因为鸟儿逐渐认识到稻草人并不能对自己产生实质性的伤害）。第一，要有法可依，有制可遵，要在领会我国教育法律法规精髓的基础上加强对学校伦理制度的建设和更新；第二，学校要经常组织管理者和教师参加《教育法》《教师法》《义务教育法》《未成年人保护法》和学校制度、校规校纪、教师职业道德规范等相关内容的学习，以提高管理者和教师对法律层面、制度层面与道德层面有关教师权利和义务内容的认知与内化；第

---

① 罗生全，刘志慧．论教师伦理发展的共同体逻辑[J]．教育研究，2015，36（7）：81-88.

三，要制定明确问责主体和问责内容的"岗位责任制"。只有这样，我们才能将制度伦理贯穿于日常教育教学活动和专门师德培训活动的全方位、全过程。

其次，优化监督、问责和惩处等师德管理举措。在师德监督方面，要加快完善对教师具有广泛约束力、更为具体的责任条款，并将每项条款的评价标准以及惩戒措施予以细化，明确权责归属和违规所应承担的后果，以方便多主体的外在监督和教师自我的内在监督。① 在师德问责方面，切忌加重教师的心理负担，因为理论与实践已经证明：长期处于高压状态下的教师更易做出师德失范行为；要强化询问责任而不是追究责任的环节，要综合动机、情景、频次等多种因素来询问责任，要综合教师的学习时长、出勤情况、学习过程、学习成果，教师的个人能力、专业发展等多个方面来询问责任。在师德惩处方面，要在认定师德失范行为事实的环节，允许当事教师为自己辩护；当给予当事教师警告以上的处罚措施时，允诺当事教师所要求的听证会，以透明公开的方式来处理师德问题，确保结果的公正性。

第四节　师德问责(管理和领导过程)视域下
师德失范行为的归因与治理

2012 年《国务院关于加强教师队伍建设的意见》提出，奖惩是师德建设工作机制的重要一环。2013 年《教育部关于建立健全中小学师德建设长效机制的意见》明确提出，对师德考核不合格者实行一票否决。2019 年《关于加强和改进新时代师德师风建设的意见》进一步指出，要加强制度建设，各地各校要建立健全责任落实机制，坚持失责必问、问责必严。从重视问责结果的后续管理(奖惩)到强化问责结果的后续管理(一票否决)，再到重视问责体系(建立健全责任落实机制)，体现了我国师德问责政策设计的关键环节突显性和完整体系建构性。从实证研究上探讨各地各校贯彻落实师德问责体系政策的实际效果，无论是从政策设

---

① 朱水萍，尹建军. 师德违规行为惩处的国际经验及启示[J]. 河北师范大学学报(教育科学版)，2019，21(6)：64-70.

计的完善，还是从政策执行的改进方面，都有重要的意义。

一、问题的提出

近年来，我国政府及其教育行政部门、学校一直强调要把师德师风及其建设放在首要位置，要把师德表现作为教师资格定期注册、业绩考核、职称评审、岗位聘用、评优奖励的重要内容，并对教师实行师德表现一票否决制。虽然一票否决制的提出和实施体现了政府及其教育行政部门、学校对师德失范问题的重视，也为师德问责结果的后续管理提供了法治保障，但是，重拳出击往往会导致过于重视师德问责的结果及其后续管理，师德问责体系的其他方面被相对忽视，从而不利于师德失范行为的预防和治理。比如，虽然各地各校实施了以"一票否决制"为核心的师德问责体系，但是，师德失范的事件仍不时发生，这说明我国目前的师德问责体系在某些方面仍然存在着缺陷或不足。探讨师德问责体系及其对师德失范行为所产生的影响，既有助于我们完善师德问责体系，也有利于我们预防和治理师德失范行为。

要探讨师德问责体系对师德失范行为的影响，首先要了解师德问责体系是什么。由于对师德问责体系的直接研究比较缺乏，因此，我们对师德问责体系的探讨需要借鉴相关领域或学科的研究成果。瓦格纳在研究教育问责时提到，"定义的一个基本功能不是传达一个词的全部含义，而是限定它的含义，从而将它的含义限制在特定的使用场合"[1]。沿着这种思路，有研究者指出，教育问责体系应该由五个方面构成：应提供何种程度的问责？问谁的责？谁来问责？问什么责？问责的后果是什么？[2] 有研究者指出，一般问责体系至少应该包括四个方面：问责对象（问责客体）、问责主体、问责事由、如何问责。[3] 我国学者胡春艳在研究中列选了 20 世纪 80 年代末、90 年代初和 21 世纪初三个不同发展时期关于问责

---

① Wagner, R. B. Accountability in Education: A Philosophical Inquiry [M]. New York: Routelege, 1989: 4-8.

② Leithwood, K & Earl, L. Educational Accountability Effects: An International Perspective [J]. Peabody Journal of Education, 2000, 75(4): 1-18.

③ Mulgan R. Holding Power to Account: Accountability in Modern Democracies [M]. Springer, 2003: 22.

制关系的结构图，分析总结后提出了问责体系的完整构成：问责主体、问责客体、问责的内容、问责的程序以及问责的结果。①

参考借鉴教育问责领域和行政问责领域关于问责体系构成的研究成果，我们尝试将师德问责体系分为五大部分：一是问责的主体，即谁来问责。根据问责方式的不同可以分为同体问责(学校内部的问责)和异体问责(学校外部主体问责)。二是问责的客体，即对谁问责。师德问责的客体很明确，就是教师，与此同时，学校、校长等也要作为连带责任客体一同接受问责。三是问责的内容。师德问责应该具有全方位性，不仅包括对教师师德失范行为的考查，也包括对教师日常师德表现和学校师德教育或宣传活动的开展等方面的考查。② 四是问责的方法。广义的问责方法不仅包括问责的程序和步骤，而且包括每个程序或步骤中使用的具体方法；狭义的问责方法仅指问责使用的具体方法。五是问责的结果。既要保证问责结果本身的公平公正，也要强化对问责结果的后续管理，如，不仅要对师德失范的教师进行惩罚，也要对师德示范的优秀教师进行奖励、对师德进步的教师进行鼓励等。

国内学术界关于师德问责体系的研究，已经关注到我国当前的师德问责体系所存在的诸多问题，比如，问责主体单一、问责内容(师德问责相关法律规范)不健全、问责相关机制不完善等问题，然而，这些研究结论大多是建立在国外师德问责研究基础上的理论分析研究，缺乏实证研究结果的支撑，进而不能有针对性地为我国师德问责活动的开展与体系优化提供建设性的建议。由于师德问责体系包含多种构成要素，如果没有实证研究作支撑，就无法确定究竟哪些构成要素会对师德失范行为产生显著影响，哪些因素影响较小或没有影响。反过来说，如果通过实证研究，用数据说明师德问责体系的各要素与师德失范行为之间的关系，那么，就能更确切地为师德问责活动的开展与体系优化提供依据。

通过以上分析，本章节假设师德问责体系的各构成要素会对师德失范行为产

---

① 胡春艳，李贵. 西方问责制研究及其借鉴[J]. 中南大学学报(社会科学版)，2012，18(3)：21-25.

② 郑宏宇. 师德问责制的理论探讨[J]. 教学与管理：理论版，2017(30)：11-13.

生不同程度的影响，具体来说，究竟师德问责体系的哪些构成要素会对师德失范行为产生显著性影响。

二、研究方法

(一) 数据来源

本研究采取网络调查的方式发放调查问卷，首先将问卷录入专业网站，再邀请调研对象访问网页进行作答。调研集中在湖北武汉和湖北襄阳两个地区。共回收 1956 份教师问卷，剔除选项重复率过高的无效问卷后，有效问卷共 1548 份，分别从教师教龄、学历水平、教师职称等方面进行分类。其中教龄在 5 年以下教师共 204 人，教龄 5—10 年教师共 182 人，教龄 10—15 年教师共 140 人，教龄 15—20 年教师共 216 人，教龄超过 20 年的教师共 806 人；教师学历水平方面，学历为大专及以下者共 141 人，本科学历者共 1258 人，硕士及以上学历者共 149 人；教师职称方面，三级教师 129 人，二级教师 347 人，一级教师 565 人，高级教师 504 人，正高级教师 3 人。对来源数据初步分类的结果表明，数据样本具有广泛的代表性。

(二) 变量的测量

1. 师德问责体系

根据师德问责体系构成的五个要素制定师德问责量表，共设置 10 个维度，31 个题项，具体量表见表4-2。

表4-2　　　　　　　　　　　　　　**师德问责量表**

构成要素	维度	问题
问责主体	主体	T1. 教师参与问责
		T2. 学生和家长参与问责
		T3. 外界媒体参与问责

续表

构成要素	维度	问题
问责客体	参与性	T4. 教师参与学校师德规范的制定
		T5. 对教师的意见进行调查
	学校重视程度	T6. 校领导对师德问责十分重视
		T7. 学校定期开展师德问责的工作
		T8. 学校宣传师德优秀教师的先进事迹
		T9. 学校定期开展师德培训
问责方法	评价方式	T10. 学校师德评价有多种评价方式
		T11. 学校师德评价包含多种评价标准
	考核方式	T12. 师德考核结果与教师的职务、工资、绩效、职称挂钩
		T13. 对教师的考核，主要依据学生的成绩和教师的专业能力
	问责程序	T14. 学校有独立的督导小组监督教师师德情况
		T15. 上级行政部门有独立的督导机构，可以约束教师的教学行为
		T16. 学校的师德问责，不仅仅包括事后责任的追究机制，也包括事前预防机制和事中控制机制
		T17. 您所在学校的师德问责程序规范、完整
问责内容	国家层面法律规范	T18. 目前师德规范的内容全面
		T19. 师德问责标准清晰
		T20. 师德问责标准符合实际
		T21. 禁行条例(负面清单)详细
	学校层面制度规范	T22. 将师德问责纳入了学校的管理制度之中
		T23. 学校制定了本校的师德规范
		T24. 学校制定了本校的师德问责标准
		T25. 学校制定了详细的教师禁行条例(负面清单)
		T26. 学校对师德相关制度不断更新修订
问责结果	问责结果的影响	T27. 师德问责对教师的发展是有利的
		T28. 师德问责对学校的发展是有利的
	奖惩制度	T29. 师德优秀的教师都受到了奖励
		T30. 师德失范的教师都受到了应有的处罚
		T31. 对师德失范的教师处罚力度合理

2. 师德失范行为

基于已有的理论研究编制师德失范行为量表，共设置 1 个维度，9 个题项，分别从教师失当行为、教师失职行为、教师渎职行为三种程度测量师德失范行为，具体量表见表 4-3。

表 4-3　　　　　　　　　　　　**师德失范行为量表**

程度	问题
失当行为	P1. 把不良个人情绪带入课堂
	P2. 对某些学生偏爱
	P3. 认为不出事故就是合格的
失职行为	P4. 做有偿家教
	P5. 出于教育目的惩罚学生
	P6. 学生在校期间特别是在课间休息、上体育课时出现意外事故
渎职行为	P7. 向学生或家长索要礼品或通过家长办私事
	P8. 出于评职称的需要请"枪手"写论文或发表文章
	P9. 与学生存在超越师生关系的情感或身体接触

量表均采用 Likert7 点量表，答案选项从"完全不同意""比较不同意""不同意""没有意见""同意""比较同意"到"完全同意"，分别赋值为 1—7 分。

三、研究结果

(一)测量工具的信度和效度

1. 信度分析

使用 SPSS26.0 统计分析软件对问卷进行信度分析，本研究选择 Cronbach's 的 α 系数作为对样本信度的评价标准。各量表信度检验结果见表 4-4。

表 4-4　　　　　　　　　　　　　　**量表信度分析结果**

可靠性统计		
量表	Cronbach's Alpha	项数
师德失范行为	0.838	9
师德问责	0.956	31

由表 4-4 可知，师德失范行为和师德问责两个量表的信度系数分别为 0.838 和 0.956，均大于 0.8，由此可以说明两个量表具有较好的内部一致性，可以进行下一步的研究。

2. 效度检验

使用 SPSS26.0 统计分析软件对问卷进行效度检验，检验结果见表 4-5、表 4-6。

表 4-5　　　　　　　**师德失范行为量表 KMO 和巴特利特检验**

KMO 和巴特利特检验		
KMO 取样适切性量数		0.848
巴特利特球形度检验	近似卡方	5392.810
	自由度	36
	显著性	0.000

师德失范行为量表 KMO 取样适切性量数值为 0.848，大于 0.8，且巴特利特球形度检验 P 值显著，量表通过效度检验。

表 4-6　　　　　　　**师德问责量表 KMO 和巴特利特检验**

KMO 和巴特利特检验		
KMO 取样适切性量数		0.952
巴特利特球形度检验	近似卡方	43922.490
	自由度	465
	显著性	0.000

师德问责量表 KMO 取样适切性量数值为 0.952，大于 0.8，且巴特利特球形度检验 P 值显著，量表通过效度检验，可以进行验证性因子分析。

3. 验证性因子分析

使用 AMOS18.0 数据分析软件对师德问责量表进行验证性因子分析，检验模型的效度。

表 4-7 模型 AVE 和 CR 指标结果

因子	平均方差萃取 AVE 值	组合信度 CR 值
问责主体	0.55	0.774
参与性	0.627	0.764
学校重视程度	0.719	0.911
评价方式	0.746	0.853
考核方式	0.554	0.71
问责程序	0.685	0.896
国家法律规范	0.857	0.96
学校制度规范	0.815	0.956
问责结果的影响	0.921	0.959
奖惩制度	0.745	0.897

表 4-8 模型拟合指标

常用指标	χ^2	df	RMSEA	CFI	TLI	IFI
判断标准	—	—	<0.10	>0.9	>0.9	>0.9
值	2476.399	389	0.059	0.952	0.943	0.952

本次分析针对 10 个因子，以及 31 个分析项进行验证性因子分析（CFA），由表 4-7 可知，10 个因子对应的 AVE 值均大于 0.5，且 CR 值全部高于 0.7；由表 4-8 可知，RMSEA、CFI、TLI、IFI 值均符合标准，因此师德问责的问卷具有良好的聚合效度和区分效度。

(二)相关分析

相关分析是用来测量变量之间相关关系的统计学方法,本章节使用相关分析来测量师德失范行为与师德问责各维度变量之间是否存在相关关系。

表 4-9　　　　　　　　**师德失范行为与师德问责各维度相关性分析**

		问责主体	参与性	学校重视程度	评价方式	考核方式	监督问责程序	国家层面法律规范	学校层面制度规范	问责结果的影响	奖惩制度
		相关性									
师德失范行为	皮尔逊相关性	0.081 **	-0.158 **	-0.275 **	-0.226 **	-0.099 **	-0.212 **	-0.293 **	-0.262 **	-0.277 **	-0.242 **
	Sig.(双尾)	0.001	0.000	0.000	0.000	0.000	0.000	0.000	0.000	0.000	0.000

注:** 表示在 0.01 级别(双尾),相关性显著。

从表 4-9 可以看出,师德失范行为与问责主体存在显著的正相关,师德失范行为与参与性、学校重视程度、评价方式、考核方式、监督问责程序、国家层面法律规范、学校层面制度规范、问责结果的影响和奖惩制度之间存在显著的负相关。师德失范行为与师德问责各维度都存在相关关系,说明其间可能存在预测关系,可以进一步做多元回归分析。

(三)多元回归分析

本研究通过建立多元回归模型,来检验师德失范行为与师德问责各维度之间的相互作用关系。在本次多元线性回归模型中,师德失范行为作为因变量,师德问责下的十个维度作为自变量,主要研究师德问责各维度对师德失范行为的影响,并分析出影响较显著的多个维度,多元回归结果如表 4-10 所示。

表 4-10　　　　　师德失范行为与师德问责各维度多元回归分析结果

	未标准化系数		标准化系数	t	显著性	B 的 95.0% 置信区间		共线性统计	
	B	标准错误	Beta			下限	上限	容差	VIF
（常量）	4.502	0.167		27.010	0.000	4.175	4.829		
问责主体	0.110	0.019	0.142	5.824	0.000	0.073	0.147	0.944	1.060
参与性	−0.021	0.019	−0.032	−1.132	0.258	−0.059	0.016	0.692	1.446
学校重视程度	−0.134	0.029	−0.156	−4.563	0.000	−0.191	−0.076	0.478	2.091
评价方式	−0.035	0.025	−0.046	−1.380	0.168	−0.085	0.015	0.514	1.946
考核方式	−0.046	0.028	−0.040	−1.665	0.096	−0.100	0.008	0.956	1.046
监督问责程序	0.048	0.032	0.059	1.488	0.137	−0.015	0.111	0.354	2.826
国家层面法律规范	−0.149	0.033	−0.183	−4.456	0.000	−0.215	−0.084	0.332	3.008
学校层面制度规范	0.068	0.043	0.078	1.596	0.111	−0.016	0.152	0.233	4.299
问责结果的影响	−0.114	0.030	−0.132	−3.854	0.000	−0.173	−0.056	0.477	2.095
奖惩制度	−0.014	0.029	−0.019	−0.478	0.633	−0.072	0.044	0.372	2.688

由表 4-10 可知，问责主体、学校重视程度、国家层面法律规范、问责结果的影响的显著性概率为 0.000<0.05，表示这四个变量与师德失范行为存在显著的影响关系。其中问责主体会对师德失范行为产生显著的正向影响，学校重视程度、国家层面法律规范、问责结果的影响会对师德失范行为产生显著的负向影响。

四、结论与启示

本研究通过对湖北武汉和湖北襄阳两地的中小学教师的调查，通过对数据进行分析有以下发现：师德问责体系中的问责主体、学校重视程度、国家层面法律规范、问责结果的影响这四个要素对师德失范行为存在着显著影响。基于此，为减少师德失范行为的发生，师德问责体系的完善应该注意以下几个方面：

(一)从教师的意愿和认知出发，合理设置问责主体

本研究发现，在所调查的武汉、襄阳地区，师德问责存在问责主体单一的情况，其他教师、学生、家长以及外界媒体并没有完全成为师德问责的主体。这与以往理论研究所说的我国师德问责主体单一的结论是一致的。

之前收集的资料表明，美国、澳大利亚等西方国家的师德问责主体存在着多样化的态势，比如，美国中小学师德问责的主体包括州政府、地方学区、教师教育认证组织、中小学学校、家长等[1]，澳大利亚中小学师德问责的主体包括州、学区的教育行政人员、一线教师、政府官员以及教师专业机构的工作者等[2]。借鉴这些经验，我国学者大多认为我国的师德问责也要做到问责主体多样化。然而，在本研究中得出的结论是问责主体对师德失范行为起到显著的正向影响。结合本研究量表的设计，可以从两个方面来解释：一种解释是，现有的同体问责方式因为存在着问责主体的"自由裁量权过大"和问责主客体间的"利益捆绑"等倾向，导致"雷声大、雨点小"式师德问责虚化；另一种解释是现有的外发性的师德问责机制因为没有得到教师的深层次认同，导致"你说你的、我做我的"式师德问责两张皮。出现第二种情况的心理机制是：师德问责作为教育制度改革的一部分，过多地强加问责主体，会给教师造成过大的心理负担和压力，导致精神上的"非正常方式的爆发"，进而出现师德失范行为。目前师德问责采取的是学校变革方法中"组织向内"(organization in)的方法，即强调通过组织的变化带动个人的变化，试图让教师去追随与适应外部的变化，进而达到自我提升的效果，但这种改

---

①　Wiliam，D. Standardized Testing and School Accountability[J]. Educational Psychologist，2010，45(2)：107-122.

②　韩映雄，刘文胜，林似非，万金雷. 澳大利亚中小学教师评价政策的转向及其影响[J]. 全球教育展望，2005(11)：71-75.

革方法往往带给教师的是外在的要求和压力。① 外在的要求和压力，固然可以推动师德失范行为的减少，但这未必与教师内心的想法和行为是一致的。这种外发性的发展方向和行为方式带有明显的妥协性，缺乏内源性的动力支持。

在教育行政部门、学校制定和实施改革计划(师德问责体系的建立，包括师德问责主体多样化的设计，都应该看成是系统性的改革计划)时，是否有针对教师的意愿以及对改革的了解程度进行的调查呢？如果教师对于改革并不了解，并且对于改革的意愿较低，那么所实施的改革，不仅不会改善教师行为，反而会使教师产生压迫感，不利于达到改革的目的。因此，这也就解释了在本研究中所发现的与常识不一样的结论，即师德问责主体的增多，并不能减少师德失范行为的发生。

基于以上的研究，教育行政部门与学校在推动多样主体参与师德问责活动前，要取得教师的认可和支持。首先，帮助教师树立正确的问责观念。目前，我国教师对问责一直存在着一种错误的认识，他们通常认为问责就等于监督与惩罚。② 在面对师德问责主体增加时，教师们会认为这是加重对他们行为的监督与惩罚，自然会产生负面情绪，进而可能导致师德失范行为的发生。因此，要帮助教师树立正确的问责观念，让他们认识到：问责是保证利益相关者权利的一种管理手段，而不能简单地视作一种惩罚的手段。其次，合理设置问责主体。多个问责主体对教师进行问责，会使教师产生麻痹的心理，使得教师在试图回应每个问责主体的时候不能很好地作出回应，从而形成问责失败。这种情形下，问责就成了一种象征，一种例行仪式甚至口头服务。因此，要合理设置问责主体，合理限制问责主体的问责范围，避免多主体无序问责，从而降低问责的效率，进而导致无效问责。总之，教师对师德问责有一个正确认知并抱有认可的态度才是推动师德问责主体多样化的前提，合理设置问责主体才是当前师德问责体系完善的方向。

----

① 操太圣，卢乃桂. 学校变革进程中的教师压力管理[J]. 教育发展研究，2006(11)：34-38.

② 乔花云，聂晓云. 韩国中小学师德问责制内容、特点及启示[J]. 教学与管理，2017(34)：80-83.

（二）学校作为师德问责的连带责任客体，有义务提高师德教育的有效性

本研究发现，学校对师德问责的重视程度会对师德失范行为产生显著的负向影响。结合本研究量表的设计，可以解释为学校越重视师德问责，师德失范行为就越会随之减少。本研究发现，目前学校对师德问责的重视程度相对较高，几乎所有的学校都会定期开展与师德问责相关的教育活动。然而，这些师德教育活动普遍存在流于形式、缺乏针对性、可操作性不强等问题①，因此，即使目前各个教师所在的学校的确开展了许多有关师德问责的相关工作，师德失范行为依旧不时发生。对于教师来说，师德教育有利于教师养成正确的师德观念，而学校通过开展师德问责相关工作，可以营造师德问责的氛围，有利于帮助教师深刻认识师德问责的内涵、标准，并且能督促教师养成良好的师德行为习惯。有研究者在调查中小学教师职业道德问题时曾得出结论：大部分教师在教学工作中，师德行为的好坏，主要依赖的是自身的道德修养。② 因此，学校开展师德问责活动时，必须加强对教师的师德教育，这有利于提升教师自身的道德修养，并减少师德失范行为的发生。

基于以上研究，教育行政部门和学校在开展师德问责相关活动时应不断完善师德教育。第一，教育行政部门和学校应共同建立"师德案例数据库"。过去师德教育以理论宣讲为主，难以引发教师的情感共鸣，实践效果不佳。因此，可以尝试建立"师德案例数据库"，其中不仅仅只录入师德优秀的教师案例，也要收录发生师德失范行为的教师案例。并且，反面案例应详细记录该教师的师德违规行为是何种师德失范行为，学校是如何处理这名教师的，处理的依据、程序和结果是什么。以此为基础进行师德教育，教师不仅能感受到优秀教师带来的引领激励作用，更能通过警示案例增加对师德的重视程度。③ 第二，师德教育应丰富其活动

① 傅淳华，杜时忠. 论当前师德教育的困境与超越——基于教师道德学习阶段性特质的反思[J]. 教师教育研究，2016(3)：13-17，66.

② 傅维利. 教师职业道德教育指南[M]. 高等教育出版社，2002：134.

③ 周坤亮. 美国职前教师专业伦理教育的途径与趋向[J]. 全球教育展望，2017(11)：67-75.

形式。过去的师德教育以师德培训为主，但培训内容得不到教师重视，缺乏针对性和可操作性。① 在未来的实践中，可以通过心理援助、教师交流讨论等多种活动形式来开展师德教育。教师在教育教学工作中难免会产生负面情绪，容易走入情感误区，进而导致师德失范行为的发生。通过专业人士提供心理援助，帮助教师疏通情感，走出情感的误区，对于减少师德失范行为是有帮助的。此外，定期开展"师德论坛"，引导教师之间交流讨论师德行为的成功经验和失败教训，分享自己在工作中的困难和疑惑，形成良好有爱的工作环境，也是师德教育的内在要求。② 总之，只有能引起教师共鸣的师德问责教育，才能更有效地减少师德失范行为的发生。

（三）教师参与问责内容的制定，提高问责标准的可操作性

本研究发现，国家层面的法律规范会对师德失范行为产生显著的负向影响。结合本研究量表的设计，可以解释为国家颁布的师德问责法律规范越完善具体，师德失范行为就会越少。本研究发现，被调查教师普遍认为，目前我国师德问责的相关法律规范是比较完善具体的。但是，通过和西方国家相关法律规范的对比，我们可以发现，我国师德问责相关法律规范仍然存在一些问题。近年来，我国陆续出台了《中小学教师违反职业道德行为处理办法》《新时代中小学教师职业行为十项准则》《关于加强和改进新时代师德师风建设的意见》等规范条例，所涉及的内容非常广泛，但缺少具体的操作性描述，现实指导意义有限。

基于我国目前师德问责相关法律法规所存在的不足，政府和教育行政部门在制定相关法律法规时应注意以下几点：第一，师德问责法律法规的制定应将"自上而下"和"自下而上"结合起来。从目前我国师德问责法律法规制定的主体来看，我国的师德问责规范是以教育行政部门为主导来制定的，而国外相关规范是由教育领域的专业人员通过实证研究而制定的，它不仅具有很强的可操作性，并

---

① 吴振利. 中小学骨干教师师德培训的问题、原因及改善对策[J]. 教育科学，2017（4）：52-57.

② 李春玲. 态度改变理论与师德教育创新[J]. 外国中小学教育，2012（9）：43-48.

且能得到较多教师的认可。① 因此，师德问责规范的制定需要一线教师的参与。这种"自下而上"的方式，更利于师德问责规范被教师所接纳，可操作性更强。第二，制定师德失范行为负面清单。负面清单是教师行为的明确参照系，涵盖了全面详细的禁行条例。② 师德规范的作用不仅包括指导教师的行为，也包括为师德问责提供有力的依据，而负面清单就可以做到约束教师的行为，并保护教师的合法权利，让师德问责做到有规可依，奖罚有据。③ 总之，内容具体、可操作性强的师德问责规范，才能真正减少师德失范行为的发生。

(四)保证师德考核或评价的公平公正，提高师德问责结果的满意度

本研究发现，问责结果及其后续管理会对师德失范行为产生显著的负向影响。结合本研究量表的设计，可以解释为问责的结果及其后续管理越令人满意，师德失范行为就会越少。一般来说，问责的内容决定问责的方式，而问责的方式决定了问责的结果。④ 因此，为了能获得一个公平公正的问责结果，首先要保障问责方式的公正性。为了保证问责方式的公正性，在对教师进行问责时需要进行两次认证——在评价过程中，评价内容全面，采取灵活的评价方式；在解聘制度中，详细规定解聘的标准和程序，完整体现师德问责的公正性。⑤

目前我国师德考核有一种偏向，即强调学生成绩在整个师德表现中的权重。以学生成绩的好坏作为师德问责依据的考核方式，必然会造成问责结果及后续管理的片面性，不利于形成一个良好的师德问责氛围，它可能导致教师会更加偏重

---

① 陈黎明. 如何完善我国教师职业道德规范？——基于对五个国家教师职业道德规范的质性内容分析[J]. 教育科学研究，2019(2)：74-81.

② 刘亮. 编制师德师风负面清单应遵循的基本原则[J]. 思想理论教育，2020(2)：91-95.

③ 陈黎明. 如何完善我国教师职业道德规范？——基于对五个国家教师职业道德规范的质性内容分析[J]. 教育科学研究，2019(2)：74-81.

④ 司林波，金裕景，彭建交. 学术问责法律规范体系的构建[J]. 现代教育管理，2015(6)：82-86.

⑤ Serafini, F. Taking on the National Board for Professional Teaching Standards：Alignment, Recognition and Representation[J]. Current Issues in Education, 2005, 8(21)：1-18.

提高学生成绩，而忽视师德的本源性表现。① 基于以上研究，教育行政部门和学校为保证师德问责结果及其后续管理的公正性，需要针对现有的师德问责考核方式进行改进，丰富师德考核的指标体系，将师德素养、责任意识等指标纳入师德问责评价体系之中，用科学公平的评价考核方式推动师德问责的落实，保证问责结果及后续管理的公平公正性。

第五节　师德惩处(管理和领导反馈)视域下师德失范行为的归因与治理

随着网络技术的迅速发展，细小的、分散的师德失范行为可能得到迅速曝光，并发展成为某种舆情或事件，于是，师德失范行为的处理日益成为全社会关注的热点和焦点。为防治教育领域的这一大顽症，教育行政部门一方面坚持多措并举，强调集合教育、宣传、考核、监督与奖惩等措施来建立健全中小学师德建设的长效机制；另一方面寻求重点突破，制定了明确师德底线的相关文件，提出了针对师德失范行为相应的惩处办法。在一定程度上，师德惩处在师德建设中的地位和作用得到了极大的提升。然而，即使对师德失范行为的惩处保持着高压威慑的态势，师德失范行为依旧屡禁不止，而且产生了一些适应性变化，师德惩处似乎不灵或失灵。从政策过程的角度来分析，师德惩处的地位与作用在政策设计或制定的环节得到了很好的体现；然而，师德惩处政策在实践中如何有效地执行还存在着研究不够、认识不足的问题。如何深入探讨、认识师德惩处政策执行的规律，以增强师德惩处的成效，并充分发挥师德惩处在防治师德失范行为中的作用，值得进一步研究。

一、惩处主体、惩处事由和惩处方式：师德惩处政策执行偏差的分析维度

师德惩处政策是国家及其相关部门规范治理师德惩处活动的措施总和。惩

---

① Erwin Ooghe & Erik Schokkaert. School Accountability: Can We Reward Schools and Avoid Pupil Selection? [J]. Social Choice and Welfare, 2016, 46(2): 359-387.

处、师德及其组合概念，是理解师德惩处活动的核心。作为有效的负激励机制，惩处广泛应用于各个行业、领域的管理实践中。《现代汉语词典》给"惩处"作出的权威解释是：通过处罚来警戒。① 处罚是方法，警戒是方法的目标指向。只有处罚，没有警戒，目标难以实现；只有警戒，没有处罚，目标更难实现。在"师德惩处"概念中，"师德"是"惩处"的限制词，以其限制功能规定了"师德惩处"的外延。这就是说，要理解"师德惩处"的本质内涵，须先知道"师德"是在何种意义上进行限制的。从复合词语的构成看，师德惩处包括二重内涵。第一是"指向师德的"，与"指向其他方面的"相对应。据此，师德惩处就是"指向师德的"而不是指向法律、行政的惩处。第二是"符合教师职业道德规范的"，与"不符合教师职业道德规范的"相对应。据此，师德惩处就是针对不符合师德规范要求的教育教学行为的惩处，是为了让教师的教育教学行为更符合师德规范要求的惩处。在这个意义上，本章节所研究的师德惩处可定义为，学校主管教育部门及学校依照法律法规和制度规范所规定的条件和程序对有师德失范行为的教师进行惩处的活动过程。第一，师德惩处的主体是学校主管教育部门及学校。第二，师德惩处的事由是教师违反了教师职业道德规范并存在行为表现或后果。第三，师德惩处的方式包括警告和记过处分、降低岗位等级或撤职处分、开除处分等。与之相关，师德惩处政策就是指学校主管教育部门和学校规范治理师德惩处活动的措施总和。

围绕惩处主体、惩处事由和惩处方式，我国自 1993 年以来出台了几个典型的师德惩处政策。1993 年通过的《中华人民共和国教师法》最早提及教师惩处办法，其中惩处主体是"所在学校、其他教育机构或者教育行政部门"，惩处事由是"故意不完成教育教学任务给教育教学工作造成损失的""体罚学生，经教育不改的""品行不良、侮辱学生，影响恶劣的"，惩处方式是"给予行政处分或者解聘"。2013 年教育部发布的《教育部关于建立健全中小学师德建设长效机制的意见》，开始正式使用"师德惩处"的概念，并将师德惩处作为师德建设长效机制（包括师德教育、师德宣传、师德考核、师德激励、师德监督、师德惩处、师德

---

① 中国社会科学院语言研究所词典编辑室. 现代汉语词典（2002 年增补本）[M]. 北京：商务印书馆，2002：165.

保障)的重要一环。之后，2014 年教育部印发《中小学教师违反职业道德行为处理办法》，对师德惩处的主体、事由和方式作出了比较完整的规定，并于 2018 年对其进行了修订。其中惩处主体是"学校及学校主管教育部门"，惩处事由是十一类教师违反职业道德的行为，惩处方式是处分(包括警告、记过、降低岗位等级、撤职或开除)和其他处理(包括给予批评教育、诫勉谈话、责令检查、通报批评，以及取消在评奖评优、职务晋升、职称评定、岗位聘用、工资晋级、申报人才计划等方面的资格)。2019 年，教育部等七部门印发《关于加强和改进新时代师德师风建设的意见》，强调将严格违规惩处贯穿于教师管理全过程。

惩处主体、惩处事由和惩处方式，是把握师德惩处政策执行及其偏差的三个分析维度。由于地方和学校落实师德惩处政策的执行过程是一个动态的非直线过程，因而，不可避免地会产生师德惩处政策执行的偏差。所谓师德惩处政策执行的偏差，是指在实施师德惩处政策过程中，受主客观因素的影响，师德惩处的实践效果偏离师德惩处政策目标并产生了不良后果的政策现象。有研究者曾从"不治"和"大治"两个方面描述了这种偏差，所谓"不治"，是指不进行师德惩处，即在日常生活中有关部门面对师德失范问题的"纵容默许"；所谓"大治"，是指过分进行师德惩处，即在社会反响突出时有关部门面对师德失范问题的"重拳出击"。① 究竟如何才能完整归纳或概括这种偏差，目前学术界还没有进行专题研究。我们认为，从师德惩处活动的基本构成要素来看，惩处主体、惩处事由和惩处方式，既是理解师德惩处政策的三个基本方面，也是把握师德惩处政策执行及其偏差的三个分析维度。

二、师德惩处政策执行的偏差表现与后果

虽然各地方和学校所产生的师德惩处政策执行的偏差各不相同，但是，根据地方和学校师德惩处政策执行过程中在惩处主体、惩处事由、惩处方式上的共性表现，其偏差可以归纳为：重学校主管教育部门及学校作出处罚轻教师参与、重部分显性行为的处罚轻几乎所有隐性失范行为的处罚、重结果颁布轻后续教育。

---

① 程红艳、陈银河. 超越纵容默许与重拳出击：师德失范行为治理的对策研究[J]. 中国教育学刊，2019(2)：64-69.

这些偏差可能会导致教师忽略师德认知、降低师德情感、减弱师德意志等师德意识后果，进而降低师德惩处防治师德失范行为的能力和效果；而师德惩处政策作为加强和改进新时代师德师风建设的重要措施，其功能应该是通过对师德失范行为及其结果的干预来增进教师的师德认知、师德情感和师德意志。

(一)惩处主体偏差与忽略师德认知

《中小学教师违反职业道德行为处理办法(2018 年修订)》在"第五条"明确规定了惩处主体包括学校及学校主管教育部门、教师及其他利益相关者。但是，各地方和学校在进行师德惩处时，在惩处主体上往往重视学校主管教育部门及学校作出处罚，而忽视教师参与。在师德惩处执行过程中，学校主管教育部门及学校更倾向于剥夺其他主体(包括有师德失范行为的教师和学校其他教师及其他利益相关者)参与惩处决策、管理的机会，只注重以自身为中心的集权式决策或决定，而缺乏其他主体申诉或表达自身意愿、利益的途径。

惩处主体偏差可能会造成教师，尤其是有师德失范行为的教师忽略师德认知。师德认知是师德行为的先导，如果对师德失范行为本身没有充分的认知，那么，即使被惩处也难免在以后会犯同样或类似的错误。所以，在惩处的同时，改变对师德失范行为本身的认识或加深对师德规范或示范行为本身的认识，是至关重要的。目前师德惩处所采取的模式是一种集权式的惩处模式，它将失范者和其他利益相关者排除在惩处活动之外，丧失了失范者和其他利益相关者认识师德失范行为背后原因的机会。也就是说，惩处主体偏差可能会导致教师忽略师德问题的认知。这样，即使失范者服从并采取了和惩处者要求相一致的规范或示范的行为方式，那也只能算是迫于外在强制压力暂时服从，这种惩处的效果是暂时的，也是有限的。因为人进行道德决策要经历认识道德问题、作出道德判断、建立道德意图和实施道德行为四个阶段，在具体的教育教学活动或实践过程中，认识师德问题是师德决策过程的起始环节，如果不去引导失范者认识师德问题，那么，容易导致失范者再次行为失范。

认知精加工模型解释了惩处主体偏差与忽略师德认知的内在机理。这种理论认为，决策者付出的认知努力水平会影响其对伦理问题的认识，并进而影响态度的改变。"当决策者的认知需求增加或终止需求减少，道德强度、个人关联性和责任性增加，相关知识或事件发生概念增加，注意水平或加工速度增加，都能增加认知投入水平，而认知投入水平提高了决策者认识伦理问题的可能性，从而增加了实施伦理行为的可能性。"①推而论之，吸纳失范者及相关利益者参与师德惩处活动，可以提高其认识水平并增加今后实施伦理行为的可能性。与之相反，如果忽视教师的参与，就可能使失范者在受到惩处后心理包袱加重，甚至会出现受惩处后心态不正的现象，这显然不利于失范者履行正常的教育责任。毕竟，失范后被开除的失范者是极个别，而大部分被惩处的失范者(更何况，还有相当部分的失范者没有被惩处)仍然要继续履行教育责任。

(二)惩处事由偏差与降低师德情感

《中小学教师违反职业道德行为处理办法(2018年修订)》在"第四条"列举了惩处事由的十一个方面，其中前十个方面主要是指显性师德失范行为，第十一个方面模糊指出"其他违反职业道德的行为"。各地方和学校在进行师德惩处时，在惩处事由上往往表现为重视部分显性失范行为，而忽视部分显性及几乎所有隐性师德失范行为。在师德惩处执行过程中，学校主管教育部门及学校只注重对部分显性师德失范行为的识别与惩处，而部分显性和几乎所有隐性师德失范行为变相得到默许和纵容。首先，重视对一些显性师德失范行为的识别与惩处，而默许和纵容对另一些显性师德失范行为的识别与惩处。在实际教育管理活动中，只注重科研及管理领域的师德失范行为，而教学领域的师德失范行为往往得到姑息和隐瞒。其次，忽视几乎所有隐性师德失范行为。以"平庸之恶""不出错"等隐性失范行为为例，因为识别成本高，所以，学校对此行为也无可奈何；以亲学校不道德行为为例，因为它事实上是维护学校组织短期或现实利益的典型隐性师德失范行为，所以，即使它不以学生最大利益为价值追求，学校也会更多地选择忽视、默许甚至是支持。

惩处事由偏差可能会造成教师降低师德情感。师德情感是教师对教育教学行为及环境氛围的评价和态度体验，其背后是师德信念和教育的理想价值追求，是师德行为的根本动力。重部分显性师德失范行为、轻几乎所有隐性师德失范行为

---

① 梅胜军.伦理决策研究进展与展望[J].人类工效学，2009(3)：65-67，73.

的惩处偏差使得没有行为失范的教师可能出现师德情感失调：一方面，涉及教师个人利益的科研失范与服务失范，学校及主管部门就大力追查；另一方面，涉及学校评比或排名利益的教学失范与评价失范，学校及主管部门就视而不见。一方面，学校从教育事业出发大力宣扬师德信念与教育理想价值追求；另一方面，学校从本位主义出发暗示教师的行为要维护学校的"名誉"。在师德情感失调的心理作用下，教师可能会降低对失范行为的师德情感，或者将失范行为合理化——当素质教育的忠实践行者发现专注提高成绩的失范教师不断获利且因高升学率而得到家长的赞扬时，也会基于从众心理而选择默认失范行为；或者将失范行为常态化——教师在确认了某类师德失范行为惩处缺位的情况后，经过心理计算便会产生道德推脱，心安理得地选择纵容类似的师德失范行为或亲自实施类似的师德失范行为。

情绪的认知—评价理论解释了惩处事由偏差与降低师德情感的内在机理。这种理论认为，个体对外部事件的认知决定了个体会产生怎样的情绪，同时这一认知过程受到个人特质的影响。"面对领导者的亲组织不道德行为，并不是所有的员工都会出现耻辱感。这种耻辱感往往只在高道德认同的员工身上出现，对于低道德认同的员工来说，即使领导的亲组织不道德行为有违社会普遍道德准则或者法律法规，员工也很难出现耻辱感。"对于高道德认同的员工来说，"更易在耻辱感的作用下遭受情绪枯竭"；对于低道德认同的员工来说，"不仅不太会为此感到耻辱，甚至有可能接受以及助长这一行为的产生"①。惩处部分显性或忽视几乎所有的隐性师德失范行为的背后是学校管理者的亲学校不道德行为。这种行为与直接损害教育或学校的不道德行为不同，亲学校不道德行为是一种非利己型的不道德行为，其出发点是维护"集体"的利益。实践经验表明，学校管理者的行为是教师积极情感和消极情感的重要来源，且比起正面行为，教师对学校管理者的负面行为更加关注。再加上，经过教师四年的岗前师范教育与多年的岗后师德培训，绝大部分教师都是高师德认同者，所以，"惩处部分显性或忽视几乎所有隐性师德失范行为"的亲学校不道德行为，会让教师产生强烈的耻辱感，并在迅速

①　胡东妹，何路峰，陈默. 领导的亲组织不道德行为与员工情绪枯竭：情绪认知评价的理论视角[J]. 中国人力资源开发，2021(10)：64-77.

消耗心理资源和正常情绪的过程中降低师德情感。

（三）惩处方式偏差与减弱师德意志

《中小学教师违反职业道德行为处理办法（2018 年修订）》在"第六条"明确指出"给予教师处理，应当坚持公平公正、教育与惩处相结合的原则"。然而，各地方和学校在进行师德惩处时，在惩处方式上表现为重结果颁布而忽视后续教育。学校主管教育部门及学校在师德惩处执行过程中，更倾向于将惩处行为作为师德失范治理的最终目标，即在实际教育管理活动中，只注重师德失范行为惩处措施的执行，而忽视对有师德失范行为的教师后续个人发展的关注。

惩处方式偏差可能会造成教师减弱师德意志。从师德行为结果的角度来看，师德意志表现为教师在履行师德义务的过程中，通过自觉地确定目的、支配行动和克服困难等一系列能动的实践精神；从师德行为过程的角度来看，师德意志是由师德认知、师德情感到师德行为的中介，是师德认知与师德情感的综合，是实施师德行为的直接动力。① 首先，重结果颁布会减弱对师德意义或价值的认识进而减弱师德意志。在师德惩处过程中，学校主管教育部门及学校看重的往往是惩处本身的工具理性，即更关注惩处的最终结果，而忽视惩处背后所追求的价值理性。将惩处本身作为目标并替代价值的情况可能导致惩处主体和惩处对象只关注最终的裁定结果，而不关注结果裁定后人的改变。这种情形使得惩处政策末端执行模糊化，进而减弱了惩处主体和对象对师德意义或价值的感受。其次，无后续教育会减弱师德情感进而减弱师德意志。师德惩处中的处罚只能迫使失范者出于害怕的师德情感而处于被动服从师德规范的阶段，无法促成失范者出于热爱的师德情感而逐步进入"认同"或"内化"师德规范的阶段。缺失后续教育，缺失处罚后对失范者的引导、改进和帮扶，就难以推动失范者将师德要求转化为良心，进而难以在日常生活中时刻衡量自身的行为是否违背职业道德要求并克服困难来履行师德义务。因为，将后续教育排除在惩处活动之外，可能导致失范者只知道按失范的行为方式做是不对的，但不知道朝哪个方向做和如何做才是对的。处于这

① 周斌. 试论道德意志在个人品德形成中的重要使命[J]. 伦理学研究，2010(1)：127-131.

种疑惑状态下的教师，在面对今后的教育教学活动时，就可能始终在失范与示范的行为方式中徘徊，特定情况下可能再次选择失范的行为方式。

计划行为理论解释了惩处方式偏差与减弱师德意志的内在机理。这种理论认为，行为意图由三个因素决定，"即对目标行为的态度、主观规范和感知的行为控制"①。"一般而言，行为态度和主观规范越有利，感知控制力越强，行为人的行为意愿越强烈""当人们缺乏必要的资源而感到无法控制行为时，即使他们对行为表现有良好的态度或主观规范，他们执行行为的意愿也可能会很低。"②换言之，感知行为控制在行为意图中起了更重要的作用。结合师德意志与行为来说，即使教师认为师德失范行为确实是不好的，且一旦做出了师德失范行为就可能受到多方的压力甚至是惩处，但如果感知到师德示范或规范行为很难做到，他们也难以改变师德失范行为。实践经验表明，后续教育的缺失直接影响着教师们的感知行为控制——是否非要改变失范行为、是否有条件改变失范行为、是否有适合自己的方式改变失范行为。首先，后续教育的缺失不能使失范者认识到继续用失范的办法不能达到希望的结果；其次，后续教育的缺失不能使失范者很快并有效地掌握正常教育教学活动所需要的行为方式；最后，后续教育的缺失不能使失范者结合自己的方式不断尝试新的所需要的行为方式。总之，当后续教育缺失时，失范者会因缺乏方向、方案和方法而产生行为控制无力感，会因缺少执行规范行为或示范行为所依赖的资源或机会而减弱遵守教师职业道德规范的师德意志。

三、师德惩处政策执行偏差的矫正

既然师德惩处政策执行偏差可能会导致诸如忽略师德认知、降低师德情感和减弱师德意志等后果，进而减弱师德惩处的有效性；那么，为提升师德惩处政策执行的有效性，就必须矫正师德惩处政策执行的偏差，并达到在师德惩处的过程中强化师德认知、增进师德情感和增强师德意志的目的。

---

① 吴文胜，梁函．中小学教师教育惩戒的意图与行为——基于计划行为理论框架的调查[J]．教育研究与实验，2022(6)：59-65.
② 魏叶美，范国睿．教师参与学校治理意愿影响因素的实证研究——计划行为理论框架下的分析[J]．华东师范大学学报（教育科学版），2021(4)：73-82.

（一）推行协同治理，保证师德惩处政策执行的合理性

师德惩处政策执行的协同治理是在参与主体相互信任、平等沟通、信息对称的基础上，把具有不同利益诉求的行为主体聚合在一起，并依据各方协调达成的一致目标来开展活动的治理方式。教育行政部门、学校管理者、教师群体、作为失范者的教师自身、家长、学生等，都是师德惩处的主体，分别在师德惩处中扮演着不同的角色，发挥着不同的作用，共同学习、贯彻和执行着师德惩处政策。

首先，树立一致的政策目标。树立一致的政策目标是实现协同治理的前提和基础。协同并不是要完全消除各主体间的差异，而是要防止主体间差异过大进而影响师德建设目标的实现。教育行政部门、学校管理者要在协同治理网络中发挥主导作用，做好促进学生全面发展的引导，调动包括作为失范者的教师自身和利益相关者等其他主体的积极参与。这样，才能保证各主体在师德惩处过程中达成对政策文本理解、政策执行方式和具体实施细则的共识，进而保证师德惩处获得最大化的效益。

其次，培育积极的协同意愿。培育积极的协同意愿是实现协同治理的关键。积极的协同意愿能增加参与主体行为的主动性和积极性，有效提升协同治理的整体效能。传统的师德惩处将作为失范者的教师排除在惩处的程序或过程之外，这肯定会降低作为失范者的教师的协同意愿，当然也会降低利益相关者的协同意愿（失去"肇事者"的惩处活动，无法还原"事情"本身或认清"事情"真相），进而影响惩处的效果。为此，教育行政部门、学校管理者必须引导所有的参与者树立新的师德失范行为治理理念——师德失范行为的治理并不是治理主体对作为失范者的教师的治理，而是治理主体（包括作为失范者的教师自身）对复杂性、动态性、多样性的师德失范行为的治理。

最后，实现充分的信息沟通。实现充分的信息沟通是实现协同治理的保障。师德惩处当然要让作为失范者的教师付出相应的代价，但是，师德惩处更重要的功能是，通过师德惩处的程序或过程，让所有的主体都知晓师德失范行为的危害并建立预警机制和"防火墙"。要充分发挥师德惩处的功能，肯定离不开作为失范者教师的"现身说法"，离不开其他治理主体的"即时辩驳"，离不开充分的信息沟通。

(二)采取分类治理，增强师德惩处政策执行的科学性

师德惩处政策执行的分类治理是指对存在的师德失范行为进行分类并采取针对性惩处措施的治理方式。针对现实情况中部分显性、几乎所有隐性师德失范行为惩处的缺位或易位，我们需要对师德失范行为制定全面的分类惩处措施，实现有广度的覆盖、有力度的贯彻，以增强师德惩处政策执行的科学性。

首先，分类治理有广度。师德惩处需要树立分类治理的意识，即师德惩处需要完整涵盖几乎所有类型的师德失范行为，规避模糊不清的条目，列出教师违反师德的具体条目，防范在具体惩处执行过程中部分教师钻制度漏洞，或者学校包庇违规行为的现象发生。分类惩处清单除了《中小学教师违反职业道德行为处理办法(2018 年修订)》中应予处理的教师违反职业道德的行为外，还应该涵盖中小学教师可能出现的隐性师德失范行为，其中包括"不出错"行为、"平庸之恶"行为、亲学校不道德行为。

其次，分类治理有力度。在分类惩处的执行主体上，可以引入第三方专业组织配合分类惩处。教学领域的师德失范行为对家长、学校、社会产生的是间接影响，并且目标往往指向班级和学校的排名，容易导致学校惩处的失灵。第三方专业组织的引入可以保证在学校惩处失灵时，师德惩处政策仍然能够公正地得到贯彻。针对此类行为，第三方专业组织要会同政府以及教育行政部门帮助学校建立科学全面的循证学校问责制①(为切实达成以问责改善教育质量的愿景，地方政府在建立全新学校问责体系的过程中以教育行政部门为主导，授权外部的社会专业力量，倾听教师的声音，促使多元利益相关者共同参与教育治理)，破除唯分数论、唯结果导向的教学质量观、学校管理观；要组织教师对教学领域师德失范行为进行深入广泛的参与式讨论，全面深入地揭示教学领域师德失范行为的特征、本质及危害程度，提高教师们对教学领域师德惩处政策与措施的认同感，并鼓励多方主体对教学领域的师德失范行为进行监督。

---

① 兰屿，王祖浩，冯用军. 美国基础教育循证学校问责制研究——内布拉斯加州学校质量评价与提升新探索[J]. 比较教育研究，2022(5)：86-95.

（三）赋能全程治理，提高师德惩处政策执行的有效性

师德惩处政策执行的全程治理，是指将事先预防、事中惩处、事后补救等全过程纳入体系的一种系统治理方式。实现全程治理，首先要在日常教育教学生活中做好师德教育，其次要在师德失范行为发生后做好公平、公正和公开的师德惩处，最后要重点落实惩后教育培训。

首先要在日常教育教学生活中做好师德教育。在师德教育、师德宣传、师德考核、师德激励、师德监督、师德惩处、师德保障七种师德治理模式中，师德教育始终是师德失范行为防治的基本或首要治理模式。① 要将师德教育落到实处，既要通过建设学校伦理实体来潜移默化地开展常态化的师德学习，又要通过专门的师德培训来开诚布公地开展专题化的师德学习，还要通过阶段性监测来掌握师德学习的效果并健全师德学习的反馈机制。

其次要在师德失范行为发生后做好公平、公正和公开的师德惩处。调研中，我们发现，学校及其管理者是不愿意对失范教师做出师德惩处的，既是出于对学校"声誉"的保护，也是出于对教师"形象"的维护。但是，在做好师德教育的前提下，如果有的教师确实做出了师德失范行为，那么就应该给予公平、公正和公开的师德惩处。所谓公平的师德惩处，就是要根据师德失范行为发生的动机、表现、后果和情景给予轻重程度适宜的惩处；所谓公正的师德惩处，就是要根据师德惩处政策中所规定的处理违反师德问题的完善程序来给予程序正义的惩处；所谓公开的师德惩处，就是要在保证多主体民主参与和保障当事教师申诉权的前提下来给予透明的惩处。

最后要重点落实惩后教育培训。教育行政部门、学校及相关机构，应该以公共期待为指引，加强师德惩处的后续教育培训工作。一方面，可以专门设立惩处后咨询办公室并健全一对一帮扶机制，以真正推动曾经失范的教师的自我反思，激发他们的内生动力。另一方面，在日常学校生活中，要大力开展以师德失范行为为主题的交流活动，积极引导广大教师向"标杆""榜样"教师看齐，积极引导

---

① 杨炎轩，叶婵媛. 师德教育视域下师德失范行为的归因与治理[J]. 现代教育管理，2023(5)：72-81.

广大教师认真对照自身找差距、补不足，并在自我反思中做到"以德立身、以德立学、以德施教、以德育德"。

第六节　学校道德氛围(管理和领导状态)视域下师德失范行为的归因与治理

十八大以来，党中央和国务院先后发文，应将教师的师德表现确立为考核和评价教师队伍素质的第一标准，并提出对有严重失德行为的教师实行"一票否决"。截至 2021 年 11 月，教育部官网累计公开曝光 58 件严重的师德违规问题及其惩戒办法；曝光和惩戒措施虽然明确表达了党和国家对教师严重师德失范行为高压惩处的力度和"零容忍"的态度，但师德失范事件依然偶有发生。在 2021 年 11 月公开曝光的第八批师德违规典型案例中，8 起案例有 3 起都发生在中小学，严重危害了中小学教师群体在大众认知中的职业形象，带来了社会信任危机。不断寻找防治师德失范行为的新视域、新举措，是政策所需、现实所需，也是研究所需。

一、问题的提出

道德氛围与善行、恶行存在着紧密的联系。在政府及其教育行政部门对师德实行问责制，对严重师德违规问题实行"一票否决"的背景下，师德失范行为仍然偶有发生，这迫使我们不断寻找防治师德失范行为的新视域、新举措。我国学者李本书在 20 世纪 90 年代便提出，道德氛围具有行为调控功能，良好的道德氛围激发着善行的实现和发生并抑制恶行的产生；不良的道德氛围抑制善行的发生，并助长恶行的发生。① 这个理论设想启示我们：可否从学校道德氛围的视域出发，通过一系列具体举措，有效防治师德失范行为。

从既有研究来看，学校道德氛围可以预测并干预学生的道德行为。关于学校道德氛围与学生道德行为的关系，国内外研究颇多。就国外研究来说，有研究者

---

① 李本书. 道德氛围影响主体道德行为的非规范性因素[J]. 曲靖师专学报，1991(4)：16-19，32.

基于学校道德氛围对学生道德行为作用机制探讨的视角发现，学校道德氛围不仅对学生的学业表现、创造性发展等认知方面，而且在更广泛的范围内对学生的情感、抱负、价值观念和社会行为产生重要影响;① 有研究者基于学校道德氛围对学生道德行为主动干预探讨的视角发现，可以通过发展学校的道德氛围来对学生进行道德教育;② Brugman 通过对 752 名中学生对学校道德氛围的感知和越轨行为的干预研究发现，学生对学校道德氛围的感知一致性的提高有助于提升其规范转移行为或亲社会行为，减少规范越轨行为;③ 这一结论在意大利和荷兰学者对 664 名意大利中学生的调查结果中得到证实，并提出学校道德氛围和规范取向是攻击性和规范越轨行为的良好预测和调解因素。④ 就国内研究来说，我国学者梁晓燕等研究发现，学校道德氛围中的关爱维度对中学生的校园欺负行为有显著的负向预测作用;⑤ 李伟强等认为，学生的学校道德氛围知觉水平对其道德判断能力的发展存在正向影响;⑥ 杜秀莲、高静的研究发现，学校道德氛围通过影响初中生的道德认同而影响其亲社会行为;⑦ 仝晓晶、梁晓燕研究发现，高中生对学校道德氛围的感知可以对其亲社会行为进行间接性预测。⑧ 基于学校道德氛围与

① McEvoy, Alan, Welker, Robert. Antisocial Behavior, Academic Failure, and School Climate: A Critical Review[J]. Journal of Emotional & Behavioral Disorders, 2000, 8(3): 130-140.

② Clark Power. Moral Education through the Development of the Moral Atmosphere of the School[J]. The Journal of Educational Thought, 1981, 15(1): 119-125.

③ Daniel Brugman. Perception of Moral Atmosphere in School and Norm Transgressive Behaviour in Adolescents: An Intervention Study[J]. International Journal of Behavioral Development, 2003, 27(4): 289-300.

④ Chiara Foà, Daniel Brugman, Tiziana Mancini. School Moral Atmosphere and Normative Orientation to Explain Aggressive and Transgressive Behaviours at Secondary School[J]. Journal of Moral Education, 2012, 41(1): 1-22.

⑤ 梁晓燕, 薛小婷, 高虎, 梁栋青. 中学生道德氛围感知与欺负行为的关系研究[J]. 中国健康心理学杂志, 2012(20): 380-382.

⑥ 李伟强, 郭本禹, 郑剑锋, 王伟伟. 学校道德氛围知觉对道德发展影响的教育干预实验[J]. 心理科学, 2013(36): 390-394.

⑦ 杜秀莲, 高静. 初中生学校道德氛围与亲社会行为的关系: 道德认同的中介作用[J]. 中国特殊教育, 2019(8): 82-87.

⑧ 仝晓晶, 梁晓燕. 学校道德氛围感知对高中生亲社会行为的影响: 一个有调节的中介模型[J]. 中国特殊教育, 中小学心理健康教育, 2020(6): 4-9, 13.

学生的道德判断、道德行为之间的联系,我们可以大胆假设,学校道德氛围与教师的师德行为也存在着紧密的联系。

要探讨学校道德范围对师德失范行为的影响,首先要明确学校道德氛围的核心概念及其所提供的"天使之眼"。学校道德氛围(School Moral Atmosphere)是 20世纪 70 年代兴起的一个较新的学术概念和研究方向,多数国外学者普遍认可的关于学校道德氛围的概念界定是 Kohlberg 等人提出的"调控学校里社会关系的规范、价值观和意义系统,以及这些规范、价值观和意义系统被学生所共享的程度"①。在借鉴的基础上,我国有学者主要从学生道德教育的角度指出,学校道德氛围是由学校师生和校园环境相互作用形成的用以调控学校内部关系和影响学生道德发展的实现"以道德的方式培养道德的人"的规范、价值观系统以及校园文化心理气氛;② 有学者既从学生道德教育的角度也从师德教育的角度指出,学生、教师及其他学校工作人员在学校生活中形成的笼罩于整个校园并对学校成员的道德行为构成影响的精神心理气氛和情调。③ 通过分析不同学者对学校道德氛围的研究,我们可以发现,学校道德氛围既可以影响学生的道德判断和行为,也可以影响教师的道德判断和行为;既可以从个体的角度来影响道德判断和行为,也可以从群体或个体与个体之间的关系来影响道德判断和行为。基于此,本研究将学校道德氛围界定为,学校全体成员和环境交互形成的,影响学校师生个体与群体的道德判断和行为的规范和价值观系统及其共享形成的学校组织伦理氛围。

虽然国内外有许多学者对学校道德氛围的测评框架和量度进行了研究,但多数研究均以学生群体为被测主体。由于本研究需要准确、全面的测量教师群体所感知的学校道德氛围对师德失范行为的影响,我们因此参考借鉴了谢家树、彭哲健等人引进的特拉华校园氛围量表(教工卷)的"一阶九因子模型"框架,来编制《中小学道德氛围问卷》,包括师生关系、学生关系、亲师交流、期望清晰度、规

---

① C. Power, A. Higgins & L. Kohlberg, Lawrence Kohlberg's Approach to Moral Education [M]. New York: Columbia University Press, 1989: 41.

② 鞠玉翠,梁磊. 学校道德氛围量表的编制与验证[J]. 华东师范大学学报(教育科学版),2017(3).

③ 曾庆芳. 学校道德氛围测评标准与分析框架研究[J]. 教育与职业,2008(9).

则公平性、校园安全、校园卷入度、校园欺凌受害、教职工关系9个量度。① 具体结构见表4-11。群体层面的关系视角和组织层面的制度伦理视角，构成了从学校道德氛围来分析师德失范行为的新视域。

表4-11　　　　　　　特拉华校园氛围量表（教职工卷）量表结构

社会支持	社会结构	补充
师生关系	期望清晰度	校园欺凌受害
学生关系	规则公平性	教职工关系
亲师交流	校园安全	校园卷入度

二、研究方法

（一）数据来源

本研究以全国范围内不同地区、不同学段的中小学教师为研究对象，运用问卷调查法在广东、重庆、贵州、江西、湖南、西藏等总计发放网络调研问卷1038份，回收有效问卷959份。研究者对有效问卷按照教师的教育程度、职称、教龄、职务、任教学段、学校位置等进行信息汇总分析，其中教龄5年以下教师281人，教龄5—10年教师158人，教龄10—15年教师162人，教龄15—20年教师93人，教龄20年以上教师265人；教师学历为大专及以下者134人，本科学历者732人，硕士及以上学历者93人；教师职称方面，未评级教师217人，二级教师216人，一级教师384人，副高级教师138人，正高级教师4人；任教学段方面，小学教师455人，初中教师321人，高中教师183人。数据分析显示，主城区和郊区学校的教师样本几乎比例均等，84.6%的调查对象为中小学班主任或普通教师，与本研究的研究主体相契合。初步分类的结果表明，数据样本具有一定的可靠性和客观性。

---

① 谢家树，彭哲健，Zhuorong Zhu，Chunyan Yang，George G. Bear. 特拉华校园氛围量表（教工卷）中文版修订［J］. 中国临床心理学杂志，2018（5）：891-895，996.

(二)研究工具

本研究采用的研究工具为《教师行为及影响因素问卷》,由中小学道德氛围量表(教师卷)的18个题项和师德失范行为量表的8个题项错序构成。二者均采用李克特7级量表,答案从完全不符合、不符合、比较不符合、说不准、比较符合、符合到完全符合,分别赋值1—7分。

1. 学校道德氛围

根据特拉华校园氛围量表(教职工卷)的结构制定中小学道德氛围量表(教师卷),共设置9个维度18个题项,具体见表4-12。

表4-12　　　　　　　　　　**中小学道德氛围量表(教师卷)**

维度	题项
师生关系	Q1 本校教师和其他职工都尊重和关怀本校学生
	Q7 所有学生都尊敬本校的教师和其他工作人员
学生关系	Q11 不同家庭背景的学生之间相互尊重且彼此相处融洽
	Q12 学生习惯于在彼此合作共赢的基础上进行公平竞争
期望清晰度	Q2 本校所有教师都非常清楚学校的各项规章制度
	Q9 学生们都非常清楚学校的各项规章制度
规则公平性	Q8 学校在评选优秀学生和惩罚违纪学生方面都是公开公平的
	Q24 学校在教师分工以及教师评优评先方面都是公开公平的
校园安全	Q4 在教师和学生的人身和财产安全方面,本校是非常安全的
	Q5 学生们觉得他们在这所学校里学习是非常安全的
校园欺凌受害	Q17 学校的校园霸凌现象已经完全杜绝
	Q18 部分学生依然担心自己在校内或校外可能被本校学生欺负
校园卷入度	Q25 教师们都遵守学校规章制度,喜欢学校并以在此工作为荣
	Q26 学生们都遵守学校规章制度,喜欢学校并以在此学习为荣

续表

维度	题项
亲师交流	Q19 教师和任教班级内的所有家长都有过沟通交流
	Q20 老师都尊重家长、愿意聆听家长的困惑并积极协助家庭教育
教职工关系	Q21 学校管理层尊重和关怀教师，经常听取一线教师的意见
	Q23 教师普遍支持学校管理层的工作，积极为学校发展献计献策

2. 师德失范行为

在借鉴已有师德失范行为量表的基础上，删除教师较为敏感的渎职行为量度，获得"二维四因子"量表框架，包含"显性失范行为"和"隐性失范行为"两个维度，其中"显性失范行为"包含"专业失当行为"和"失职行为"两个量度，"隐性失范行为"包含"不出错行为"和"平庸之恶"行为（适应甚至迎合不道德制度的不道德行为）两个量度。量表共设置 2 个维度、4 个量度共 8 个题项，分别对应《教师行为及影响因素问卷》中的 Q3、Q13、Q10、Q15、Q14、Q16、Q6 和 Q22。全卷 8 个题目皆为反向计分题，题项得分越高说明教师的失范行为越明显。具体见表 4-13。

表 4-13　　　　　　　　　　**中小学师德失范行为量表**

维度	量度	题项
显性失范行为	专业失当行为	Q3 老师经常利用课间或非考试学科课时辅导学生提高成绩
		Q13 学校老师通常会用类似增加作业的方式警示犯错学生
	失职行为	Q10 学校老师存在对同等犯错的学生采取不同处罚的情况
		Q15 对明显犯错的学生，老师通常要求其在班级做当众检讨
隐性失范行为	不出错行为	Q14 老师会默许上课不学习但不扰乱课堂的学生做自己感兴趣的事
		Q16 多数老师会积极处理本班学生违规行为，但不愿意介入其他班学生的违规管理
	平庸之恶行为	Q6 学校一般会在临近考试时适量减少非考试科目课时，用于复习备考
		Q22 学校通常会让老师配合做一些迎检的材料

三、研究结果

(一)测量工具的信度和效度

1. 信度分析

使用 SPSS22.0 统计分析软件对问卷进行信度分析,本研究选择 Cronbach's Alpha 系数作为对样本信度的评价标准。各量表信度分析结果见表 4-14。

表 4-14 **量表信度分析结果**

量表	Cronbach's Alpha	项数
学校道德氛围	0.955	18
师德失范行为	0.831	8

由表 4-14 可知:学校道德氛围和师德失范行为两个量表的信度系数分别为 0.955 和 0.831,均大于 0.8,说明两个量表具有较好的内部一致性,可以进行下一步的研究。

2. 效度分析

使用 SPSS22.0 统计分析软件对问卷进行效度检验,检验结果见表 4-15 和表 4-16。

表 4-15 **学校道德氛围量表 KMO 和巴特利特检验**

KMO 取样适切性量数		0.955
巴特利特球形度检验	近似卡方	14986.533
	自由度	120
	显著性	0.000

表 4-16　　　　　　　　　　**师德失范行为量表 KMO 和巴特利特检验**

KMO 取样适切性量数		0.807
巴特利特球形度检验	近似卡方	4153.108
	自由度	45
	显著性	0.000

学校道德氛围量表 KMO 取样适切性量数值为 0.955，大于 0.8，且巴特利特球形度检验 p 值显著，量表通过效度检验。师德失范行为量表 KMO 取样适切性量数值为 0.807，大于 0.8，且巴特利特球形度检验 p 值显著，量表通过效度检验，可以进行验证性因子分析。

3. 验证性因子分析

对学校道德氛围量表采取主成分分析方法，并且取特征根大于 1，利用最大方差法进行旋转，得出 9 个公因子，其各个方差解释分别为：64.385%、6.925%、5.635%、3.830%、2.935%、2.440%、1.884%、1.738%、1.569%，累计总方差为 91.340%，说明学校道德氛围量表具有较高信度。具体数据见表 4-17。

表 4-17　　　　　　　　　　**学校道德氛围量表总方差解释**

组件	初始特征值			提取载荷平方和			旋转载荷平方和		
	总计	方差百分比	累积%	总计	方差百分比	累积%	总计	方差百分比	累积%
1	11.589	64.385	64.385	11.589	64.385	64.385	4.074	22.635	22.635
2	4.246	6.925	71.309	4.246	6.925	71.309	3.516	19.531	42.165
3	4.014	5.635	76.944	4.014	5.635	76.944	3.465	19.248	61.414
4	3.689	3.830	80.774	3.689	3.830	80.774	1.803	6.686	68.099
5	3.528	2.935	83.709	3.528	2.935	83.709	1.539	6.329	74.428
6	3.439	2.440	86.149	3.439	2.440	86.149	1.507	5.596	80.024
7	2.339	1.884	88.033	2.339	1.884	88.033	1.439	4.661	84.685

续表

组件	初始特征值			提取载荷平方和			旋转载荷平方和		
	总计	方差百分比	累积%	总计	方差百分比	累积%	总计	方差百分比	累积%
8	2.313	1.738	89.771	2.313	1.738	89.771	1.430	4.058	88.743
9	1.282	1.569	91.340	1.282	1.569	91.340	1.367	2.597	91.340
10	0.752	1.401	92.741						
11	0.246	1.366	94.107						
12	0.229	1.271	95.378						
13	0.196	1.087	96.465						
14	0.174	0.968	97.433						
15	0.134	0.744	98.177						
16	0.121	0.671	98.848						
17	0.107	0.597	99.444						
18	0.100	0.556	100.000						

提取方法：主成分分析法。

对师德失范行为量表采取主成分分析方法，并且取特征根大于1，利用最大方差法进行旋转，得出 4 个公因子，其各个方差解释分别为：45.908%、12.520%、9.556%和8.704%，累计总方差为76.688%，说明师德失范行为量表效度较高。具体数据见表4-18。

表4-18　　　　　　　　　师德失范行为量表总方差解释

组件	初始特征值			提取载荷平方和			旋转载荷平方和		
	总计	方差百分比	累积%	总计	方差百分比	累积%	总计	方差百分比	累积%
1	3.673	45.908	45.908	3.673	45.908	45.908	2.115	26.440	26.440
2	2.002	12.520	58.428	1.002	12.520	58.428	1.805	22.560	49.000

续表

组件	初始特征值			提取载荷平方和			旋转载荷平方和		
	总计	方差百分比	累积%	总计	方差百分比	累积%	总计	方差百分比	累积%
3	1.764	9.556	67.984	1.764	9.556	67.984	1.141	14.259	63.259
4	1.696	8.704	76.688	1.696	8.704	76.688	1.074	13.429	76.688
5	0.579	7.243	83.931						
6	0.525	6.561	90.492						
7	0.462	5.776	96.267						
8	0.299	3.733	100.000						

提取方法：主成分分析法。

(二) 相关分析

相关分析是用来测量变量间相关关系的统计学方法，本章节使用相关分析来测量学校道德氛围与师德失范行为之间是否存在相关关系。具体数据见表 4-19。

表 4-19　　　学校道德氛围各维度与师德失范行为之间的相关分析

		师生关系	学生关系	期望清晰度	规则公平性	校园安全	校园欺凌受害	校园卷入度	亲师交流	教职工关系
师德失范行为	皮尔逊相关性	-0.29**	0.312**	-0.311**	0.303**	0.285**	0.645**	-0.279**	-0.292**	0.288**
	Sig.（双尾）	0.000	0.000	0.000	0.000	0.000	0.000	0.000	0.000	0.000

注：** 表示在 0.01 水平（双侧）上显著相关。

从表 4-19 可以看出，学校道德氛围各维度都与师德失范行为存在相关关系且在 0.01 水平上显著，说明其间可能存在预测关系，可以进一步作多元回归分析。

(三)多元回归分析

本研究通过建立多元回归模型,检验学校道德氛围各维度与师德失范行为之间的相互作用关系。在多元线性回归模型中,将显性师德失范行为、隐性师德失范行为和师德失范行为分别作为因变量,将学校道德氛围下的9个维度作为自变量,多元回归的结果如表4-20所示。由表4-20可知,在模型1中,当因变量为显性师德失范行为时,师生关系和亲师交流对其存在显著的负向影响($p<0.01$),校园欺凌受害对其存在显著的正向影响($p<0.01$);在模型2中,当因变量为隐性师德失范行为时,校园安全和校园欺凌受害对其存在显著的正向影响($p<0.01$);在模型3中,当因变量为整体的师德失范行为时,师生关系、期望清晰度、校园欺凌受害、校园卷入度、亲师交流等维度均对其存在显著影响($p<0.05$),其中校园欺凌受害对师德失范行为存在显著的正向影响($p<0.01$),期望清晰度、校园卷入度和亲师交流对师德失范行为存在显著的负向影响($p<0.05$)。

表4-20　　　学校道德氛围各维度与师德失范行为各维度之间的回归分析

变量	模型1	模型2	模型3
	因变量 (显性失范行为)	因变量 (隐性失范行为)	因变量 (师德失范行为)
(常量)	0.473*	0.808	0.641**
师生关系	−0.221**	−0.022	−0.121*
学生关系	0.053	0.093	0.073
期望清晰度	−0.128*	−0.156	−0.142**
规则公平性	0.082	−0.069	0.006
校园安全	0.021	0.198**	0.109*
校园欺凌受害	0.629***	0.773***	0.701***
校园卷入度	−0.131*	−0.124	−0.188**
亲师交流	−0.146**	−0.054	−0.100*
教职工关系	0.053	0.014	0.033

续表

变量	模型 1	模型 2	模型 3
R^2	0.629	0.624	0.660
ΔR^2	0.395	0.389	0.435
F	68.948***	67.170***	81.314***

四、基于数据结果的讨论

1. 校园卷入度和亲师交流对师德失范行为存在显著的负向影响

数据结果显示，学校道德氛围中的校园卷入度和亲师交流维度对师德失范行为存在显著的负向影响。校园卷入度代表学校成员对学校教育教学相关活动的行为卷入和情感卷入程度，包括对学校教育教学相关活动的积极参与度以及对学校组织身份和学校其他成员高度的认同情感。校园卷入度越高，师生参与学校活动的主动性越强，对学校组织身份的归属感和对组织成员的认同度越高，师德失范行为就越少发生。

2. 师生关系和亲师交流对显性师德失范行为存在显著的负向影响

数据结果显示，师生关系和亲师交流对师德失范行为，尤其是显性师德失范行为(专业失当、失职行为)存在显著的负向影响，这足以说明良好的师生关系和亲师交流对于防治师德失范行为的重要性。良好的亲师交流有助于消除家长与学校在各自承担的育人责任上存在的分歧，在帮助教师获得家长对教师教育教学行为的尊重、理解和体谅的同时，也能够有效减少教师对学生违纪行为和负面情绪的动机误判，从而减少师德失范行为的发生；而师生关系对师德失范行为存在显著的负向影响这一研究结论与国内学者整理的 30 起师德失范事件得出的"师德失范产生的主要原因还是在于师生冲突"的结论基本一致。[①] 这告诉我们，师生关系是影响师德失范行为的关键变量之一。但师生关系不和谐的原因往往不来自教师与学生的本质对立，也不能单纯归咎于教师师德素养不够，重构和谐师生关系

① 常泽楠. 微观权力视角下师德失范的成因及对策——以我国近五年公布的师德失范事件为样本[J]. 煤炭高等教育，2021(5)：31-38.

需从学校管理机制和评价导向来寻找突破口。

3. 校园欺凌受害和校园安全对师德失范行为存在显著的正向影响

数据结果显示，校园欺凌受害对显性师德失范行为和隐性师德失范行为均存在显著的正向影响，校园安全对师德失范行为，尤其是对隐性师德失范行为存在显著的正向影响。作为一线教师的研究者发现，中小学校园欺凌行为的发生和相关教师、家长的失察和缺位不无关系，校园欺凌受害氛围越高，教师出于"利己"或"不出错"的主观动机，越容易引发失职行为和不出错行为；而校园安全作为学校工作的生命线与红线，在学校的现实管理场景中占据不可撼动的最高地位。事实上，多数学校会采取每学期和教师签订安全管理责任书的方式将责任下移，一旦发生安全问题，教师将直接面临来自学校、家长甚至社会的问责。被批评、曝光甚至接受严肃处理的后果让教师成为巨大压力的直接承受者，教师只能通过对学生的过度管理或过度惩戒来逃避责任和宣泄压力，师德失范行为随之发生。教师的过度管理和"不出错"行为都具有一定的隐蔽性，不容易引起教育行政监督部门和学校管理层的重视，但本质上都是师德失范行为。

综合数据结果及其讨论，学校道德氛围中的校园卷入度、亲师交流、期望清晰度、师生关系、校园欺凌受害、校园安全等多个维度都会对师德失范行为产生较为显著的影响。因此，从群体关系的角度和从组织制度伦理的角度来加强中小学道德氛围建设，很可能成为重拳出击治理师德失范行为之外的新视域、新举措。

五、基于讨论的建议

以数据结果及其讨论为依据，为加强学校道德氛围建设并防治师德失范行为，可以从学校治理体系、管理制度、评价机制、安全治理等方面来协同治理。

(一)构建多元主体参与的学校治理新体系

研究结果显示，校园卷入度越高，亲师交流互动越广泛深入，师德失范行为越少发生。当前多数中小学的管理架构依然是自上而下的传统科层制，从事一线教学工作的教师缺乏实际的教学自主权和管理话语权，组织认同度和校园卷入度不高。基于此，教育行政部门应进一步对学校办学放权赋能，促进学校完善治理结构，推进现代学校制度建设；应鼓励学校实施分权化管理，搭建由学校党组织、战略高层、教师、学生、家长、社区代表、法律顾问等多元主体共同参与的民主管理平台，重新界定不同治理主体的责任、权力和利益，有效保障和落实不同治理主体对学校教育教学决策的知情权、参与权、建议权与监督权，逐步构建"依法办学、民主参与、社会协同"的学校治理新体系。① 代表多元主体利益的学校治理新体系必然带来学校道德氛围的新面貌，而良好的学校道德氛围就是规范和约束师生教育教学活动的最好调节器，它促进师生双方都转变为积极的道德实践者，促进师生双方自主良性发展，并自觉对师德失范行为起抑制作用。

（二）建立公开、透明的多元主体参与的学校管理制度

研究结果显示，学校期望清晰度越高，学校将规章制度越清楚、明确地传达给校内全体师生，师德失范行为越少发生。当学校自身存在规章制度不够公开透明，且在管理上没有向教师放权赋能的情况时，教师的成就感、自我效能感和工作满意度都会降低；而学生由于角色意识和参与意识的缺失，容易出现组织认同度低，对学校缺乏情感卷入度的情况。基于此，学校高层需首先做好顶层设计，围绕核心办学理念锚定学校的关键原则并制定中长期战略发展规划。在对学校的愿景、目标和实现路径有充分认识的基础上科学合理地制定学校规章制度，规章制度要尽可能对学校事务涉及的方方面面作出细化分类，并列举出具体的实施细则和措施，以保障学校日常管理规范化、减少教师管理过程的随意性。其次，学校需将规章制度清楚、明确地传达给全校师生并作出详细解释。学校可通过学校电视台、广播站、宣传栏、班级文化墙等渠道向学生普及学校的办学理念和规章制度，潜移默化地影响学生自觉规范和约束其在校行为，帮助教师减少向学生反复"立规矩"的烦恼，让教师的日常教育教学管理有章可循，尽可能减少教师因精神压力与管理负担而引发的师德失范行为。

（三）健全学校多元主体参与的评价机制

研究结果显示，师生关系越和谐，师德失范行为越少发生。不和谐的师生关

---

①　田冬. 法治·分权·共治：教育集团现代治理范式的"破与立"[J]. 中小学管理，2018(12)：33-35.

系和学校对教师教学成绩的过度追求以及对教师严格的量化考核管理机制密切相关。不合理的考核机制必然对教师的教育观念和道德行为产生消极影响,正如有的学者提出,虽然很多教师把基于责任的道德身份作为自己教师专业身份建构的重要向度,但对学生考试成绩的负责又往往迫使他们屈服于高风险的表现性评价制度。[1] 片面追求成绩本身就是对教师道德的威胁和侵蚀,[2] 这不能单纯归咎于教师师德素养不够,归根结底是学校管理机制和评价导向的问题。[3]

研究者因此认为,学校应慎用或停用锱铢必较的教师量化考核管理机制,避免将学生的所有表现进行量化并与教师的工作业绩简单挂钩,成为评价教师能力的数据指标;建立学生容错机制,允许学生适度犯错;加强作业管理和作业设计,切实减轻作业负担;减少过度考试,考试成绩仅供教师做分析诊断用,严禁公开考试排名和根据考试成绩评价教师;给学生留足自由学习、活动和成长的时间;为教师陪伴学生成长创设更多的空间,增强师生良性互动,从根源上降低师德失范行为发生的概率。

(四)开展多元主体参与的校园安全治理活动

研究结果显示,校园欺凌受害程度越高,教师出于"利己"或"不出错"的主观动机,越容易发出失职行为和不出错行为。研究者据此提出以下建议:首先,加强沟通与合作,减少校园欺凌受害。学校需与家长建立良好的沟通与合作机制,充分发挥学生及家长在校园欺凌治理中的责任主体地位。例如向全体学生和家长公开校园欺凌的相关法律法规以及学校的处理办法;组织相关学者、专家、有经验的中小学校长及教师为学生、家长等提供反校园欺凌的指导和咨询;定期深入社区开展防欺凌公益讲座;鼓励学生说出自己或同学担心或正在遭受的校园欺凌;搭建线上线下无障碍亲师交流平台;与家长同步观测孩子身体部位和情绪是否出现异常,尤其面对新型的"网络欺凌"现象时,积极为学生和家长寻求学校心理教师或社区心理咨询师的帮助。在校园欺凌受害发生时,学校还可将传统的

---

① 王夫艳. 教师专业道德及其建构[M]. 北京:北京师范大学出版社,2020:77.

② Day, C. School Reform and Transitions in Teacher Professionalism and Identity [J]. International Journal of Educational Research, 2002(8):677-692.

③ 李希贵. 学校如何运转[M]. 北京:教育科学出版社,2019:43.

学校处分转变为由学校安全办、德育处、年级部、学生成长中心与学生所在的社区居委会、社区派出所、青少年心理咨询中心等社会力量联合行动的治理方式，将单次处分转化为长效遏制，由学校和社区共同构建反校园欺凌的良好道德氛围。其次，加强立法和安全防范，保障校园安全。教育行政部门层面需加快推进校园安全立法，赋予学校对于校园安全突发事件的紧急决策和处置权，使教师能够依法依规对学生不当行为行使教育惩戒权，让教师愿管、敢管，从而有效预防教师隐性师德失范行为中"不出错行为"的发生。学校层面应健全和完善校园安全工作机制，对事故预防、危机预警、问题应对、事件干预和善后工作都应有明确的应对措施和操作流程。学校可按照师生活动区域划分安全责任片区，开展校园安全隐患排查，加强校园风险管控，普及校园安全知识和法律法规，组织安全演练等校园安全治理活动，坚持师生共治、源头防治。最后，加强平台建设，及时处理突发事件。各中小学应充分运用信息技术打造一体化的综合性安全管理平台，提升校园安全管理水平，通过减轻中小学教师安全管理负担，预防或减少隐性师德失范行为的发生。比如，借助校园安全智能管理系统实现校园安全管理网络互联互通，让全校师生和后勤人员都能参与安全管理工作；鼓励教师对校园安全隐患进行"随手拍"并上传到校内安全管理平台；在班级设立学生应急安全员；组织定期师生安全培训；鼓励师生运用校内信息设备对场所安全隐患、消防设施破坏和突发安全事件进行"一键上报"等。

参 考 文 献

1. 罗国杰，马博宣，余进．伦理学教程［M］．北京：中国人民大学出版社，1985.

2. 卢盛忠．管理心理学［M］．杭州：浙江教育出版社，1998.

3. 傅维利．教师职业道德教育指南［M］．北京：高等教育出版社，2002.

4. ［美］纳卡穆拉．健康课堂管理：激发、交流和纪律［M］．王建平，译．北京：中国轻工业出版社，2002.

5. 托马斯·J．萨乔万尼．道德领导：抵及学校改善的核心［M］．冯大鸣，译．上海：上海教育出版社，2002.

6. 刘家访．有效课堂管理行为［M］．成都：四川教育出版社，2003.

7. 黄藿．教育专业伦理(1)［M］．台北：五南图书出版股份有限公司，2004.

8. 郭志明．美国教师专业规范历史研究［M］．北京：中国社会科学出版社，2004.

9. 朱小蔓．教育职场：教师的道德成长［M］．北京：教育科学出版社，2004.

10. ［美］埃默．中学课堂管理［M］．王毅，译．北京：中国轻工业出版社，2004.

11. 石林．职业压力与应对［M］．北京：社会科学文献出版社，2005.

12. ［美］欧文．选择性课堂：满足学生的需要［M］．薛莉，译．北京：中国轻工业出版社，2006.

13. 姚裕群．团队建设与管理［M］．北京：首都经济贸易大学出版社，2006.

14. ［美］韦恩·K．霍伊，塞西尔·G．米斯克尔．教育管理学：理论·研究·实践(第7版)［M］．范国睿，译．北京：教育科学出版社，2007.

15. ［美］斯蒂芬·P．罗宾斯，蒂莫西·A．贾奇．组织行为学(第12版)［M］．李原，孙健敏，译．北京：中国人民大学出版社，2008.

16. 王珏. 组织伦理：现代性文明的道德哲学悖论及其转向[M]. 北京：中国社会科学出版社，2008.

17. 杜时忠. 新世纪　新师德[M]. 武汉：湖北教育出版社，2009.

18. 郑复兴. 当代学校组织的伦理基础[M]. 北京：教育科学出版社，2010.

19. 李爱梅，凌文轻. 组织行为学[M]. 北京：机械工业出版社，2011.

20. [加]坎普贝尔·伊丽莎白. 伦理型教师[M]. 王凯，杜芳芳，译. 上海：华东师范大学出版社，2011.

21. 李春玲. 学校组织变革的理论与实践[M]. 杭州：浙江大学出版社，2014.

22. 郅庭瑾. 教育管理的伦理向度[M]. 北京：教育科学出版社，2015.

23. 李希贵. 学校如何运转[M]. 北京：教育科学出版社，2019.

24. 杨清荣. 公共生活伦理研究——以中国的社会转型为背景[M]. 北京：人民出版社，2016.

25. 孙健敏，张德. 组织行为学[M]. 北京：高等教育出版社，2019.

26. 王夫艳. 教师专业道德及其建构[M]. 北京：北京师范大学出版社，2020.

27. 李伟. 乡村校社合作[M]. 上海：华东师范大学出版社，2021.

后　　记

师德建设是一个常建常新的过程。改革开放以来，党和政府十分重视中小学师德建设。根据政策体系的完备程度，师德建设的发展可分为三个阶段：1978—1999 年，师德建设政策萌生与修订阶段，出台了教师职业道德的专门规范，在一些教育综合性法规和纲要中也提出了师德规范的要求，但是，尚未形成健全的配套政策体系；2000—2011 年，师德建设政策初步体系化阶段，师德建设政策涵盖了大中小学师德规范体系，明确划定了一系列师德底线，也增加了一些体现时代特点的师德要求；2012 年至今，构建师德建设长效机制阶段，明确师德建设涵盖师德教育、宣传、考核、激励、监督与保障等的师德建设长效机制，清晰划定了违反师德底线或红线的处理程序和处罚办法。

整体来看，我国师德建设已经积累了一些行之有效的经验，如形成了中国特色的师德规范体系，初步构建了师德建设的长效机制，始终坚持将师德建设与制度建设相结合，等等。但是，在社会快速转型和科技迅速发展的今天，面对城市化、市场化、信息化、全球化的挑战，师德建设也存在着一些不足，如师德失范现象仍时有发生……

"组织伦理视域下中小学教师的师德失范与专业伦理建构研究"定位于审视当前中小学教师师德失范行为管理体系存在的问题，建构彰显教师专业伦理精神的中小学教师师德失范行为治理体系，课题研究的基本假设有以下两点：（1）中小学教师师德失范行为管理的出发点和目标不应局限于通过师德规范和师德惩处规则"把教师管住"的短期效果，而应培养教师的专业伦理精神，最终达到"从心所欲不逾矩"的状态；（2）中小学教师师德失范行为治理是一个复杂的系统，要加强个体层面、群体层面和组织层面的多层面治理建设，做好各种要素和各个层面的相互支撑与配合，才能更好地培养教师的专业伦理精神。这是我写作本书的基本思考和整体思路。对于"培养教师的专业伦理精神，促进教师自身由内而外抑制师德失范行为"这个主题来说，我们的研究只是一个开始。未来，我们既期待越来越多的研究者关注和研究这个主题，也将采用多种研究视角持续研究这个主题。

　　本书形式上是我个人系统整理的成果，实质上是团队合作的结晶。感谢华中师范大学道德教育研究所的全体教师、博士生和硕士生，感谢湖北大学曹树真，感谢我指导的博士生苏芮、万鸿湄和硕士生袁雪婷、王珺瑶、叶婵媛、易安安、彭思园、刘颖异、胡中玉等。

　　最后，衷心感谢对本课题立项、开题、中期检查、结题鉴定予以肯定、支持、指导、帮助的所有学者、专家和朋友们。